한국
근대사
산책

6권

한국 근대사 산책 6
ⓒ 강준만, 2008

초판 1쇄 찍음 2008년 8월 18일 • 초판 7쇄 펴냄 2019년 7월 15일 • 지은이 강준만 • 펴낸이 강준우 • 편집 박상문, 김소현, 박효주, 김환표 • 디자인 최진영, 홍성권 • 마케팅 이태준 • 관리 최수향 • 펴낸곳 인물과사상사 • 출판등록 제 17-204호 1998년 3월 11일 • 주소 서울시 마포구 양화로7길 4(서교동) 2층 • 전화 02-325-6364 • 팩스 02-474-1413 • www.inmul.co.kr • insa@inmul.co.kr • ISBN 978-89-5906-088-7 04900 [978-89-5906-070-2(세트)] • 값 14,000원

이 저작물의 내용을 쓰고자 할 때는 저작자와 인물과사상사의 허락을 받아야 합니다. 파손된 책은 바꾸어 드립니다.

한국 근대사 산책

6권

사진신부에서 민족개조론까지

강준만 지음

| 머리말 |
'통합의 역사'를 위하여

최근 들어 '1920년대~1930년대의 경성'이 출판, 영화, 드라마, 연극 등으로 다뤄지는 등 대중문화계의 뜨거운 주목을 받고 있다. 연애·유행·투기는 물론 심지어 기녀들이 치료 목적으로 잠자리를 같이하는 '치색(治色)' 열풍까지 등장했다. 참담해하고 고뇌하고 격분하는 게 필수였던 일제강점기를 대하는 우리의 자세에 일어난 혁명적인 변화라고 할 수 있겠다.

이런 현상에 대해 서울대 국문과 교수 신범순은 "대중문화계가 새로운 흥밋거리를 발견한 것이라고 본다"면서 "일상사와 미시사에 주목하는 역사 연구가 진행되면서 우리가 몰랐던 이 시대의 구체적인 얼굴이 드러났고, 그것이 우리 역사임에도 낯설게 보이기 때문"이라고 분석했다.[1]

일상사와 미시사에 주목하는 역사 연구는 앞으로 다양한 방법으로 진척되겠지만, 지금까지는 경성 중심인데다 신문과 잡지라고 하는 '자료의 원초적 편견'이라는 문제를 안고 있다고 볼 수 있다. 당시 문맹률이 높았던 상황에서 아무래도 신문과 잡지의 소비자인 중상층 사람들의 삶에만 주목하는 결과를 낳을 수도 있다는 뜻이다.

 그런 한계에 주의하되, 그런 연구가 그간 우리가 일제강점기를 '일제의 탄압'과 '독립투쟁' 위주로만 배우고 가르쳐온 과거에 대한 반작용일 수 있다는 생각도 해보면 좋겠다. 즉, 국가·민족 중심의 역사 서술이 개인의 일상적 삶을 빠트린 나머지, 일상사·미시사적 접근이 이색적인 관심을 불러일으키는 게 아니겠느냐는 것이다.

 국가·민족 중심의 역사 서술과 일상사·미시사적 접근은 서로 평행선을 그으며 따로 가야만 하는가? 유감스럽게도 아직까지는 '그렇다'고 답할 수밖에 없을 것 같다. 둘을 통합하는 시도는 거의 이루어지지 않고 있다. 왜 그럴까? 여러 이유가 있겠지만, 가장 중요한 건 연구자들이 처해 있는 조건이다. 그 조건이라 함은 역사 연구, 더 나아가 학문이란 원래 그렇게 하는 것이라는 법칙이 학계를 지배하고 있는 현실을 말한다.

 연구자는 적어도 연구의 틀을 설정함에 있어선 전혀 자유롭지 않다. 스승의 용인과 학계의 인정을 받는 걸 전제로 해야 한다. 학계는 다양한 분업 체제로 이루어져 있는 바, 연구자는 자신의 소속을 분명히 할 필요가 있다. 어느 정도의 위치를 확보한 후 새로운 시도를 하고자 할 때엔 '경쟁력'이 문제가 된다. 10년~20년에 걸친 세월 동안 한 우물만 파왔는데, 새로운 시도를 할 경우 자신의 전문가적 지위가 위협받는 일이 벌어질 수 있다.

 이게 바로 전문주의의 함정이다. '역사를 위한 역사'라고 하는 학술 이기주의의 문제이기도 하다. 헤이든 화이트(Hayden White)는 오랫동안 역사학계 내부엔 자신의 성채를 지키기 위한 강박이 버티고 있었다며 다음과 같이 주장한 바 있다.

"역사학이 점점 전문화되고 특수화됨에 따라 한정된 좁은 분야에서 최고 권위자가 될 요량으로 난해한 기록물을 조사하는 데만 골몰했던 일반 역사가들은, 방대한 예술과 과학 분야에서 일어난 최근의 발전에 대해서는 거의 관심을 두지 않았다."[2]

화이트는 역사 서술이 문학작품과 다를 게 없다는 '과격한' 주장을 한 역사학자이긴 하지만, 기존의 법칙과 관행을 의심해볼 걸 요구하는 점에선 백번 옳다. 역사학자의 권위조차 의심해보는 발칙함이 필요하다. "역사가들 때문에 역사 자체가 뒷전으로 물러나는 일은 참을 수 없는 노릇이 아니겠는가?"라는 마르크 블로크(Marc Bloch)의 말은 평범한 사람들에게도 유효하다.[3]

역사의 소비자를 생각하는 배려가 필요하다. 2006년 6월 손기정기념재단이 실시한 조사에 따르면 서울시내 중고등학생 462명 중 39퍼센트가 손기정이란 이름을 들어본 적조차 없다고 했으며, 이름을 들어봤다는 응답자도 3명 중 1명은 손기정(1912~2002)을 '친일파'로 생각하고 있었다.[4] 이 책이 시도하는 '근대사의 대중화'에 그 어떤 위험이 있다 하더라도, 근대사가 근대사가들의 전유물로만 통용되고 있는 현실 이상 더 위험할 수 있을까?

이미 출간한 『한국근대사산책: 개화기편』(전5권)도 그렇거니와 이번 '일제강점기편'도 바로 그런 문제의식에서 출발해 모든 걸 통합해보는 시도를 하고자 했다. '통합'은 스토리텔링의 흐름과 맛을 죽이는 효과를 낳기 때문에 일반 독자들로부터도 좋은 말을 듣기 어려운 작업이지만, 분업의 한계를 극복하는 장점이 있다. 그 가치에 의존해보기로 했다. 무엇보다도 다양한 주제들에 대한 종합적인 '시·공간 감각'을 갖게 됨으로써 일제강점기를 총체적으로 이해하는 데에 도움이 되리라 믿는다.

나는 '한국언론사'라는 과목을 강의하면서 학생들이 주요 사건이 일어난 연도를 아는 걸 하찮거나 불필요한 일인 것처럼 생각하는 경향이 있다는 걸 알고 놀란 적이 많다. 국사가 암기과목 비슷하게 돼버린 잘못에 대한 반작용이긴 하겠지만, 그로 인한 문제는 심각했다. 각 사건의 내용에 대해선 제법 아는데, 그야말로 단편적이었다. 어떤 사건이 먼저 일어났고 나중에 일어났는지, 시간 감각이 없었다. 그러니 무슨 '인과관계'니 '영향'이니 '흐름'이니 하는 걸 알 수 있겠는가.

사건의 맥락에 대해서도 마찬가지다. 일제강점기 신문들의 논조 변화 자체는 잘 아는데, 왜 그렇게 되었는지 그 정치사회적 배경과 맥락에 대해선 무지했다. 나운규(1902~1937)의 〈아리랑〉이 나온 해에 무슨 사건들이 일어났으며 당시의 전반적인 사회 상황은 어떠했는지 그걸 알아야만 영화의 의미는 물론 관객들의 반응도 온전히 이해할 수 있을 게 아닌가.

내가 통합의 필요성을 역설하는 이유도 여기에 있다. '언론사'와 '영화사'가 따로 있고, '일제탄압사'와 '독립운동사'를 따로 연구하고 공부하는 것도 필요한 일이지만, 그 모든 걸 그릇 하나에 담아 '비빔밥'으로 해 먹는 일도 필요하거니와 바람직스럽다는 것이다.

일제강점기를 둘러싸고 학자들 사이에서 벌어지고 있는 치열한 논쟁은 '관점'의 위력을 웅변해준다. 탈민족적 성향을 가진 학자들일수록 '일제강점기' 대신 '일제시대'라는 표현을 선호한다는 사실이야말로 그걸 잘 말해주는 게 아니겠는가.[5)]

이 책은 다양한 관점을 소개하는 데에 주력할 뿐 특정 관점은 내세우지 않는다. 그게 또 이 책의 한계로 여겨지겠지만, 내 생각은 좀 다르다. 나는 감정적인 충돌까지 나아갈 정도로 치열하게 벌어지는 논쟁을 지켜볼 때마다 양쪽의 확연한 차이가 느껴지기보다는 "왜 서로 다른 관점을 인정하지 않는 것일까?" 하는 의아심이 든다. 더불어 많은 경우 논쟁은 '자존심 싸움'이라는 생각을 하곤 한다.

그렇다고 해서 오류의 가능성마저 관점의 문제로 보는 건 아니다. 객관적인 사실의 진리성은 없으며 오직 있는 것은 관점들과 해석들뿐이라고 보는 이른바 관점주의(perspectivism)를 역설하는 것도 아니다.[6] 대중과 더불어 호흡하는 역사가 필요하며, 그걸 위해 해야 할 기초 작업이 있다는 걸 말하고 싶은 것이다.

이 책의 참고문헌과 미주(尾註)에 기록된 수많은 저작의 필자들께 감사와 존경의 마음으로 큰절을 드리고 싶다. 나는 그분들이 피땀 흘려 1차 자료 중심으로 연구한 결과를 편안한 위치에서 종합하는 역할을 맡았기에, 이 책을 쓰는 내내 더할 나위 없이 재미있고 즐거웠다. 정말 유익한 공부였다. 내가 느낀 즐거움과 공부의 보람을 공유하는 독자들이 많기를 바란다.

2008년 8월
강준만 올림.

차례

머리말 '통합의 역사'를 위하여 •4

제1장 나라 잃은 민족의 비애

사진만 보고 하와이로 떠난 '사진신부' •13   '기독교 죽이기'를 위해 조작된
'105인 사건' •23   "조선 사람과 명태는 두들겨 패야 한다?" •32
일본에 축복이 된 제1차 세계대전 •39

제2장 일제의 조선 민중 '기죽이기'

경복궁에서 열린 조선물산공진회 •49   나철의 자결, 순종의 일본 방문 •59
러시아 2월혁명과 10월혁명 •67   한강 인도교, 쌀 파동, 스페인 독감 •74

제3장 침묵을 강요한 무단정치

'무단정치시대'의 신문과 문학 •85   항일언론인 장지연의 친일논란 •97
변사의 등장, 연쇄극의 탄생 •107   호남선 개통, 관광택시 등장 •115

제4장 3·1운동의 폭발

민족자결주의와 '고종 독살설' •129   도쿄 유학생들의 2·8독립선언 •139
2개월간 200회 200만 명 참여한 3·1운동 •147   '타오르는 별' 유관순 •165
제암리 학살 사건 •173   3·1운동과 지하신문의 활약 •183

제5장 일제의 '문화통치'

대한민국 임시정부 수립 ●193   일제의 '문화통치'와 '친일화 공작' ●208
『조선일보』『동아일보』의 창간 ●217   한국 최초의 여기자 이각경·최은희 ●235

제6장 독립투쟁과 배관주의

'황량한 폐허의 조선'과 문학 ●243   의열투쟁과 청산리 전투 ●252
사기적 지방자치 선거 ●262   백두산 민족주의 ●268

제7장 임시정부와 민족개조론

왜 독립운동가들은 동족상잔을 벌였는가? ●277   왜 김구는 '김립 암살'을 통쾌
하게 생각했는가? ●290   이광수의 '민족개조론' 논쟁 ●298

제8장 물산장려운동·형평운동·어린이운동

"쳐다보니 안창남, 굽어보니 엄복동" ●315   물산장려운동, 금주·금연운동 ●323
한 맺힌 백정의 형평운동 ●329   방정환의 '어린이날' 제정 ●340

주 ●355   참고문헌 ●10권 301   찾아보기 ●10권 340

제1장

나라 잃은 민족의 비애

01

사진만 보고 하와이로 떠난 '사진신부'

일제의 조선 엘리트층 '포섭' 전략

1910년 8월 29일은 일제에 나라를 빼앗긴 날이었다. 그날 조선 민중은 무슨 일을 하고 있었을까? 그날은 의외로 조용했다. 반대시위도 전혀 없었다. 오히려 반대시위는 '합방'에 대한 소문이 떠돌던 오래전에 있었고, 이제 조선 민중은 체념과 패배주의, 좌절감에 깊이 빠져 있었다.[1]

조선왕조의 멸망을 모두가 비통하게만 생각했던 건 아니다. 미국을 향해 떠난 지 만 5년 11개월 6일 만인 1910년 10월 10일 서울에 도착한 이승만(1875~1965)의 경우를 보자. 그는 귀국하고 나서 맞은 첫 주일에 570명이 모인 학생집회에서 "귀국해보니까 세 가지 시원한 것"이 있다는 말을 하여 청중을 깜짝 놀라게 했다. 이승만이 말한 세 가지 시원한 것이란 첫째로 임금 없어진 것, 둘째로 양반 없어진 것, 셋

1910년 일제는 대한제국의 국가 체제를 강제로 해체하고 국권을 피탈하였다. 대한제국은 '조선'으로 개칭되었으며, 통감부보다 강력한 통치기구인 조선총독부가 설치되었다. 당초 조선총독부 청사는 남산에 있었는데, 1918년 경복궁 구내에 새 청사 건설에 착공, 1926년 이전하였다. 사진은 일제강점 초기, 남산 총독부 청사 모습이다.

째로 상투 없어진 것이었다.

이에 대해 손세일은 "많은 사람들이 왕조의 멸망에 비분강개(悲憤慷慨)하여 자결하고 각지에서 의병이 다시 일어나는 상황에서 임금 없어진 것이 시원하다고 한 이승만의 발언은 기독교인들 사이에서라고 하더라도 적지 않은 충격이었을 것임에 틀림없다. 그만큼 이승만이 확고한 공화주의자가 되어 있었음을 말해주는 것이다"고 해석했다.[2]

이제 조선총독부가 조선 정부를 대신하게 되었다. 조선총독부 우두머리인 조선 총독은 일왕(日王)에 직속되었으며, 일본 관제상 최고의 친임관(親任官)인 일본의 내각 총리, 각부 대신과 동격의 위치로서 식민지 조선에서의 전권을 부여받았다. 식민지배 전 기간 동안 조선에

부임한 총독은 모두 8인이었는데, 이들은 예외 없이 일본의 육·해군 대장 출신이었다.[3)]

조선총독부는 조선 엘리트층을 '포섭' 전략으로 대했다. 이를 위한 대표적 기구는 중추원(中樞院), 즉 중앙자문회의였다. 1910년 9월에 임명된 65명의 귀족 또는 친일인사를 회원으로 하여 구성된 중추원은 총독이 행정조치에 대해 자문했을 때에만 의견을 말하는 것이 허락된 겉치레 기구였다. 중추원은 3·1운동 때까지 한 번도 소집된 일이 없었다.[4)]

일제가 병합조약을 주동적으로 수행한 이완용(1856~1926), 박제순(1858~1916), 송병준(1857~1925) 이하 76명에게 논공행상(論功行賞)으로 배급한 귀족 신분 수작(授爵)식은 1910년 10월 8일 총독부에서 거행되었다. 조선에서의 원래 신분이 낮았던 일진회 계열 인사들은 거의 모두 배제되었다. 그뿐만 아니라 해산을 강요당하기도 했다. 일제는 이들 '귀족' 이외에 다른 엘리트층을 포함하는 '귀족 관광단'을 다양한 형태로 조직하여 일본을 방문케 하고, 이를 조선총독부의 한국어 기관지 『매일신보』로 하여금 떠들썩하게 보도하는 형식을 통해 일본의 발전상을 과시하는 기회로 활용하였다.[5)]

1910년 12월 30일 일제는 이왕직(李王職, 조선 왕실관계 업무를 모두 관장하던 기관) 관제를 발표했다. 이 관제는 "이왕직은 일본국 궁내부 대신의 관리에 속하고 왕족과 공족(公族)의 가무를 관장한다. 이왕직은 조선 총독이 감독한다"라고 규정했으며, 이에 따라 198명의 직원이 배치돼 왕가와 왕족을 감시했다.[6)]

또 일제는 농촌사회에서 '지방유력자'로서 지도적 지위를 아직 유지하고 있는 유생들에게 일왕의 '임시은사금'을 지급하는 한편, 1911년엔 '조선 유학의 진흥을 위해' 서라며 성균관을 경학원으로 개칭, 설립하는 등의 방법으로 유교의 충효사상을 일제에 대한 충성심 배양에 이용하고자 하였다.[7]

'조국의 암울한 현실과 막막한 미래'를 넘어서

그러나 모든 조선 엘리트가 일제에 굴복한 건 아니었다. 일본의 손길이 미치지 않는 국외에 독립운동의 근거지를 마련하고 군대를 양성하여 국권을 회복하겠다고 나선 사람들도 있었다. 이런 독립군기지 건설 구상은 '병합' 직후에 비밀결사인 신민회에 의해서 '서간도 이주 사업계획'으로 추진되었다.[8]

1912년 한반도에 간도 열풍이 불었다. 1910년 10만 명 정도였던 간도 인구가 1918년 60만 명으로 급증할 정도로 '민족 대이동'이 일어났다. 허황된 소문도 많아 열풍에 휩쓸려 피해를 보는 사람들도 많았다. 박성수는 "1912년은 간도 이민이 신작로를 메운 해였고 이듬해 1913년은 이민 갔던 사람들의 일부가 거지가 되어 고향으로 되돌아오는 해였다"고 했다.[9]

그런가 하면 하와이 이민을 택한 사람들도 있었는데, 이른바 '사진 신부(picture bride)'도 이때에 나타났다. 당시 하와이로 건너간 조선인은 5000여 명에 이르렀는데, 결혼하지 못한 남자들이 많아 사진 교환만으로 조선에서 신부를 데려오는 결혼이 이루어진 것이다. 당시 조선 남성은 인종차별법으로 인해 미국인과 결혼할 수 없었다.[10]

이민자들이 신부의 부족으로 정상적 가정을 이루지 못한 채 방황하면서 생산효율이 떨어졌다. 음주·도박·범죄에 탐닉하는 경우도 많

간도를 향해 가는 이주 행렬. 일제의 강점이 시작되자 조국의 암울한 현실과 막막한 미래를 넘어서려는 움직임도 시작됐다. 1912년 불어 닥친 '간도 열풍'도 그중 하나였다. 1910년만 해도 겨우 10만 명 정도였던 간도 인구는 1918년이 되자 60만 명으로 급증했다.

아졌다. 하와이 정부가 1910년부터 '동양인 배척법안'이 통과된 1924년까지 14년 동안 사진신부를 받아들인 것은 이러한 배경 탓이다.

　일본인들의 이주도 많았다. 1910년부터 1923년까지 13년에 걸쳐 약 3만 2000명의 사진신부가 하와이로 건너갔다. 늘어나는 일본 이민자 때문에 실직 위기에 처한 백인 노동자들은 동양인의 사진결혼을 야만과 열등 인종의 행위로 규탄하고 사진결혼 폐지운동을 전개하였다. 결국 일본 정부는 1920년 사진신부의 여권발급을 중지하였으며, 미국 의회도 1924년 동양인 배척법을 제정, 동양인의 이민을 전부 금지시켰다.[11]

　똑같은 사진결혼이긴 하지만, 한국의 사진신부는 조국이 처해 있는 식민지 현실로 인해 비극적인 면이 있었다. 한국 사진신부의 하와이 행은 일본 사진신부의 경우처럼 '더 나은 세계에 대한 동경'도 있었지만 '지독한 가난'과 '조국의 암울한 현실과 막막한 미래'가 주요 이유였다.[12]

일본인이나 중국인은 다시 고국으로 돌아갈 수도 있었지만, 한국인에게 그건 쉽지 않은 일이었다. 아니 그들 스스로 돌아가고 싶어 하지 않았다. 실제로 남녀를 통틀어 하와이에 이민을 간 일본인 18만 명 중 9만 8000명, 중국인 4만 6000명 중 2만 5000명이 귀국을 한 반면, 한국인은 전체의 6분의 1만 귀국을 했다.[13]

사진신부 삶의 '애환과 승리'

1910년 12월 2일 사진신부 1호인 최사라(당시 23세)가 호놀룰루에 도착해 하와이 국민회 총회장이던 노총각 이내수(당시 38세)와 결혼한 것을 시작으로 1056명의 처녀가 남편을 찾아서 하와이로 갔다. 이 처녀들의 나이는 대부분 17세에서 24세 정도였으며, 학력은 대부분 무학(無學)에 속했다.[14]

사진결혼의 가장 큰 문제는 현격한 나이 차이였다. 남편 될 사람의 젊었을 당시의 사진을 보고 왔더니 자기 아버지뻘 되는 늙은이가 마중 나와 있어 자살하거나 도망하는 소동도 벌어졌다. 심지어 나이가 30세 이상 차이 나는 경우도 있었는데, 나이 차가 많이 나는 부부관계는 '효'에 가까운 것이어서 심지어 자신의 남편을 아버지라고 부르는 사진신부들도 있었다.[15]

조정래의 『아리랑』에 따르면, "사진결혼을 하려는 사람이 그 당장

사진 한 장만 들고 하와이를 찾은 사진신부는 1056명이나 됐다. 그들은 부단한 노력으로 하와이를 포함한 미주 한인사회 발전의 주역이 되었고, 민족독립운동에도 남자 못지않게 기여했다. 그러나 남편과의 현격한 나이 차이로 인해 이른 나이에 과부가 되는 경우도 많았다.

사진을 찍어 조선으로 보내도 반년 후에나 도착하는 신붓감이 기름기라고는 없이 부스스한 머리칼에 허름한 노동복을 걸친 후줄근한 모습으로 마중을 나간 흉터 많은 신랑감의 얼굴을 보고 소스라치게 놀라지 않을 수 없는 일이었다. 그런데 사오 년 전이나 칠팔 년 전의 생일 기념으로 찍은 사진을 보냈을 경우는 어떠할 것인가. 세월이 흘러 늙은데다가 긁히고 찔려 흉터는 더 많이 생겼으니 신붓감이 자기 시아버지 될 사람으로 착각하는 것은 전혀 무리가 아니었다. 그런데 나이가 많이 든 신랑감들일수록 나중에 신붓감들이 낙담할 것을 생각하지도 않고 장가들 욕심만 앞세워 될 수 있는 대로 젊었을 때 찍은 사진을 보내려고 했다."[16]

사진과는 전혀 다른 얼굴을 보고 처녀들은 기가 막혔지만, 그래도 결혼 이외엔 다른 선택의 여지가 없었다. 한국으로 돌아가는 게 더 끔찍하게 여겨졌기 때문이다. 한 사진신부는 "조선을 떠나기가 그렇게 어려웠는데, 어떻게 그냥 돌아갈 수가 있단 말인가. 내가 돌아가게 된다면 우리 부모님들이 수치스러워 할 텐데 말이다"라고 말하기도 했다.[17]

더 심각한 문제는, 훗날의 이야기일망정, 남편과의 극심한 나이 차이로 인해 사진신부들이 이른 나이에 과부가 돼 많은 아이들을 부양해야만 했다는 사실이다. 불행 중 다행히도 여전히 여자 수보다는 남자 수가 훨씬 많아 재혼을 할 수는 있었지만 말이다.[18]

사진결혼의 폐해는 시작 4년 만인 1914년 『매일신보』를 통해 국내에 처음 알려졌다. 사회적 반향과 충격은 컸다. 3회에 걸쳐 연재된 이 기사는 평양 사는 19세의 젊은 과부가 자신의 어린 딸과 함께 미국으로 건너갔으나 상상했던 것과 너무나 다른 현실과 남편의 구타와 학대를 견디지 못해 호놀룰루의 모 교회에 도망쳐 참혹한 생활을 하고 있다는 걸 비롯하여 비극적인 면을 다루었다.[19]

윤백남(1888~1954)의 희곡 『운명』은 바로 이런 희비극을 다루었는데, 이 희곡은 사진결혼의 폐해를 이민 문제의 불합리로 본 것이 아니라 사회·윤리적 측면에서 보았다. 『운명』은 1920년대 초반 여러 차례 공연되었고 관객들의 높은 호응을 이끌어냈다.[20]

사진신부들은 억세게 일하는 근면과 더불어 강한 자립심과 애국심을 지닌 여인들이었다. 신영숙은 "이들 사진신부들이야말로 자신들의 부단한 노력으로 하와이를 포함한 미주 한인사회 발전의 주역이 되었으며 민족독립운동에도 남자 못지않게 기여한 선구자들이었다"라며 "이제 사진혼인 풍습은 잊혀가지만 사진신부의 자녀들은 미국

땅에 깊이 뿌리 내려 한민족을 영원히 이어갈 것이다"라고 했다.[21]

조선 상업의 발달을 억누른 회사령

1910년 12월 29일 회사령이 제정·공포되었다. 회사를 세울 땐 조선총독부의 허가를 받아야 한다는 내용이었다. 허가를 받고 설립한 회사일지라도 일제의 눈에 거슬리면 언제든지 일제가 이를 정지·폐쇄·해산할 수 있도록 했다.[22] 회사령 제정의 이유는 희한했다.

"조선인은 법률상·경제상의 지식 경험이 결핍해 있고 복잡한 회사조직의 사업경영이 불가능하며, 또한 일본인 자본가도 조선의 실정을 알지 못하고 양측의 손해 입는 것을 미연에 방지하여 조선 산업의 건전한 발달을 기할 필요가 있기 때문이다."

이런 이유에 따라 1911년 한국인 회사는 27개, 일본인 회사는 102개, 1919년까지 한국인 회사는 63개, 일본인 회사는 289개가 설립 허가되었다.[23] 한국 기업의 발달을 억제하는 이 회사령은 3·1운동의 타격을 받고 1920년 철폐돼, 허가제에서 신고등록제로 전환되었다.

신용하는 3·1운동의 영향 외에도 "이미 일본은 국내에서 제1차 세계대전의 호경기와 자본축적으로 자본잉여의 상태에 들어섰다고 보였으므로 일본의 잉여자본을 조선에 이동시켜 '식민지 초과이윤' 획득 추구가 필요하게 되었다는 사실"을 회사령 철폐의 배경으로 들었다.[24]

1911년 공포된 조선광업령과 조선어업령 등도 한국인들의 경영을 각종 규제를 통해 억제하는 한편, 일본 자본의 한국 진출을 적극 지원함으로써 광업과 어업을 일본인 중심으로 재편성하였다.[25] 1911년 전국의 50만 원 이상의 자산가 1018명 중 조선인은 32명, 일본인은

986명이었다.[26]

 일본인 자산가 수의 30분의 1이었을망정 조선에도 자산가 계급은 존재했다. 게다가 자산가 이외의 계층에서도 빈부격차는 컸다. 훗날 '민족'이라는 단일체로 볼 때엔 일제를 바라보는 시각은 단순해지겠지만, 당대의 사람들에게서 나타나는 '이해관계 격차'는 일제를 대하는 태도에서도 다양한 편차를 드러낼 수밖에 없었다.

 한국인의 신속한 적응력은 세계 최고다. 훗날 이광수(1892~1950)를 비롯한 많은 이들이 조국의 암울한 현실에 절망해 '민족성 개조론'을 외쳐대지만, 하와이 이민자들은 '민족성'이란 것이 상당 부분 주어진 구조적 조건의 산물일 수 있다는 걸 드라마틱하게 보여주었다. 게으르다고 손가락질 받던 한국인은 곧 세계에서 가장 빠르고 부지런한 사람으로 재평가받게 되며, '기업체질'은 원래 한국인의 것이 아닌가 하는 생각이 들 정도로 한국인들은 빠른 시간 내에 기업을 일궈 세계 무대로 진출하게 된다. 앞으로 일제치하에서의 우울한 이야기들이 계속되더라도 '긍정과 낙관'의 자세로 냉정하게 대응하자는 뜻에서 드리는 말씀이다.

02

'기독교 죽이기'를 위해 조작된 '105인 사건'

농민의 몰락을 부추긴 토지조사사업

조선 민중이 나라 잃은 서러움을 뼈저리게 깨닫게 된 건 1911년 이후 전개된 이른바 '토지조사사업' 때부터였다. 토지조사사업은 그동안 불법이었던 일본인의 토지소유를 법적으로 인정해줌으로써 농민들이 토지를 빼앗기고 고향을 등지게 된 결정적인 계기가 되었다. 전춘길은 "토지조사사업은 지주에 대한 소작인의 경제적 예속관계를 강화시켰으며 광범한 농민층의 분화를 초래하였다"며 다음과 같이 말했다.

"근대적 토지소유권을 확립시킨 이 사업은 소작인에게 신분적 자유를 부여하기는 했으나 경제적으로는 지주에게 더욱 예속되었던 것이다. 결국 농민에게는 토지가 유일한 생계수단이었으므로 당시 지주와 소작인과의 관계는 더욱 소작인에게 불리한 여건을 조성해냈던 것이다. …… 이렇게 소작농으로 몰락한 농민 중에는 이농하는 자가 증가

토지조사를 위해 측량을 하고 있다. 1911년부터 시행된 토지조사사업은 '눈뜨고 코 베어간다'는 속담의 실현이었다. 이로써 그간 불법화돼 있던 일본인의 토지소유가 법적으로 인정되었고, 근대적 소유권 개념에 어두웠던 농민들은 짧은 기간에 일제가 요구하는 서류를 갖춰내지 못해 하루아침에 삶의 터전을 잃어야 했다.

하여 1920년~1925년 사이에 몽고지방 및 시베리아 방면으로 이주한 자가 27만 명을 넘었으며, 일본으로도 12만 명 이상이 이주하였다."[27]

이와 관련, 배경식은 "'눈뜨고 코 베어간다'라는 속담이 있듯이 근대적 소유권 개념에 어두웠던 농민들은 하루아침에 지금껏 짓고 있던 땅을 합법적으로 강탈당하였다. 반면 지주들은 소작농들의 불안정한 경제적 처지를 이용하여 훨씬 더 가혹한 착취를 감행하였다. '기름은 짜면 짤수록 더 나온다'는 말이 있듯이 지주들은 소작농을 언제든지 짜면 나오는 기름인 줄로만 알았다"고 지적했다.[28]

토지조사사업은 농민들에게 서류와 더불어 글의 중요성을 각인시킨 계기이기도 했다. 글과 어려운 개념을 잘 몰라 억울하게 당한 농민들도 많았기 때문이다. 이런 한(恨)은 자식만큼은 공부를 시켜야 한다는 불타는 교육열로 변모해, 훗날 우골탑(牛骨塔)의 신화까지 만들어 내게 된다.

'안악 사건'에서 '105인 사건'으로

일제는 1910년 합방 직후인 12월, 황해도의 민족주의세력을 뿌리 뽑기 위해 '안악(安岳) 사건'을 조작했다. 당시 안명근(안중근의 사촌동생)을 비롯한 황해도 민족진영은 부호들을 대상으로 독립운동 자금을 모금하다가 체포됐는데, 일제는 이를 조선 총독 암살음모 사건으로 조작했던 것이다. 그 사건을 계기로 총독부는 서북지역의 민족세력까지 뿌리 뽑기 위해 또다시 음모를 꾸미기 시작했는데, 이게 바로 이른바 '105인 사건'이다.[29]

부호들을 대상으로 독립운동 자금을 모금하던 안명근이 평양에서 일본 헌병에 체포돼 서울로 압송된 건 1911년 1월 12일이었다. 그런데 그가 체포된 것은 뤼순(旅順, 여순)감옥에서 안중근(1879~1910)의 마지막 고해성사를 집례한 안중근의 대부 빌헬름(J. Wilhelm, 한국명 홍석구) 신부 때문이었다. 빌헬름 신부는 그의 교도인 안명근의 모금운동을 서울의 대주교 뮈텔(G. C. M. Mutel, 한국명 민덕효, 1854~1933)에게 알렸고, 뮈텔이 이를 다시 총독부 경무총감 아카시 모토지로(明石元次郎, 1864~1919)에게 직접 제보했던 것이다.[30]

서울 경무총감부로 압송된 안명근은 이토 히로부미(伊藤博文, 1841~1909)를 암살한 안중근의 사촌동생이라는 점 때문에 일본 헌병들로부터 혹독한 고문을 당했다. 고문을 견디지 못한 안명근은 그동안의 일을 모두 자백하고 말았다. 이 사건을 황해도지방 반일세력을 뿌리 뽑을 좋은 기회라고 판단한 총독부는 무려 160여 명을 체포했다. 이때에 백범 김구(1876~1949)도 체포돼 모진 고문을 당했다.

9월 들어서부터 평안남·북도를 중심으로 700여 명이 갑자기 체포되었다. 혐의사실은 데라우치 마사타케(寺內正毅, 1852~1919) 총독이 전년 12월 27일에 압록강 철교개통식에 참석하고 서북지방을 시찰하는 기회를 포착하여 그를 암살하려고 기도했다는 것이었다. 일제는 이 날조극을 소위 '데라우치 총독 암살음모 사건'이라고 불렀다. 이 사건으로 기소된 사람이 123명에 이르고, 1심에서 유죄가 선고된 사람만도 105명이었다고 하여 흔히 이 사건을 '105인 사건'이라고 부른다.[31]

105인에게 630년의 형량

일본 경찰은 사건의 주동 인물로 YMCA의 부회장으로서 실질적으로 YMCA운동을 이끄는 동시에 신민회 회장을 맡고 있던 윤치호(1865~1945)를 지목하고, 1912년 2월 4일 그를 체포했다. 윤치호와 같이 YMCA활동을 했던 이승만은 자신도 무사하지 못하리라는 걸 예감하고, 4년마다 한 번씩 열리는 기독교 감리회 총회의 한국대표 자격으로 3월 26일에 서울을 떠났다. 귀국한 지 17개월 16일 만이었으며, 그가 37살이 되는 생일날이었다. 6개월 예정으로 떠났던 이승만이 귀국하는 것은 그로부터 33년의 세월이 흐른 뒤다.[32]

'105인 사건' 기소자 123명 중 93명이 기독교인이었고, 직접 연루됐다는 선교사만도 24명에 달했지만, 초기에 미국 선교부는 정치적이라는 이유로 대책에 소극적이었다. 그러나 선교사들의 강력한 항의

'105인 사건'의 피의자들이 공판정으로 끌려가고 있다. '105인 사건'은 서북지역의 민족세력을 뿌리 뽑기 위해 일제가 꾸민 조작 사건이었다. 1911년 9월, 데라우치 총독을 암살하려 했다는 죄명으로 700여 명에 이르는 사람이 체포당했고, 그중 1심에서 유죄가 선고된 사람만 105명에 달했으며 그들에게 언도된 형량의 총합은 630년이나 됐다.

에 따라 유능한 변호인단을 구성하여 적극적인 법정투쟁을 한 결과, 공판과정에서 피의자들에 대한 고문사실이 폭로되고, 사건의 조작사실이 드러났다. 윤경로는 "105인 사건의 재판과정에서 한국 교회는 선교사와 민족진영 간의 불신과 괴리현상을 해소할 수 있었다"고 평가했다.[33]

조사과정에서 정희순(1888~1911) 등 4명이 고문으로 죽었고, 3명이 정신이상 증세를 보였다. 1912년 9월 28일에 열린 선고공판에서는 윤치호, 양기탁, 이승훈, 안태국, 임치정, 유동열에게 징역 10년, 옥관빈, 장응진, 차이석 등 18명에게 징역 8년, 그밖의 39명에게 징역 6년, 42명에게 징역 5년의 실형이 선고되었다. 105인에게 언도된 총형량

1장_ 나라 잃은 민족의 비애 27

은 630년이나 되었다. 1913년 7월 15일의 공소심 공판에서는 윤치호, 양기탁, 이승훈, 임치정, 안태국 5명에게 징역 6년, 옥관빈에게 징역 5년이 선고되고, 나머지 99명에게는 무죄가 선고되었다. 양기탁, 안태국, 옥관빈 등 신민회(양기탁 등 보안법 위반) 사건 주동자들은 105인 사건에도 관련된 혐의로 기소되어 거듭 유죄판결을 받았다.[34]

강덕상은 "이 사건은 독립운동 비밀결사인 신민회 조직을 뿌리 뽑고, 또 기독교도를 박멸하기 위해 조작된 것이다"라며 "일제는 공판 과정에서 구미 선교사에 의해 사건의 허구성과 잔인성이 폭로되어 소기의 목적을 달성하지 못했으나, 이제 교회도 탄압을 피할 수 없게 되었다는 위압감이 기독교도들에게 가해졌다는 점에서 일부 성공했다고 할 수 있다"고 했다.[35]

실제로 이 사건 이후 일부 선교사들은 일제에 굴종하는 자세를 취하면서 일제의 지배를 찬양하게 된다. 조선 기독교 지도자들도 자신들의 굴종을 정당화할 논리 개발에 나서게 되며, "카이사르의 것은 카이사르에게 돌려주라"는 성경(마태복음 22장 21절) 구절의 오·남용이 왕성하게 이루어진다. 이 틈을 파고든 일본 조합교회는 1917년경 교회 수 143개, 교사 98명, 신도 수 1만 2670명을 확보하게 된다.[36]

윤치호가 느낀 '권력의 공포'

윤치호는 '105인 사건'으로 가혹한 고문과 더불어 3년간 옥고(獄苦)를 치르게 되었다. 독립협회 해체 시 변절을 한 바 있는 윤치호가 왜 이 사건에 연루되었던 것일까? 윤치호는 1904년 외부협판(外部協辦)에 임명되기까지 5년간 지방관직을 전전했는데, 그가 개혁의 꿈까지 버린 건 아니었다. 유영렬은 "윤치호는 중앙정계에서 좌절된, 민중을 위한 개혁정치의 이상을 제한된 지방에서나마 실현시키고자 진력했던 것이다"라며 "그러나 윤치호의 이와 같은 치적도 결과적으로는 독립협회 해체 후에 강화된 보수반동정치에 협조하는 것이었음을 간과할 수 없을 것이다"고 분석했다.[37]

윤치호가 현실에 굴복해 변절했을망정, 그에게 개혁의 꿈과 정신은 남아있었던 셈이다. 그래서 윤치호는 을사조약이 체결되자 즉시 외무차관직을 버리고 애국계몽운동에 뛰어 들었다. 그는 1906년에 결성된 대한자강회의 회장에 추대되었고, 1907년에 조직된 비밀단체 신민회의 멤버로 활약했다. 그런 활동을 하다가 105인 사건으로 옥고를 치르게 된 것이다.

그런데 윤치호가 직접 신민회활동을 했다기보다는 신민회에 이름을 빌려준 정도에 불과했다는 시각도 있다. 양현혜는 "미국에서 독립운동을 전개하고 있던 안창호(1878~1938)는 귀국해서 '신민회'를 조직함과 동시에 민족 지도자를 양성하기 위한 고등교육기관으로서 '대성학교'를 평양에 창립했다. 이때 안창호는 윤치호에게 학교의 교장직을 의뢰하고 윤치호는 그것을 받아들였으나 그것은 개교식과 일주년 기념식에 참가하는 정도의 명예직에 불과했다"며 다음과 같이 말했다.

"윤치호는 '신민회'를 비롯해 안창호가 주도했던 일련의 조직운동과는 완전히 무관한 상태에 있었다. 이러한 관계에 있었음에도 불구하고 검찰 측은 윤치호에게 '신민회'의 최고책임자로서 데라우치 총독 암살을 지휘했다는 혐의를 씌워 자백을 강요하였다. 이것에 대해 윤치호는 처음에는 부정했으나 고문을 하겠다는 협박과 자백만 하면

2일~3일 안에 집으로 귀가시키겠다는 설득, 그리고 자기는 이 사건과 아무런 관계도 없다는 자기 확신 등으로 검찰이 요구하는 대로 '자백'했다."[38]

이어 양현혜는 "윤치호에게 있어서 최초이자 최후가 되었던 이 옥중생활은 견딜 수 없는 고통의 시간이었을 것이다. 그리고 식민지 권력에 대한 분노도 느꼈을 것이다. 그러나 '강자의 불의'를 정당화해 왔던 윤치호가 이 사건을 통해 몸으로 절감한 것은 아무리 해도 거역할 수 없는 현실적 '강자'의 힘, 즉 '권력의 공포'였다"고 했다.

"'105인 사건'을 분기점으로 해서 윤치호는 언제 무엇을 계기로 그의 존재를 짓밟으려 달려들지 모르는, 깊이를 알 수 없는 마성을 가진 '계모'와 같은 존재로서 식민지 권력을 인식하게 되었다. 윤치호는 절대적 권력을 가진 '계모' 아래 놓인 어린아이의 경우와 같이 더 이상 천진난만히 그 호의를 몽상하는 것이 아니라 영리하게 스스로를 보신(保身)해 나가지 않으면 안 되었던 것이다."[39]

"감옥이라는 곳은 이상한 곳이다"

윤치호는 1915년 2월 13일 친일 전향을 조건으로 출감했다. 그는 출감 후 종로 중앙 YMCA회관에서 가진 환영회 석상에서 "경거망동은 우리에게 아무 이익도 주지 못한다. 조선을 구제할 자는 오직 '힘'이니 힘은 청년들이 도덕적으로, 지식적으로 수양함에서 나오고 그러한 뒤에도 교육과 산업을 위하여 꾸준히 노력함에서 나온다"는 요지의 연설을 해 청중들을 실망시켰다.[40]

또 윤치호는 『매일신보』 사장과의 회견(1915년 3월 14일자)에서 이후

'일선동화(日鮮同化)'를 위해 노력할 것을 천명했다. "이후부터는 일본 여러 유지 신사와 교제하여서 일선민족의 행복되는 일이든지 일선 양 민족의 동화(同化)에 대한 계획에는 참여하여 힘이 미치는 대로 몸을 아끼지 않고 힘써볼 생각이다."⁴¹⁾

윤치호와 옥중생활을 같이 한 이승훈(1864~1930)은 윤치호의 그런 변절을 겨냥한 듯 "감옥이라는 곳은 이상한 곳이다. 강철 같이 단련되어 나오는 사람이 있는가 하면 썩은 겨릅대와 같이 흩어져 나오는 사람도 있다"고 말하였다.⁴²⁾

유영렬은 "윤치호가 이처럼 대일협력을 천명한 배경에는 일제의 가혹한 고문과 강요 그리고 그 자신의 심경의 변화가 작용했음은 물론이거니와, 논리적인 면에서는 개화기의 그의 의식 속에 내재되어 있던 비관적 국사관(國史觀)에 의한 민족패배주의와 현실상황론에 의한 대세순응주의 그리고 사회진화론에 의한 개화지상주의가 작용했던 것으로 보인다"고 분석했다.⁴³⁾

이제 윤치호는 "나의 나라는 이 세상의 것이 아니다"라고 하는 예수의 말을 근거로 식민지 조선의 정치적 문제에 관심을 표시하는 조선 기독교인들을 비판하면서 기독교는 현실의 정치적인 것과는 무관한 종교라고 주장하게 된다.⁴⁴⁾

그게 어찌 윤치호 개인만의 문제이랴. 종교는 권력에 적극 항거하기도 했지만, 일제강점기를 통틀어 종합적인 판단을 내리건대, 종교는 대체적으로 권력에 무력했다. 일제강점기는 "종교란 무엇인가?"라는 근본적인 의문을 제기한 시기인 동시에 한국 종교의 성격과 체질에 큰 영향을 미친 시기이기도 했다.

03

"조선 사람과 명태는 두들겨 패야 한다?"

조선민사령과 경찰범처벌규칙

'105인 사건'이 말해주듯이, 강점(强占) 이후 일제는 철저한 헌병 경찰제도로 일체의 언론, 출판, 집회, 결사의 자유를 박탈하였고 인권탄압을 자행하였다. 1910년의 일제강점에서부터 1919년의 3·1운동까지의 10년간을 흔히 '무단(武斷)정치시대'로 부르는 이유도 여기에 있다.

1912년 '조선민사령(朝鮮民事令)'이 공포되었다. 일본의 민법·상법·민사소송법을 비롯한 23개의 각종 민사관계 법령을 조선에서도 시행할 것을 규정한 것이다. 이영훈은 일제가 조선의 '영구병합'을 꿈꿨다며 그 대표적인 프로젝트의 하나가 조선민사령이라고 했다.

"그때 시행된 일본의 민법은 지금 대한민국의 민법으로 이어지고 있습니다. 두 법을 대조하면 조항의 내용과 순서가 변하지 않고 그대로인 경우가 많습니다."[45]

일제는 1914년 개정된 일본호적법을 차용해 1921년 '조선호적령'을 공포하는데, 호주의 신분관계와 가(家)의 연속관계를 더욱 명확히 함으로써 일본식 호주제도의 의식을 확고히 하게 된다.[46]

또 1912년엔 칙령 19호로 축제일이 지정되었다. 원시제(1월 3일), 신년연회(1월 5일), 기원절(2월 11일), 신무천황제(4월 3일), 명치천황제(7월 30일), 천장절(8월 31일), 천장절축일(10월 31일), 신상제(神甞祭, 10월 17일), 신상제(新甞祭, 11월 23일), 춘계황령제(춘분), 추계황령제(추분) 등이었다. 일본의 천황제와 관련된 경축일이 조선에서 그대로 시행된 것이다. 일제는 1912년 7월 메이지(睦仁明治, 명치, 1852~1912) 천황이 죽자 각지에 요배소(遙拜所)를 설치하고 요배를 강요하기도 했다.[47]

1912년 3월 조선총독부령 제45호로 나온 '경찰범처벌규칙' 제20항은 "불온한 연설을 하거나 또는 불온문서·도서·시가를 제시·반포·낭독하거나 큰소리로 읊는 자"도 형법으로 처벌하도록 규정했다. 헌병 경찰 조직(헌병 2000여 명, 경찰 5700여 명)에 의해 한국인의 하찮은 언동도 단속의 대상이 되었는데, 그 결과 1912년에는 5만 명 이상, 1918년에는 14만 명 이상이 검거되었다.[48]

살점이 떨어지고 업혀 나오는 '소좆매'

일제의 잔혹한 인권탄압을 가장 잘 보여주는 게 1912년 12월 30일에 제정 공포된 '태형(笞刑) 준칙'이다. 일제는 자국의 태형은 1882년에 폐지했음에도 조선에선 전근대적인 태형을 유지했고, 또 조선인에게만 적용하였다.

일제는 자국에서 이미 1882년 폐지한 태형을 조선에서만은 그대로 유지하였다. 적용대상도 조선인만 해당됐다. 대나무는 쉽게 부러진다 해서 소의 음경을 말린 매가 사용되었는데, 맞으면 걸을 수 없어 사람의 등에 업혀 나왔고, 형 집행 중 또는 귀가 후 사망하는 사람이 적지 않았다.

    삼국시대 때 도입돼 조선조를 거쳐 한말에 이르기까지 주요 형벌로 사용돼온 태형은 가벼운 죄를 범한 죄인에게 가하는 형벌로, 5형(五刑) 즉 태(笞)·장(杖)·도(徒)·유(流)·사(死) 다섯 가지 형벌 가운데 하나다. 태형은 작고 가는 가시나무 몽둥이(소형장)를 사용해야 하는데 이때 몽둥이는 옹이나 눈을 깎아버리고 힘줄이나 아교 등을 붙이지 못하도록 했다. 또 교판(較板, 규격에 맞춘 모형검사기)대로 만들어 굵기가 가는 쪽으로 볼기를 쳐야 했다. 집행은 하의를 내리고 둔부를 노출시켜 때렸으나 여자는 간음한 경우를 제외하고는 벗기지 않았다.[49]

    일제는 "사리를 모르고 생활 정도가 낮은 자에게 감옥에서의 구금은 아무런 고통이 되지 않으며, 이와 같은 범인에 대하여 단기의 자유형을 과하는 것은 그 효과가 도저히 태형에 미치지 못하였기 때문에" 태형이 필요하다고 주장했다. 또 "정신적 통고(痛苦)에 무딘 자"에게 현저한 효과를 보장하기 위해서는 강렬한 고통을 느끼게 해주는 것이 필요하다는 논리를 내세웠다.[50]

관헌의 기록에 따르면, "때로 자유형을 기피하고 태형을 희망하는 자 없지 않지만, 이것은 아직 태형에 처해진 일이 없는 자로서 오직 석방이 빠를 것을 바라는 데 불과하다. 태형의 전과 있는 자는 그 통고를 두려워하여 자유형을 희망하는 자가 많음을 볼 때, 그 효과의 현저함"을 알 수 있다고 했다.[51]

태형은 전 수형 인원의 약 절반가량에 적용되었으며, 1917년엔 4만 4000여 명이 태형을 받았다. 일본인들이 취미 삼아 조선인들을 매질하는 게 아닌가 싶을 정도로 태형의 적용범위는 넓었다. 『매일신보』는 아예 「태형과 벌금」이라는 고정난을 연재했다. 가로수를 꺾었다고 5대, 집 앞 청소를 게을리했다고 10대, 웃통 벗고 일했다고 10대, 잡기를 하다 발각되어 20대, 도살 허가 없이 개를 잡았다는 이유로 40대, 학교림에서 나무를 했다는 이유로 50대, 덜 익은 감을 팔았다고 80대 등등 사사건건 트집을 잡아 매질을 가했다.[52]

대나무는 쉽게 부러진다 해서 소의 음경을 말려서 만든 매가 사용되었다. 태(笞)를 맞으면 걸을 수 없어 사람의 등에 업혀 나왔고, 태형 집행 중 또는 귀가 후 사망하는 자가 적지 않았다.[53]

항일운동가 오명천의 증언에 따르면, "일인들의 형판은 사람이 그 위에 엎드리면 음부가 닿는 곳에 구멍을 뚫었으며 두 팔을 십자판(十字板)에 벌려 묶고 두 다리와 허리를 형판에 결박하였다. 그들이 사용하는 우음경(속칭 소좃매)은 매 끝에 납을 달아 노출한 엉덩이를 이것으로 치면 그 납이 살 속에 파고들어가 살점이 떨어지고 피가 낭자했다. 매는 80대가 보통이었으며 도중에 기절하면 회생시켰다가 3일 후에 다시 불러내서 때렸다. 일단 맞은 사람은 절대 걸을 수가 없었고 사람의 등에 업혀 나오며, 죽으면 시체는 그날 밤으로 행방불명되었다. 이런 매를 가장 많이 맞은 자는 신작로 부역관계자였다."[54]

'순사 온다'는 말이 생겨난 이유

태형은 다른 수형자들이 태형의 집행사실을 청각적으로 들을 수 있도록 해 공포효과를 유발하는 방식으로 집행되었다. 김동인(1900~1951)이 자신의 100일 동안의 감옥 경험을 바탕으로 써 『동명』(1922년 12월 17일~1923년 4월 22일)에 발표한 소설 「태형」은 그 장면을 다음과 같이 묘사했다.

"우리는 무서운 소리에 화다닥 놀랐다. 그것은 단말마의 부르짖음이었다. '히도쓰(하나), 후다쓰(둘)' 간수의 헤어나가는 소리와 함께, '아이구 죽겠다, 아이구, 아이구!' 부르짖는 소리가 우리의 더위에 마비된 귀를 찔렀다. 우리는 더위를 잊고 모두들 소리를 들었다. 우리의 몸은 한결같이 떨렸다. 그것은 태맞는 사람의 부르짖음이었다."[55]

신용하는 "이 제도에 의하여 한국은 일제 헌병 경찰에 의한 공포의 도가니로 화하였다"며 "일제치하의 한국인은 이제 어느 곳에서 어떠한 트집으로 일본 헌병과 경찰에 끌려가서 매를 맞고 태형을 당할 것인지 항상 불안에 떨지 않을 수 없게 되었다. 일제치하의 한국에서 '순사 온다'는 말이 어린애의 울음을 그치게 하는 공포의 용어로 사용된 것은 이때부터였다"고 했다.[56]

일제시대에 활동했던 한국인 경관들의 모습. 일제치하 한국에서 '순사 온다'는 말은 어린애의 울음도 그치게 하는 공포의 용어였다. 조선 인구 400명당 1명의 관리를 두어 일상을 감시했던 일제의 무단통치 앞에 조선 사람들은 언제 어느 때 일본 헌병과 경찰에 끌려가 매를 맞게 될지 몰라 불안에 떨어야 했다.

그러나 일제는 성공할 수 없었다. 태형과 관련, 맥켄지(F. A. McKenzie)는 "일본인들은 한국인의 성격이 예상하지 못했을 정도로 끈질기다는 사실에 충격을 받았다. 한국인들이 겉으로 보이는 무표정한 얼굴 밑바닥에는 그들만이 가지고 있는 어떤 단호한 정신력이 깔려 있다는 사실을 일본인들은 발견했다. 일본인들은 한국인들을 동화하는 데 성공한 것이 아니라 한국인의 민족성을 되살리는 데 성공했다"고 썼다.[57]

조선인 400여 명당 1명의 일본인 관리

"조선 사람과 명태는 두들겨 패야 한다"는 일본인들의 말이 바로 이

'태형준칙'에서 비롯된 것이다. 태형은 1920년 3월 31일에서야 폐지되는데, 이는 3·1운동 덕분이다.[58] 그러나 고문까지 사라진 건 아니었다. 김삼웅은 "총독부는 '합법적'으로 한국의 독립운동가나 반일사상가는 물론 일반 형사범까지도 가혹한 태형으로 다스렸다. 태형은 그나마 '합법'의 절차를 따르고 있었다"며 다음과 같이 말했다.

"일제의 헌병·경찰·군인·관리 등 총독부 수족들은 온갖 고문과 악형으로 한국인의 육신을 찢어댔다. 저들의 대표적인 고문에는 손·발목에 수갑을 채우고 코에 물 붓기, 코와 입으로 고춧가루 물 붓기, 비녀 꽂기, 통닭구이, 무릎에 몽둥이를 끼우고 교대로 뛰어내리기, 발가벗기고 거꾸로 매달아서 비행기 태우기, 고무호스로 입에 물 넣기, 손톱 발톱 밑에 바늘 찌르기, 칠성판에 묶기, 관 속에 넣고 못질하기, 생매장하여 위협주기, 전기고문, 성고문, 끓는 물속에 집어넣기 등 온갖 악형을 다 저질렀다."[59]

일제 경찰에 검거되지 않았다고 해서 한국인이 자유로운 건 아니었다. 유럽 제국주의 국가들이 식민지 지배를 위해 파견한 관리는 보통 식민지 인구 2만~3만 명당 1명이었던 반면, 일제는 조선인 인구 400여 명당 1명의 일본인 관리를 동원하여 조선인의 일상적 삶을 감시의 대상으로 삼았다.[60]

먼 훗날 프랑스의 지식인 미셸 푸코(Michel Foucault)가 말하는 '판옵티콘(panopticon, 원형감옥)'의 감시 체제는 이미 이때부터 조선에서 가동되고 있었다. 일본이라는 나라에만 국한시켜 놓고 보자면 얼마든지 칭찬받을 수도 있는 일본인들의 완벽주의적 기질이 타민족에 대한 지배의 힘으로 작용할 때엔 그건 구제받기 어려운 죄악으로 전락했다.

04

일본에 축복이 된 제1차 세계대전

중국의 신해혁명과 군벌의 할거 체제

한국인들이 일제의 가혹한 지배로 고통받고 있던 그때에 이웃 중국에선 어떤 일이 벌어지고 있었던가?

1911년 10월 10일 양쯔강 인근의 우창(武昌, 무창)에서 혁명군이 봉기한 지 1개월 만에 17개 성(省)이 호응해 궐기하였다. 마침내 독립을 선언한 성이 14개에 이르면서 전국적인 규모의 혁명으로 발전했는데, 이것이 바로 신해혁명(辛亥革命)이다. 1912년 1월 1일 쑨원(孫文, 1866~1925)이 임시 대총통에 취임함으로써 한족 주도의 '중화민국'이 탄생했다. 쑨원은 3일 전 17개 성으로 구성된 대표자 모임에서 16표라는 압도적인 지지를 받고 임시 대총통에 선출됐다.

쑨원은 1896년부터 1897년까지 영국 런던에서 망명생활을 하던 중 멸만흥한(滅滿興漢)에 입각한 민족주의, 수천 년 내려온 군주전제정체

중국 허베이성에 설립된 혁명정부. 신해혁명 이후 임시 대총통에 취임한 쑨원은 자신의 정부가 취약하다는 사실을 알고 청조의 대권을 부여받은 북양군벌 총수 위안스카이와 손을 잡았다. 그러나 위안스카이가 국민당의 실질적 당수였던 쑹자오런을 암살하면서 두 사람의 협조 체제는 무너진다.

의 변혁을 목표로 한 민권주의, 사회경제의 조직개혁을 지향하는 민생주의 등 이른바 삼민주의(三民主義)를 구성했다. 삼민주의는 신해혁명의 지도이론이 되었다.

중화민국은 탄생되었지만, 혁명세력의 힘이 약해 쑨원은 청조로부터 대권을 부여받은 북양(北洋)군벌의 총수 위안스카이(袁世凱, 1859~1916)와 타협하지 않을 수 없었다. 일곱 살의 선통제 푸이(溥儀, 1906~1967)는 쑨원과 위안스카이의 타협으로 2월 12일 퇴위, 진시황 이래 2200여 년 동안 유지된 중국왕조의 역사는 대단원의 막을 내렸고 청조 또한 268년 만에 역사 속으로 사라졌다.

중화민국은 임시약법(헌법)을 제정하며 공화국의 골격을 갖춰나갔지만 군사·재정적인 자립역량이 부족했다. 쑨원도 어쩔 수 없는 힘의 열세로 3월 11일 총통 자리를 위안스카이에게 넘겨주고, 1912년 8월 국민당을 조직하고 이사장에 취임하였다. 1913년 초, 제1회 국회의원 선거에서 국민당이 승리했지만, 3월에 국민당의 실질적 당수 쑹자오런(宋敎仁, 1882~1913)이 위안스카이에 의해 살해되었다. 위안스카이는 영국, 독일, 프랑스, 러시아, 일본 5개국의 차관으로 국민당을 매수하여 공중분해시켰다.

 국민당 중심의 혁명파들은 1913년 7월부터 위안스카이를 타도하는 운동인 제2차 혁명을 각처에서 전개하였으나 두 달 만에 실패하고 각지로 흩어지거나 해외로 망명했다. 쑨원은 일본으로 망명해, 이듬해 중화혁명당을 결성하였다.[61]

신흥강습소와 흥사단

이 격변의 시기에 한국인은 무엇을 하고 있었던가? 일제강점 이후에도 의병의 활약은 계속되었다. 일제가 보고받은 출몰 의병 건수는 1912년에도 163회에 1600명, 1913년 51회에 약 500명, 1914년에는 19회에 약 200명이었다. 의병으로서 일본군과 전투를 한 전투 횟수와 전투 의병 수는 1910년에 1832명의 의병이 일본군과 120회, 1911년에는 271명이 41회, 1912년 23명의 의병이 5회, 1913년 40명의 의병이 3회 전투 등이었다.

 항일의병무장투쟁은 1914년 5월 김정안(?~1914) 의병 부대가 황해도 서흥에서 일본군 부대에 포위된 뒤 투항을 권고받고도 거부하고 최후의 1인까지 전투하다가 전사함으로써 사실상 종언을 고했다.

얼어붙은 두만강을 행군하는 19사단 일본군. 일본은 1914년 9월 산둥반도에 상륙해 칭다오를 점령했다. 이어 산둥성에서 독일이 누렸던 권익을 인수하고 남만주와 동부 내몽골을 사실상 일본의 영토로 만들었다.

1914년 일제는 지방행정제도를 개편하여 전국을 13도 12부 220군 2522면으로 나누어 말단 행정단위 기능을 강화했다. 이로써 일제는 농촌사회의 말단까지 장악했고 이제 국내에서의 항일투쟁은 불가능하게 되었다. 이후에는 3명~5명씩의 의병대원들이 산발적 기습전을 전개하다가 국경을 넘어 만주와 러시아령으로 망명해 독립군으로 전환했다.[62]

국내 신민회의 국외 독립군기지 창설사업의 선발대인 이동녕(1869~1940), 이회영(1867~1932) 등은 이미 1911년 4월 봄 만주 봉천성(지금의 선양)에 사관양성기관으로 신흥강습소를 창설했다. 후에 신흥무관학교로 개칭하였는데, 신민회의 '신(新)' 자와 다시 나라를 일으킨다는 '흥국(興國)'의 '흥(興)' 자를 모아서 '신흥(新興)'이라고 하였다.[63]

미국동포들은 실력양성에 들어갔다. 1913년 5월 13일 미국 샌프란

시스코에서 도산 안창호는 흥사단(興士團)을 창립했다. 민족자주독립을 위한 일꾼양성이 목적이었다. 유길준(1856~1914)이 1907년에 만든 흥사단은 1911년에 해산되었는데, 유길준을 개인적인 스승으로 모셨던 안창호는 동일한 이름으로 흥사단을 만들어 민족의 미래에 대비코자 한 것이다.[64]

일본과 미국을 살린 제1차 세계대전

1914년 6월 28일에 세르비아의 사라예보에서 오스트리아 황태자 부부가 저격받아 암살당한다. 이 사건이 발단이 되어 7월 28일에 오스트리아가 세르비아에 선전포고를 함으로써 제1차 세계대전이 일어났다. 오스트리아의 동맹국인 독일과 터키, 불가리아 등등의 나라들이 한 편이 되고, 세르비아를 지지하는 영국, 프랑스, 러시아, 이탈리아, 벨기에, 미국, 루마니아, 포르투갈, 몬테네그로 등등의 나라들이 다른 편이 되어 서로 싸우기 시작한 것이다. 발칸반도 등의 재분할 문제를 둘러싼 국가 간 탐욕의 대충돌이었다.[65]

훗날 전쟁사가들은 제1차 세계대전의 원인을 두고 '우연'이냐 '필연'이냐 하는 논쟁을 벌이게 되는데, 그런 논쟁이 필요할 정도로 제1차 세계대전 전야의 분위기는 이상한 것이었다. 윈스턴 처칠(Winston Leonard Spencer Churchill, 1874~1965)은 1923년에 출간한 『위기 속의 세계』에서 다음과 같이 회고했다.

"그 당시에는 분위기가 이상했다. 국가들은 물질적 번영에 만족하지 못하고 국내적으로나 국제적으로 투쟁의 길로 내달렸다. 종교가 쇠퇴하는 가운데 지나친 찬양을 받은 국가적 열정이 온 대지의 아래에서부터 활활 타올랐다. 거의 온 세상이 고통받기를 원하는 것으로 보일 지경이었다. 곳곳에서 사람들은 분명 위험을 무릅쓰기를 갈망했다."⁶⁶⁾

동양에도 그런 갈망으로 몸을 비비 꼬는 나라가 하나 있었으니, 그건 바로 일본이었다. 일본에겐 갈망과 더불어 엄청난 실익을 노리는 '경제동물'의 본능이 있었다.

일본은 영일동맹조약의 실행을 빙자하여 세르비아를 지원하는 연합국 쪽에 가담했고 8월 23일자로 독일에 선전포고를 하고 나섰다. 일본 정계의 원로 이노우에 가오루(井上馨, 1836~1915)는 전쟁의 발발은 하늘이 일본을 도운 기회라고 했다.⁶⁷⁾

일본은 1914년 9월 산둥반도(山東半島)에 상륙해 칭다오(靑島, 청도)를 점령했다. 이어 1915년 5월 7일, 산둥성에 있는 독일의 권익을 일본이 인수하고 남만주와 동부 내몽골을 사실상의 일본 영토로 만드는 등의 조항들로 이루어진 소위 '21개조 요구'를 중국의 위안스카이 정부를 향해 들이밀었다. 이틀 뒤에 위안스카이가 그 요구 조건을 받아들이자, 중국민중은 그 양일을 국치(國恥) 기념일로 정하고 대대적인 반대운동을 전개했다.

위안스카이는 일본의 요구조건을 들어주는 대신 제정(帝政)을 부활하고 자신이 황제가 되는 것을 보장받고자 했다. 결국 그는 1915년 12월 유교에 근거한 전통 의식과 관습을 부활시키면서 황제로 취임했다. 1916년 6월 위안스카이의 죽음으로 군주제 수립운동은 사라지지만, 군벌에 의한 지배는 계속되었다.(쑨원은 1919년 중화혁명당을 개조해 중국 국민당을 결성하지만, 중국은 전국 각지에서 군벌이 할거(割據)하여 대분열로 치닫는다. 1920년 중국에선 4대 군벌이 지배권을 잡고, 소군벌은 20여 개에 이르렀다.)⁶⁸⁾

일본의 참전 목적은 유럽에서 전쟁 중인 서구 열강들이 아시아에 신경 쓸 겨를이 없음을 틈타서 힘의 공백상태에 있는 중국을 침략하려는 것이었다. 일본은 대규모 병력을 동원하여 중국 안에 있는 독일 조차지(租借地)와 독일령 남양제도에 주둔하고 있는 영세한 규모의 독일군 병력을 공격하여 쉽게 점령함으로써 중국 대륙을 침략할 교두보를 마련하는 데 성공하게 된다. 또한 일본은 유럽에는 군수품을 수출하고 동남아에는 생필품들을 수출하는 거대한 공급기지가 됨으로써 제1차 세계대전이 일으킨 특수경기의 수혜자가 된다.[69]

이후 4년 동안 지속된 제1차 세계대전은 독일 180만 명, 러시아 170만 명, 프랑스 140만 명, 오스트리아-헝가리 130만 명, 영국 74만 명, 이탈리아 61만 명 등 약 1000만 명의 사망자를 내게 된다. 전쟁으로 인한 기아와 질병에 시달려 죽어간 사람도 1000만 명에 이른다.[70]

그러나, 미리 전쟁의 결론을 말하자면, 이 전쟁은 일본과 미국에겐 축복이었다. 1914년 11억 엔의 대외부채를 지고 고민하던 일본은 1920년 27억 7000만 엔의 채권국이 되었다. 세계무역에서 일본이 차지하는 비율도 1913년에는 1퍼센트였으나 1918년에는 5퍼센트로 성장했다. 또 다른 수혜국인 미국의 비율도 10퍼센트에서 20퍼센트 이상으로 증가했다. 1914년 심각한 경제위기에 봉착했던 미국은 연합국, 특히 영국에 수출할 군수물자를 생산하면서 호경기를 맞은 것이다.[71]

인류역사에서 전쟁은 늘 참혹했지만, 동시에 늘 수혜자를 만들어내곤 했다. 세계의 강대국이나 선진국 치고 전쟁에 적극 뛰어들지 않은 나라가 없고, '전쟁의 축복'을 누리지 않은 나라가 없다. 인간세계의 근본 모순인 셈이다. '전쟁의 축복'을 누린 일제는 더욱 호전적인 자세로 다른 민족에겐 재앙을 주는 길로 나아가게 된다.

제2장

일제의 조선 민중 기죽이기

01

경복궁에서 열린 조선물산공진회

일제의 집요한 '조선왕조 죽이기'

일제는 '합방' 5주년을 기념해 1915년 9월 11일 물품박람회 성격 행사인 조선물산공진회(共進會)를 개최했다. 10월 31일까지 51일간이나 열린 큰 행사였다. 경성 시내에 일장기를 비롯한 만국기가 펄럭이는 가운데, 개회식에 2만 인파가 몰렸고 10월 말까지 도합 120만 명의 구경꾼이 몰렸다.[1] 공진회는 사실상의 박람회였다. 그래서 일본인들 중에서도 박람회로 부르자는 주장이 나왔다. 이에 총독 데라우치는 다음과 같이 주장했다.

"전체 세계를 통해 박람회라는 명칭은 근소한 물산을 모집 진열하는 경우에 붙일 수 있는 것이 아니다. 박람회란 반드시 진열된 물품의 품질까지도 심사 연구하여 장래 발달을 촉진한다는 취지로 하는 것이 아니다. 이를 하는 것이 공진회다. 그런 연유로 박람회란 명칭은 맞지

1915년 일제는 '합방' 5주년을 기념한다며 조선물산공진회를 개최했다. '조선 죽이기'에 골몰해 있던 일제는 경복궁을 전시장으로 사용함으로써 조선왕조의 흔적을 조선인의 발로 직접 밟고 다니게 만들었다. 51일간 열린 조선물산공진회에는 약 100만 명의 관람객이 동원되었다고 알려져 있다.

않다."[2]

'공진(共進)'이란 말은 일본과 조선이 '함께 발전해 나가자'는 뜻을 담았지만,[3] 일제는 공진회의 장소로 경복궁을 택함으로써 그렇게 할 뜻이 없음을 분명히 했다. 이는 "조선인들에게 무능력한 조선왕조에 대한 박제된 추억, 그리고 식민통치를 체념적으로 수용하도록 각인시키기 위한 술책"이었다.[4]

일제의 '조선왕조 죽이기'는 일관되고 집요했다. 윤홍기는 "일본이 한국을 합방한 후 한국인의 문화정서를 잘 파악하려고 집정 초기부터 한국문화 전반을 속속들이 조사하였는데 그중 하나가 한국인의 풍수사상에 대한 조사였다"며 "그 조사는 무라야마 치준(村山智順, 1891~

1968)이라는 일본인 학자에 의하여 채집, 정리되어 『조선의 풍수』라는 단행본으로 출판하였다"고 했다.[5]

일제는 이미 1908년 경희궁을 헐고 그 자리에 일본인을 위한 경성중학교(해방 후 서울중고등학교)를 지었으며, 1909년 창경궁에 동물원을 개설했다. 1911년 4월 26일에는 박물관과 동·식물원을 통칭하여 창경궁(昌慶宮)의 이름을 창경원(昌慶苑)으로 바꾸었다.[6] 나중엔 창경궁 건너편에 있는 경모궁도 헐고 그 자리에 경성제국대학 의학부를 설립하게 된다.

일제는 국가적인 제사 건물도 철폐했다. 1908년 통감부는 소위 내부 칙령을 공포하면서 제사 건물의 원래 기능을 없애고 용도를 바꾸었다. 사직단은 공원으로 용도를 변경하면서 그 주변의 규모를 축소하였고 원구단은 건물을 철거한 후 호텔을 지었다.[7] 1926년 조선총독부 신청사 준공으로 일제의 '왕조 죽이기'는 최고조에 이르게 된다.

일본으로까지 팔려나간 경복궁 구조물

조선물산공진회를 찾은 일반 시민들은 광화문의 3개 문(홍예3문, 가운데가 왕이 지나다녔던 문)을 자유롭게 드나들었다. 박현욱은 "광화문을 박람회(공진회) 입구로 활용한 것은 '당신들이 직접 당신들 왕궁을 밟으라'는 식의 가장 야만적인 행동"이라며 "공진회는 당시 100만 명 정도가 관람했다는데 일제가 마구 백성을 동원해 광화문을 드나들게 했을 것"이라고 말했다.[8]

동원도 많았지만, 원래 예상 입장객 40만 명의 3배나 되는 인파가 몰린 건 공진회가 '놀자판'의 성격이 강했기 때문이다. 일본에서까지

일본에서 건너온 온갖 신식 물건들을 보기 위해 사람들은 몰려들었다. 일제는 공진회를 위해 12만 평의 미술관을 지어 공진회가 끝난 그해 12월 총독부 박물관으로 변경·개관하였으며, 철거한 경복궁 구조물은 일본인 부호의 별장, 요정, 일본 불교사원, 심지어 일본 본토까지 팔려나갔다.

공연단이 들어와 〈살로메〉를 공연하고 마술·불꽃놀이·곡예비행을 선보였다. '놀자판'의 꽃은 단연 기생이었다. 당시 거의 유일한 연예인이었다고 할 수 있는 기생들이 총출동하다시피 해서 매일 밤 노래와 춤을 공연했다. 개막일엔 시가대행진마저 했다. 『매일신보』 1915년 9월 11일자는 다음과 같이 보도했다.

"도합 200명이나 되는 꽃 같은 기생들이 복색을 갖추어 입고 경성 시가를 한번 도는 대행렬을 할 터이라. 꽃밭 꽃밭 하니 이러한 꽃밭이야 별로 볼 수 있나. 또 그나 그뿐인가. 200명 기생이 청을 맞추어 부르는 노래는 양춘 3월에 꾀꼬리 합창인 듯 우리 귀를 놀래일 터이라. 경성 시가 전체가 오늘날에 이와 같이 대성황 대변화를 이룸은 이루다 기록할 수도 없고 또 가히 상상할 수도 없거니와 한번 해가 서산을 넘는 때에는 그 장관이 과연 어떠하겠는가.9)

'조선물산공진회' 라기보다는 '조선기생공진회' 라고 부르는 게 어울릴 정도였다. 조선은 물론 일본에까지 널리 배포된 홍보 포스터는 중앙에 기생을 전면 배치하였다. 이경민은 "이 포스터는 기본적으로 공진회를 계기로 일본 내부의 정치적 문제를 외부(조선)로 돌리게 하고 조선에의 투자를 촉진하는 한편 에로티시즘(eroticism)과 엑조티시즘(exoticism)이 결합한 형태인 기생 이미지를 통해 일본 남성들의 성적 욕망을 자극해 조선 이주와 관광을 위한 유인책으로 활용된 것이다"며 다음과 같이 말했다.

"또한 조선인들에게는 그곳(공진회)에 가면 공개적인 장소에서 누구나가 기생을 볼 수 있다는 기대를 갖게 하여, 궁극적으로 특권층만이 누렸던 기생문화를 대중화하는 효과를 얻게 된다. 이로써 기생은 특권 계급의 향유 대상을 넘어서 자본의 대상이 되어 갔다. …… 이처럼 포스터는 국내외의 사람들에게 기생을 조선의 대표적 이미지로 각인시키는 결정적 계기가 되었으며, 공진회를 찾지 않은 사람들에게도 박람회의 꽃이 기생이라는 암시를 주었다."[10]

일제는 근정전, 교태전, 경회루 등을 진열장으로 사용하였을 뿐만 아니라, 그래도 공간이 부족하자 나머지 건물들을 헐어 그 자리에 18개소 3700여 평에 달하는 진열장을 신설했다. 4만 8760여 점의 출품작이 진열되었는데, 진열관이라는 미명하에 우사(牛舍), 돈사(豚舍), 계사(鷄舍)까지 설치해 궁궐이 소, 돼지, 닭 우리가 되고 말았다. 철거한 경복궁 구조물은 민간에 불하되었다. 이는 별장, 요정, 일본 불교사원, 일본인 부호의 저택 등으로 팔려나갔으며, 심지어는 일본 본토로까지 팔려나갔다.[11]

김세환은 "조선물산공진회의 개막식을 근정전에서 하면서 데라우치 총독이 용상(龍床)에 앉아 조선 정관(正官)을 모독하며 유린하는 행위를 하였다"고 했다.[12] 또한 일제는 공진회를 명목으로 광화문 정문에 일제 선전물과 각종 장식을 덕지덕지 덧붙였으며, 왜식(倭式) 문양까지 덧씌웠다. 일제는 1923년 공진회 때에도 세로로 공진회라는 한자글씨와 일본풍 무늬를 내걸었으며, 가운데 아치에는 일장기 비슷한 것을 걸쳐놓았다.[13] 일제가 1929년 9월 12일에서 10월 31일까지 50일간 연 조선박람회 역시 경복궁에서 개최되었다.[14]

물산공진회가 불러일으킨 고무신 바람

조선물산공진회를 향해 끝도 없이 밀려드는 인파에 대해 조정래의 『아리랑』은 정도규의 입을 빌어 '추태'라고 했다. "이 공진회가 뭡니까? 총독부 시정 5주년 기념으로 열리는 것 아닙니까. 그건 다시 말해 왜놈들이 조선을 5년 동안 다스린 것을 자축하려고 벌인 잔치란 말입니다. 그런 잔치에 조선 사람들은 아무 생각 없이 그저 구경거리 생겼다고 이렇게 몰려드니 총독부에서나 다른 왜놈들이 뭐라고 하겠어요. 무서워하고 어려워하겠어요. 무시하고 깔보겠어요?"[15]

『아리랑』은 "경복궁 동쪽 빈터에 마련된 물산공진회는 역시 일본의 온갖 신식 물건들이 조선의 농공수산물들을 압도하고 있었다. 가지가지 일본 물건들 중에서도 특히 조선 사람들의 눈길을 사로잡는 것이 있었다. 그건 바로 검정고무신이었다"며 당시의 풍경을 다음과 같이 묘사했다.

"들녘에서는 가을걷이가 한창 이루어지고 있었다. 그런데 그 일손 바쁜 계절에 듣도 보도 못했던 얄궂은 바람이 동네마다 불고 있었다. 물산공진회 바람이 잠잠해지는가 했더니 그 바람 끝에서 다시 일어난 고무신 바람이었다. …… 일본세상이 된 다음에 그런 바람은 여러 차례 불어왔었다. 석유와 함께 불어 닥친 호롱 바람, 무명을 똥값으로 만든 광목 바람, 엿을 천한 먹을거리로 몰아붙인 눈깔사탕 바람, 가마를 조롱거리로 삼은 인력거 바람, 윷놀이를 싱겁고 맥 빠지게 만든 화투 바람, 걷는 것을 한없이 따분하게 만든 자전거 바람 같은 것들이 그것이었다. 그러나 그 바람들은 그래도 고무신 바람처럼 거세지는 않았다. 고무신 바람은 여자들이 가세하면서 걷잡을 수 없이 세차게 휘몰아치고 있었다."[16]

일제는 공진회를 위해 12만 평의 미술관을 짓고, 공진회가 끝난 그해 12월 총독부 박물관으로 변경, 개관하였다. 신영훈·이상해·김도경에 따르면, "한국 최초의 박물관은 일본이 1906년 창경원 안에 건립한 이왕가(李王家) 박물관이었으나 총독부 박물관의 개관은 한국 박물관사에 중요한 전기가 되었다. 총독부 박물관 설립 후 지방에도 공립 박물관과 진열관이 설치되었다. 경주, 부여, 평양에 박물관을 두고 부산, 대구, 공주, 나주 등에는 공립 진열관을 설치하였다."[17]

'모델하우스의 효시'가 된 가정박람회

조선물산공진회가 열린 바로 그날 『매일신보』는 가정박람회라는 걸 개최하였다. 매일 오전 9시에서 오후 5시까지, 입장료는 평일에는 10전, 일요일과 첫날은 20전을 받았다. 『매일신보』는 신문을 구독하는 독자에게는 개최한 날로부터 3일까지는 무료로 볼 수 있는 우대권을 나눠 주었고, 가정박람회장 밖에는 정원과 오락장을 만들어놓는 등 심혈을 기울였다. 휴게소와 매점에서는 맥주나 사이다 같은 음

경성우편국은 1905년 한일통신기관협정에 따라 한성우체총사 등 조선 조정의 관련기관을 흡수했고, 한일병합 뒤인 1915년 지상 3층의 르네상스풍 건물을 지어 그 위용을 과시했다. 다양한 행사에 이어 클래식한 건물로 또 한번 조선인 기죽이기에 나선 셈이다.

료와 전시 물품을 팔았으며, 명창의 노래와 재담꾼 박춘자의 익살 등 여흥도 제공했다. 호응이 높자 개장 1주일 만에 관람시간은 야간시간대까지 연장되었고, 입장료도 할인되었다. "집안 살림에 분주하여 나올 틈이 없는 고로 저녁에 나와서 구경하실" 부인들을 위한 배려라고 했다.[18]

개장 전부터 『매일신보』(1915년 8월 24일자)는 '건전한 국가, 건전한 가정'이라는 제목으로 가정박람회의 목적을 홍보하였다.[19] 그 때문인지 여학교 학생들이 단체관람을 했으며, 덕수궁의 궁녀들도 가정박람회를 찾았다. 일본 귀족의 부인들과 이완용의 부인도 박람회장을 찾아와서 전시된 물품을 보고 극찬을 했다는 이야기가 세세하게 신문에 실렸다.[20]

이 가정박람회가 '모델하우스의 효시'라는 평가도 있다. 백지혜는 "1915년의 조선은 가정에 관한 최초의 인식이 싹튼 해이다. 비록 그 성격은 1915년 일본에서 열린 가정박람회와 모습은 같지만, 가정박람회에 전시된 일본식의 가정과 서양식의 가정 사이에서 조선의 가정은 무엇을 취해야 좋은지를 비교하는 역할을 하였다"고 보았다.[21]

가정박람회에도 각종 기생 관련 이벤트가 흘러 넘쳤다. '미인명첩교환경쟁' '명기의 가곡대경쟁' 등 희한한 이벤트들이 선보였다. '미인명첩교환경쟁'은 30명의 기생이 입장객에게 명함을 건넨 뒤 수첩에 그들의 이름을 적어오게 하는 것인데, 가장 많은 이름을 적어온 기생이 우승하는 경기였다. 또한 관람객도 기생 이름이 적힌 30명의 명함을 모두 모아오면 선착순으로 상품을 받았다. 이경민은 "이러한 기생 관련 이벤트들은 관람객에게 '진기하고 신기하고 참신하고 재미있는' 구경거리로 제공되어 많은 호응과 인기를 끌었다"며 "가정박람회가 조선물산공진회의 성공을 위해 기생을 동원한 흥행몰이 행사로 전락하고 만 것이다"라고 지적했다.[22]

클래식 건물로 '기죽이기'

조선물산공진회와 가정박람회는 그 뜻이 어디에 있었건 한국인 '기죽이기' 효과가 컸다. 일제는 그런 행사와 더불어 건물로 '기죽이기' 효과를 냈다. 서윤영은 "일제뿐만 아니라 기반이 취약한 정권이나 독재

정권 혹은 신생국가는 클래식을 유난히 좋아한다"고 했는데, 실제로 한국에 세워진 일제의 주요 건물들은 대부분 클래식 일색이었다.[23]

노형석은 "1905년 한일통신기관협정에 따라, 한성우체총사 등 조선 조정의 관련기관을 흡수한 경성우편국은 한일병합 뒤인 1915년 9월 지상 3층의 르네상스풍 청사를 짓는다. 붉은 벽돌과 흰 화강암 석조가 조화를 이룬 건물은 우아하고 세련된 지붕 장식과 현란한 색깔로 금세 랜드 마크로 자리 잡았다"며 다음과 같이 말했다.

"1913년 10월 착공한 이 건물은 공사비용만 30만 원 이상이 들어갔는데, 총독부 특별회계에서 3년간 지출해 충당했을 정도로 관의 지원이 집중됐다. 지하 1층, 지상 3층, 옥상 돔으로 구성된 벽돌조 건물로, 붉은빛 벽돌에 흰색 화강석이 규칙적으로 박힌 영국 퀸 앤 양식을 반영한 우편국 건물은 장안 최고의 미녀 건물로 성가를 누렸다. 지붕의 현란한 바로크 스타일 돔과 장식적 외장은 '무도회에 참석한 귀부인'을 보는 듯하다는 찬사를 받았다. 붉은 벽돌면에 흰빛 화강석 띠들을 경쾌하게 둘러 입면 자체는 리듬감이 넘쳤다. 웅장 화려함과 세련 발랄한 요소들을 겸비했던 우편국은 길 맞은편 묵직하고 엄숙한 조선은행(현 한국은행) 본점과 대비를 이루었다. 식민지 우편행정의 중심기관이었던 만큼 1920년대~1930년대 한반도 주요 도시마다 등장한 '통신건축'의 모범이 되기도 했다."[24]

일제지배 체제하에선 그 무엇 하나 '정치적'이지 않은 게 없었다. 조선의 풍수사상까지 연구해 조선 민중을 대상으로 한 고도의 '심리전'을 펼 정도로 영악했던 일제의 식민통치였기에, 훗날에도 일제의 의도를 둘러싼 '과잉 해석' 논란이 이는 건 불가피한 일이었다.

02

나철의 자결, 순종의 일본 방문

일제의 탄압에 항의하기 위한 자결

대종교는 1909년 단군을 교조로 섬기는 민족종교로 '단군교'로 출발했다가, 일제의 극심한 탄압을 피해 이듬해 7월 30일에 대종교로 이름을 바꾸었다. 단군교단의 핵심멤버 중엔 신민회원이 많았으며, 단군교라는 명칭 자체가 민족종교임을 표방하는 것이므로 너무 항일적인 색채를 강하게 띠고 있었기 때문이다. 즉, 안정적인 대일투쟁을 위한 전략 차원이었다.[25]

제1대 교주는 전라도 벌교에서 태어난 나철(1863~1916)이다. 나철은 단군이 나라를 세운 음력 10월 3일을 개천절(開天節)로 공포해 기념일로 삼았고, 대종교는 창설 1년 5개월 만인 1910년 6월 29일 신도 수가 2만 1539명에 이르렀다.

대종교는 교단의 존속과 지속적인 독립운동을 위해 1914년 만주로

대종교 1대 교주 홍암 나철. 1909년 그가 창설한 대종교는 단군을 교조로 모시는 민족종교로 그 출발부터 항일적이었다. 일제의 탄압 속에 교단의 근거지를 옮겨야 했던 나철은 1916년 8월 15일 황해도 구월산으로 들어가 일제의 탄압에 항의하는 유서를 남기고 자결하였다.

그 근거지를 옮겼으며, 나철은 1916년 8월 15일 단군의 유적이 있는 황해도 구월산으로 들어가 일제의 탄압에 대한 항의 표시로 일본 정부에 글을 남기고 자결하였다. 그는 대한의 독립을 예언하는 시를 남기고 선도(仙道) 수행법인 폐기법(閉氣法)으로 스스로 목숨을 끊은 것으로 알려졌다.[26]

나철은 왜 자결하였을까? 일제는 1915년 8월 포교규칙을 공포해

종교활동 인가제를 실시하고 나섰는데, 평소 일제의 감시를 받고 있던 대종교는 신청서를 제출하였으나 인가를 받지 못했다. 일제는 대종교 포교활동은 물론 나철의 수도활동마저 저지하는 한편 나철을 구속하겠다고 위협하기도 하였다. 이에 나철은 자신이 순교함으로써 억압과 고통 속에 있는 대종교 신도들과 국민들에게 조선의 민족정신이 살아있음을 보여주고 일제에 항거의 뜻을 전하기 위해 자결을 택한 것이다.[27]

나철의 뒤를 이어 김교헌(1868~1923)이 제2대 교주가 되었다. 김교헌은 온건한 종교운동으로 방향을 바꾸어 각종 교리서를 정리하는 데에 주력했다. 그는 "단군에 관한 역대의 문헌을 수집하여 가능한 한 사실적인 이해체계를 세우려 했다는 점, 국사를 민족사의 차원으로 제고시킴으로써 민족주의 사학 발달에 일익을 담당했다는 점" 등의 이유로 사학사(史學史)에서도 중요하게 거론되고 있다.[28]

'독립투쟁의 대부, 홍암 나철'

2004년 2월에 방영된 MBC 다큐멘터리 〈이제는 말할 수 있다: 독립투쟁의 대부, 홍암 나철〉은 나철과 그가 부흥시킨 대종교를 항일독립운동의 핵심으로 재조명했다. 이 프로그램은 당시 많은 독립운동가들이 나철을 종교적·이념적 지도자로 받들었다는 생존 독립운동가들과 중국·일본 학자들의 증언을 담았다. 1919년 임시정부(임정) 의정원 29명 가운데 21명이 대종교 신자였고, 김좌진·홍범도·이동휘·이범석 등 독립군 지도자들도 대종교를 믿었다는 것이다. 신채호·정인보·주시경·최현배·김두봉·신규식 등 일제시대 많은 지식인들과 소설 『임꺽정』의 홍명희, 영화 〈아리랑〉으로 유명한 나운규도 대종교인이었다.

다큐멘터리를 연출한 박정근은 "대종교는 민족종교인 선가(仙家)에 뿌리를 둔 유서 깊은 종교인 동시에 민족해방 이데올로기였다"면서 "친일파와 그 후손이 정계와 학계를 장악하면서 이에 대한 조명이 이뤄지지 않았다"고 밝혔다. 또 그는 "대종교란 말만 나오면 국내 역사학자들이 취재를 거부해 2부를 완성하지 못했다"며 "친일 인맥이 드러날 것이라는 우려 때문에 우리 학계에서는 대종교 연구를 금기시한다"고 말했다.[29]

『신시(神市)의 꿈』, 원불교 창건

2004년 2월 나철의 일대기를 그린 소설도 출간되었다. 소설가 이병천의 『신시(神市)의 꿈』(전3권)은 나철이 전쟁, 외교, 의열, 정신문화운동, 자결순국이라는 모든 방법을 다 써서 독립운동을 전개했으며 그 첫 불씨를 당긴 인물이었다고 묘사했다. 실제로 만주의 독립운동 기록을 보면 독립운동군의 3분의 2가 대종교 신도인 것으로 돼 있으며, 만주에 대종교 포교당이 36개 있었는데 그곳은 곧 독립운동가 양성소였고, 군자금을 모금하는 곳이기도 했다.[30]

한 월간지에 나철 이야기를 일 년 반가량 연재한 적이 있는 가수 조영남은 이 책의 추천사에서 다음과 같이 말했다.

"나철은 갈기갈기 찢어진 민족의 심성을 하나로 모으고자, 쓰러져 가는 조선의 마지막 생명줄로 단군을 택했다. 그는 진정 한국의 예수였다. 일제치하에서 나철에 의해 태어난 대종교의 파워는 엄청났다.

임시정부의 토대를 마련한 신규식, 독립선언서 기초 작업을 했던 서일, 여준 …… 그리고 우리 민족의 피눈물 나는 대부들인 신채호, 김구, 조소앙, 이범석 등 모두가 한 손에는 창, 한 손에는 단군의 깃발을 높이 치켜들었다."[31]

한편 나철이 자결한 해에 전라도 영광 출신 박중빈(1891~1943)은 원불교를 일으켰다. 그는 최제우(1824~1864), 김항(1826~1898), 강일순(1871~1909) 등의 영향을 받아 새로운 종교를 창건했으면서도 교리를 불교와 연결시켰다.[32] 원불교는 1917년부터 저축조합운동을 벌여 신앙에 근거한 건전한 노동윤리와 경제윤리를 강조했다. 또 원불교는 1924년 상조조합을 구성해 신앙공동체를 통한 경제활동에서 상당한 결실을 맺었고 신도들을 대상으로 바른생활을 위한 여러 가지 개혁을 실시했다.[33]

순종의 일본 방문에 대한 '델리킷한 감정'

1917년 6월 순종(1874~1926)이 일본을 방문했다. 일제는 군함과 군경이 동원된 강압적 분위기에서 순종을 일본으로 데려갔다. 일본은 서기 65년 대가야의 왕자 우사기(于斯岐)의 일본행을 거론하며 호들갑을 떨었다. 『매일신보』는 1917년 6월 3일부터 30일까지 27일간 '순종 일본 행차'를 보도하였다. 첫 보도는 "이왕 전하가 1917년 6월 8일 경성을 출발하여 왕복 체재 약 2주간을 예정으로 일본 도쿄를 찾는다. 이는 두 나라 병합 당시부터 전하가 원하던 것으로 그간 환후로 인하여 뜻을 이루지 못하다가 이번에 가능하게 된 것"이라고 전했다.[34]

동행하는 총독을 비롯한 10여 명의 일본인 관리들을 포함하여 조선

귀족들과 시종, 의사, 요리사, 이발사, 그리고 지밀상궁과 내인 등 여관(女官) 8명까지 낀 일행은 모두 60여 명이었다. 『매일신보』는 6월 8일 새벽 남대문역의 상황을 이렇게 묘사했다.

"정거장 앞까지는 용산에 있는 육군보병대 조선보병대가 정렬하여 전하(殿下)의 출궁(出宮)하시기를 기다리며, 정거장에는 아침 날빛(日光)에 찬란한 검광(劍光) 모영(帽影)과 프록코트 실크해트로 가득이 채웠더라."[35]

순종을 전송하기 위해 각급 학교 학생들과 일반 백성들이 이른 새벽부터 몰려들어 창덕궁에서 남대문역까지 길 양편을 채웠다. 이왕직 소속 관리로 근무하던 일본인 관리의 기록에 따르면, 당시 "길가에 도열한 군중은 물론 남대문 역두에서 봉송하는 인사들의 얼굴에도 일종의 델리킷한 감정이 드러나 있었고, 임금의 거가(車駕)가 지나면 사람들이 일제히 숨을 죽여 아무 소리도 들리지 않는 적막 속에서 조용히 머리를 수그리고 있어, 어느 누구의 마음에나 상당한 불안이 감돌았다."[36]

"우리 임금님이 일본으로 잡혀간다"

그 '불안'은 당시 떠돌던 유언비어 때문이었다. 유언비어의 골자는 "우리 임금님이 일본으로 잡혀간다"는 것이었다. 송우혜는 "조선인들로서는 10년 전에 유학 명목으로 끌려가서 아직까지도 돌아오지 못하고 있는 어린 황태자 이은(1897~1970, 영친왕)의 경우를 생생하게 목도하고 있기 때문에 아주 실감 나는 분노와 공포였을 것이다"고 했다. 이어 송우혜는 순종이 일본의 다이쇼(嘉仁大正, 대정, 1879~1926) 천황을 신하로서 배알한 '치욕의 1917년 6월 14일'의 장면을 다음과 같이 묘사했다.

"일본 천황이 사는 황궁 안의 커다란 방, 이름 하여 '봉황간(鳳凰間)'이라 부르는 대접견실이다. 바늘 떨어지는 소리도 들릴 만큼 장내는 엄숙하고 고요하다. 각종 훈장이 가슴에 주렁주렁 달린 육군대원수(大元帥)의 금빛 찬란한 정장을 입은 대정 천황이 전면에 우뚝 서 있는 앞에, 육군대장(大將)의 정장을 입은 조선의 이왕(李王)이 나아가서 섰다. 조선 총독 하세가와(長谷川好道, 1850~1924)와 조선 왕궁의 찬시장(贊侍長)인 윤덕영(1873~1940)을 좌우에 대동한 이왕은 공손하게 대정 천황의 앞에까지 나아가서 먼저 대정 천황에게 허리를 깊이 굽혀 절했다. 이어 극히 근엄한 태도로 손에 들고 있던 '신하가 주군을 배알하는 의식'인 '천기 봉사'의 문서를 눈앞으로 들어올렸다. …… 둘 다 똑같이 심신이 병약한 양국의 명목상 군주인 순종과 대정 천황이 한 방에 마주 서서 이른바 '천기 봉사'라는 의식을 거행한 것은 너무도 서글프고 애처로운 희극이었다. 외형은 어떻든 간에 그 내면을 보면, 두 인물 모두 의미 없는 꼭두각시놀음에 동원된 가엾은 배우들에 불과했기 때문이다."[37]

이를 "나라를 빼앗긴 뒤 시작된 일제의 통치 35년 동안 있었던 일 가운데 우리 민족에게 가장 수치스러운 일"로 평가한 송우혜는 "이 사건은, 후세 사람들을 두 번 놀라게 한다"며 다음과 같이 말했다.

"첫째, 순종이 1917년 6월에 일본 도쿄에 건너가서 신하로서 대정 천황을 배알하고 명치 천황의 능에도 참배했다는 우리 민족사상 미증유의 치욕적인 대사건이 실제로 있었음을 알고 한 번 놀라게 된다. 둘째, 당시 이 사건은 여행 일정을 비롯하여 일본에서 치른 각종 행사와 동정들이 조선어 신문인 『매일신보』는 물론 각종 일본어 신문에 연일

요란하고 세세하게 보도됐으며, 또 행차가 지나는 길마다 양국에서 수많은 군중들이 환송이나 환영차 나왔었기에 당대인들은 모두 잘 알고 있었던 유명한 사건이었다. 그럼에도 후대에 제대로 전해지지 않아서 이젠 아는 사람이 거의 없을 정도로 역사의 뒤안에 묻혀 거의 완벽하게 잊히고 말았다는 점에 다시 놀라게 된다."[38]

일제강점기 내내 너무도 놀라운 일들이 많이 벌어졌기에 나타난 이른바 '선택적 지각'의 결과인지도 모르겠다. 하긴 역사야말로 전형적인 '선택적 지각의 게임'이 아니고 무엇이랴. 훗날 한국에선 『친일인명사전』을 편찬을 놓고 논란이 벌어지는데, "왕족의 친일은 역사의 심판에서 제외하면서 서민은 엄격한 기준을 적용하여 친일여부를 판정하였다"는 말을 듣게 된다.[39] 왕족의 친일이나 치부만큼은 건드리고 싶지 않다는 무의식이 작용한 것일까? 순종의 일본 방문도 그래서 기억하고 싶지 않은 사건으로 여겨지는 것인지도 모르겠다.

03

러시아 2월혁명과 10월혁명

전 세계를 열광시킨 2월혁명

제1차 세계대전으로 인해 많은 나라들이 고통을 받았지만, 러시아의 경우도 고통이 심각했다. 100만 명이 넘는 병사들이 죽어갔고, 경제는 최악의 상황으로 치달았다. 1917년 1월과 2월의 두 달 사이에 연인원 67만 6300명이 참가한 1330건의 파업이 발생했으며, 식량도 고갈 상태에 이르렀다.

1917년 2월 23일 페트로그라드(현재의 상트페테르부르크)에서 영하 20도의 추위를 견디며 몇 시간씩 식량배급을 기다리고 있던 사람들에게 '더 이상 없다'라는 뜻의 '니에트'라는 말이 떨어졌다. 시민들은 빵을 요구하며 시위에 들어갔다.[40)]

다음 날 페트로그라드의 노동자 40만 명 중 절반이 투쟁 대열에 합류해 공장에서 시내로 행진해 들어갔고, '빵'이라는 구호는 '전제정

러시아의 마지막 황제 니콜라이 2세. 식량난으로 촉발된 노동자들의 시위는 전제정 타도와 전쟁 종식으로 번졌고, 결국 니콜라이 2세는 황위에서 내려왔다. 1917년 3월 2일 프스코프 근방의 기차 안에서 그가 퇴위를 선언하는 순간, 로마노프 왕조도 종언을 고했다.

타도'와 '전쟁 종식'이라는 구호로 변했다. 4일째 되는 날 병영 전체에서 반란의 물결이 요동쳤다. 노동자 대중과 병사들은 한데 어우러져 총으로 무장하고 적기를 휘날리면서 경찰과 정부 관리들을 체포했으며, 이는 다른 도시들에서도 똑같이 일어났다.[41]

페트로그라드로 돌아가려던 니콜라이 2세(Nikolay Ⅱ, 1868~1918)는 1917년 3월 2일 노동자들이 철로를 끊은 가운데 프스코프 근교의 열차 안에서 퇴위를 선언했다. 로마노프 왕조의 종언이었다. 러시아를 300여 년 동안 지배해온 전제 체제는 붕괴했고 부르주아 민주정부가 탄생했다. 이 부르주아 정부는 1917년 3월 2일부터 1917년 10월 25일까지 237일간 존속하게 된다.[42]

많은 나라들이 러시아혁명에 열광했다. 미국도 그런 나라들 중 하나였다. 미국인들은 러시아인을 자유에 대한 본능적 성향을 지닌 사람들로 여겨 찬사를 보냈다. 대통령 우드로 윌슨(Woodrow Wilson, 1856~1924)도 러시아 국민을 찬양했으며, 미국은 러시아 임시정부를 승인한 최초의 국가가 되었다.[43]

그러나 그런 열광은 오래가지 않았다. 붉은 색깔 때문이었다. 2월 혁명이 일어났을 때 스위스에 머물고 있던 레닌(Nikolai Lenin, 1870~1924)은 곧 독일군 최고사령부의 도움을 받아 특별히 주선된 '밀봉열차'를 타고 독일, 스웨덴, 핀란드를 거쳐 러시아에 입국했다. 4월 3일이었다.[44]

독일군은 그 후 볼셰비키에게 막대한 자금을 대주며 볼셰비키가 신문 발행과 선동 조직을 통해 사병과 노동자를 대상으로 한 반전(反戰) 선전을 더욱 강화하도록 도와주었다.(1903년 레닌은 자신의 세력을 다수파라는 뜻을 지닌 볼셰비키(Bolsheviki)라고 부르게 했고, 자신을 반대하는 세력을 소수파라는 뜻의 멘셰비키(Mensheviki)라고 부르게 했다.)[45]

미국을 경악시킨 10월혁명

2월혁명이 일어났을 때 러시아 국민과 병사는 이미 전쟁에 지쳐 있었다. 군인들이 병영을 이탈하여 대규모로 귀환하고 있는 실정이었다.

1917년 러시아혁명 당시 페트로그라드(지금의 상트페테르부르크)에서 볼셰비키 당원이 노동자와 군인들 앞에서 연설을 하고 있다. 2월혁명 이후 출범한 부르주아 정부는 그해 10월까지 237일간 존속했고, 10월 권력은 소비에트의 수중으로 넘어갔다.

레닌은 이것을 보고 "병사들은 자기들의 발로써 평화 쪽에 투표했다"고 썼다.[46] 그러나 미국인들에게 레닌은 러시아를 포함한 연합국의 연합전선을 붕괴시키는 데 혈안이 된 독일의 첩자라는 인상을 주었다.[47]

우여곡절을 거친 권력투쟁 끝에, 1917년 10월 25일 레닌은 권력이 소비에트의 수중으로 넘어왔음을 선언했다. 11월 7일 레닌이 이끈 볼셰비키 일파는 거의 저항을 받지 않고 수도의 중층부를 장악해 소비에트 정권을 출범시켰다.[48]

1917년 12월 15일 독일과 러시아는 향후 4주 동안 휴전함과 동시에 곧 평화조약의 체결을 위한 협상에 들어가기로 합의했다. 이에 대해 휠러 베네트는 "역사의 변덕은, 이제까지 알려진 것으로는 가장 혁명적인 대표자가 모든 지배 계급들 가운데 가장 반동적인 군대 계급의 대표자들과 더불어 똑같은 외교 탁자에 앉게 하였다"고 썼다.[49] 결국 1918년 러시아는 독일과 화친조약을 맺게 된다.

  2월혁명은 좋아도 10월혁명은 싫었던 나라들은 경악했다. 물론 그런 경악의 선두에 미국이 있었다. 1917년 12월 『뉴욕타임스』는 볼세비키가 '미국의 사악하고도 위험한 적'이라고 선언했다.[50] 1918년 11월 제1차 세계대전이 종식되었다. 1917년 4월 6일 대독일 참전을 개시한 미국은 5만 명의 병사를 잃었다. 종전과 함께 이제 새로운 공포가 꿈틀대기 시작했다.

  1919년~1920년 공산주의에 대한 공포가 미국을 휩쓸었다. 미국 정부는 두 해 동안 4000명이 넘는 외국인들을 검거해 추방했다. 2년이 넘는 기간 동안 『뉴욕타임스』는 볼셰비키혁명이 실패할 것이라는 예측을 91번이나 내놓았으며, 레닌과 트로츠키(Leon Trotsky, 1879~1940)가 도망가거나 죽거나 은퇴하거나 투옥되었다는 기사를 13번이나 내보냈다.[51]

  이런 집요한 비난이 시사하듯이, 10월혁명 이후 광범위한 반(反)볼셰비키운동이 일어났다. 차르시대의 장군들과 귀족들은 남러시아와 볼가강지역, 시베리아지역에서 백군(白軍)을 조직해 여러 개의 임시정부를 선언했으며, 사회혁명당 등 좌파세력도 시베리아에 두 개의 임시정부를 세웠다. 독일과 전쟁을 재개할 새 정부를 수립할 목적으로 미국, 영국, 프랑스, 이탈리아 등 연합국도 제한된 규모이지만 무력 개입을 해 임시정부들을 지원했다. 이처럼 내란 및 외국의 무력 간섭에 직면한 볼셰비키 정부는 1921년 2월에서야 이들을 진압하는 데에 성공하게 된다.[52]

이동휘. 러시아혁명에 자극을 받은 그는 1918년 하바로프스크에서 한인 최초이자 아시아 최초의 공산주의 정당인 '한인사회당'을 창립했다. 한인사회당은 한국 최초의 마르크스-레닌주의 정당이었다.

러시아혁명과 한국

러시아혁명은 한국에게 무엇이었던가? 박은식(1859~1925)은 러시아혁명에 찬사를 보냈다. 러시아혁명을 통해 종래의 극단적 침략국가가 이제 극단적 공화국가가 되었는 바, 세계개조의 첫 신호탄이 되었다고 반겼다. 한국의 청년 학생들도 마찬가지 반응이었다.[53]

2월혁명에서 10월혁명으로 바뀌는 동안 다소의 변화는 있었지만, 한국인들은 러시아혁명을 공포스럽게 보아야 할 하등의 이유가 없었다. 항일운동가들은 국내 활동이 어렵다고 판단, 조선인들이 집단거주하는 만주와 연해주로 건너갔고, 이곳에서 러시아 공산주의자들의 지원을 받으며 공산주의를 항일운동을 위한 좋은 수단으로 보게 되었다.

1918년 4월 28일 러시아령 하바로프스크에서 이동휘(1873~1935)에 의해 최초의 한인 공산주의 정당인 '한인사회당'이 창립되면서 한국 공산주의운동은 그 모습을 드러내게 되었다. 한인사회당은 한국 최

초의 공산주의 정당이었을 뿐 아니라 아시아 최초의 공산주의 정당이었다.[54]

비록 한인사회당은 사회당으로 명명되었지만, 러시아사회민주당(볼셰비키)이 자기 명칭을 공산당으로 고친 게 1918년 봄 당대회 이후라는 걸 감안할 필요가 있다. 즉, 한인사회당은 한국 최초의 마르크스-레닌주의 정당이었다. 1930년대의 국내 공산주의자들도 한인사회당을 '조선 최초의 공산주의적 정당'으로 평가했다.[55]

1919년 8월 9일 제2인터내셔널에서 24개국이 한국의 독립을 보장하는 결의를 만장일치로 채택하고, 1920년에는 소비에트러시아가 상하이(上海, 상해) 임시정부에 200만 루블의 독립자금 지원을 약속한다.[56]

공산주의권의 이런 우호적 반응에 힘입어 이제 곧 혁명의 바람이 전 한반도를 휩쓸게 된다. 물론 혁명을 할 수 있는 조건은 전혀 갖추어져 있지 않았기에 주로 지적(知的) 사조로서의 바람으로 그 모습을 드러내게 되거니와, 그들의 두 얼굴에 쓴 맛을 보게 되지만 말이다.

04

한강 인도교, 쌀 파동, 스페인 독감

'좃토 오마찌(잠깐 참고 기다리라)'

일제치하에서 관광은 일본인들이나 상류층 한국인들만 할 수 있는 것이었다. 1912년에 세워진 '일본교통공사(JTB)' 조선 지부를 최초의 여행사로 볼 수 있겠지만, 이는 그야말로 그들만을 위한 것에 불과했다.(이는 1945년 해방 후 '대한여행사'로 이름을 바꾸었다. 1960년대 초 '세방여행사' '고려여행사' 등 한두 개씩 여행사가 생겨날 때까지만 해도 우리나라 여행사는 대한여행사 뿐이었다.)[57]

철원에서 내금강까지 레저열차가 운행되었는가 하면, 철도를 이용해서 일요일에 원산 해수욕장에 가는 사람들을 여행사에서 모집하기도 했지만, 이는 대다수 한국인들에겐 '그림의 떡'이었다.[58] 1917년 서울엔 시내를 그냥 돌아다니는 관광택시가 등장했지만 이마저도 부자들이나 즐길 수 있는 것이었다.[59]

한강 인도교 주변에서 겨울 낚시를 하는 사람들. 멀리 한강 철교가 보인다. 1915년 기공하여 1917년에 세워진 한강의 인도교는 서민들에게 새로운 명소로 자리 잡았다. 한편 인도교 개통 이후 투신 자살자가 느는 부작용도 있었다.

1915년에 기공하여 1917년에 완료된 한강의 인도교 건설은 한국 놀이문화에 한 획을 그을 만한 사건이었다. 한강 인도교는 중지도와 노량진 간의 '대교'와 중지도와 한강로 사이의 '소교'에 각각 차도와 좌우보도를 가설하여 만들어졌다. 신명직은 "한강 인도교가 완성되자 서울의 명물로 장안에 화제가 되었음은 물론, 여름밤에는 장식 전등도 화려하게 밝혀서 많은 '산책객'들을 불러 모았다"며 다음과 같이 말했다.

"나무나 돌이 아닌 철로 만든 그 긴 다리 위를 기차나 나룻배를 타지 않고 걸어서 다니는 일은, 그야말로 근대적인 과학기술의 결실을 맛보는 새로운 경험이었다. 한강이 돈 없는 서민들의 공원이란 사실은 왕복 버스 삯 '십전이면 (떠날 수 있는) 피서려행'이란 사실에서 확인할 수 있다. …… 곧 한강 인도교는 '서울의 조선인 이십오륙 만 명의 피서지'(『조선일보』 1930년 8월 4일자)가 되었다."[60]

전엔 자살 하면 음독자살이었는데, 한강 인도교 건설 이후 투신자살이 늘었다. 1918년 봄 용산 철도병원 간호부가 인도교에서 투신자살한 이후 급속히 늘었는데, 자살자는 남자보다 여자가 더 많았다. 1935년의 경우 남자는 13명, 여자는 25명이었다. 자살자가 많아지자 인도교에 한때 '좃토 오마찌(잠깐 참고 기다리라)'는 경고가 쓰인 입간판이 세워지기도 했다.[61]

3개월간 일본을 휩쓴 쌀 파동

1914년 7월에 발발하여 햇수로 5년을 끌어온 제1차 세계대전은 1918년 11월 독일이 마침내 항복함으로써 드디어 연합국 측의 승리로 대단원의 막을 내렸다. 종전과 함께 일본사회는 위기 국면에 빠져들었다. 그간 세계대전에 참전한 연합국 측의 군수기지 역할을 하면서 무섭게 팽창했던 전쟁특수경기의 거품이 꺼져가고 있었기 때문이다. 도처에서 수요가 끊어진 전쟁물자 생산 공장들이 문을 닫으면서 실업자가 격증하고, 생필품 값은 폭등하기 시작했다.[62]

러시아혁명도 사태를 악화시키는 데에 일조했다. 1917년 러시아에서 혁명이 발생하자 일제는 이듬해 시베리아 출병(出兵)을 계획했는데, 출병 정보를 입수한 상점과 미곡상이 대량으로 쌀을 매점했다. 그

결과 1917년 석(약 144킬로그램)당 16.5엔 하던 쌀값이 1918년 8월 50엔을 돌파했다.[63]

쌀값이 폭등한데다가 투기꾼들에 의해 쌀이 매점되고 있다는 소문까지 돌자 1918년 7월 23일 도야마현(富山縣)에 있는 한 가난한 어촌의 부녀자들이 나서서 전국에서 최초로 '쌀 소동'을 일으켰다. 부녀자들은 집단으로 쌀가게와 부잣집들을 습격하여 마음대로 쌀을 날라 갔으며, 이 소동은 곧 이웃마을로 번져가면서 금세 일본 서부지역을 휩쓸더니 이내 전국으로 파급되었다.

전국 각지에서 부녀자들은 물론 농민, 노동자, 어민, 가게 점원 등이 길로 뛰어나와 함께 뭉쳐서 무리를 이루어 거리를 휩쓸면서 도처에서 쌀가게를 털고 부잣집을 공격하는 일이 벌어졌다. 거의 2주 동안이나 전국을 뒤덮었던 이 소동에는 70만 명 이상이 가담했으며 이를 진압하기 위해 군대까지 동원되었다. 3개월간 연인원 1350만 명을 시위 폭동으로 몰아넣은 이 사건은 2만 5000명 검거, 7000명 기소, 2명 사형으로 종결되었다.[64]

쌀 '수탈'인가, '수출'인가?

일본에서 발생한 쌀 소동은 이후 조선에서의 쌀 수탈을 더욱 부추겼다.[65] 일제는 일본 상인들의 조선 쌀 매점매석을 방조하고 나아가 교사하기까지 하면서 조선 쌀을 일본으로 대량 반입했고, 이에 따라 조선에서도 최악의 쌀 부족사태가 발생해 거의 폭동의 수준에까지 이르는 민중의 항의가 터져 나왔다.[66]

일제강점기 내내 쌀 문제는 논란의 대상이 되었던 바, 대부분의 학

선적을 기다리고 있는 쌀가마니들. 한국 농민들이 땀 흘려 수확한 쌀은 일본 본토인의 주식이 되기 위해 해마다 생산량의 거의 절반 이상이 빠져나갔다. 농촌에서 수확된 쌀은 보통 군 단위로 집계되어 항구로 실려 나갔는데, 보다 용이한 쌀 반출을 위해 전용철도가 건설되었고, 군산항에는 부잔교가 설치되기도 했다.

자들은 조선 쌀의 일본 유입을 '수탈'로 표현하고 있다. 그러나 이영훈은 '수탈'이라는 표현에 이의를 제기하였다. 그는 "생산된 쌀의 거의 절반이 일본으로 건너간 것은 사실입니다. 하지만, 쌀이 건너간 경로는 빼앗아 간 것이 아니라 수출이라는 시장경제의 경로를 통해서였습니다. 당시는 수출이 아니라 '이출(移出)'이라 했습니다"라면서 다음과 같이 주장했다.

"수탈과 수출은 매우 다르지요. 수탈은 조선 측에 기근 이외에 아무것도 남기지 않지만, 수출은 수출한 농민과 지주에게 수출소득을 남깁니다. 쌀이 수출된 것은 총독부가 강제해서가 아니라 일본의 쌀 값이 30퍼센트 정도 높았기 때문이지요. 그래서 수출을 하면 농민과 지주는 더 많은 소득을 얻게 됩니다. 그 결과 조선의 총소득이 커지면서 전체 경제가 성장하게 되지요. 모자라는 식량은 만주에서 조와 콩과 같은 대용 식량을 사와서 충당하였습니다. 그래서 구체적인 추계에 의하면 인구 1인당 칼로리 섭취량이 줄었다고도 반드시 이야기할 수 없는 실정입니다. 또 수출소득으로 면제품과 같은 공산품을 일본에서 수입하거나 아예 기계나 원료를 수입하여 방직공장을 차릴 수도 있습니다. 실제 김성수(1891~1955) 선생의 경성방직이 그렇게 해서 세워진 공장입니다. 요컨대 수출을 하면 수탈과는 전혀 딴판으로 전체 경제가 성장하게 마련이지요. 그런데도 무슨 이유로 한국의 교과서는 이 평범한 경제학의 상식을 거꾸로 쓰고 있을까요."[67]

또 이영훈은 토지조사사업으로 농지의 4할이나 되는 대량의 토지가 수탈당했다는 것도 사실이 아니라고 반박했다. 그는 수탈설을 주장한 신용하가 "한 손에는 피스톨을 다른 한 손에 측량기를 들고"라고 했지만, 실제 피스톨이 발사된 사건을 하나라도 제시한 것은 아니었다며, 이런 역사 왜곡은 '후진사회의 특징'이라고 주장했다.[68]

분명히 수탈과 수출은 다르긴 하다. 그러나 수출을 하거나 말거나 할 권리가 한국에 있었는가 하는 점도 중요하지 않을까? 당대의 한국민에게는 그런 것을 결정할 권리가 주어지지 않았다. 수탈은 그런 권리 부재의 상황까지 표현하고자 하는 개념으로 볼 수 있지 않을까?

일제강점기의 세브란스병원 모습. 1918년 전 세계에 '스페인 독감'이 맹위를 떨쳐 수많은 환자가 앓다가 사망했다. 세브란스연합의학전문학교의 스코필드 박사는 당시 조선의 독감 환자가 총독부의 집계와는 달리 400만~800만 명에 이를 것이라고 생각했다.

독감 사망자 13만 9128명?

1918년 전 세계에 '스페인 독감'이 맹위를 떨쳐 약 5000만 명의 목숨을 앗아갔다. 조선에서도 1918년 봄에 시작된 독감은 1920년을 거쳐 1921년까지 맹위를 떨쳤다. 『동아일보』 1920년 4월 18일자는 "독감 유행이 일본 각지와 군대에까지 퍼져 3월 말까지 환자가 217만 8399명, 사망자가 1만 9524명이나 된다"고 전했다.[69]

1916년 조선총독부가 기존의 의학강습소를 의학전문학교로 승격하면서 이듬해인 1917년 세브란스병원 의학교가 세브란스연합의학전문학교로 확대 승격되었다.[70] 이 세브란스연합의학전문학교에서 세균학을 가르치던 프랭크 윌리엄 스코필드(Frank William Scofield, 한국명 석호필, 1889~1970) 박사는 당시 조선의 상황을 1919년 미국 의학회지와 중국 의학회지에 보고했다.

조선총독부 집계에 따르면 독감에 걸려 사망한 조선인은 3만 9689명. 이는 인구 1000명당 사망률이 4.3명이었던 일본의 절반도 안 되는 수치다. 그러나 스코필드는 독감에 걸린 환자가 조선 인구의 25~50퍼센트에 이를 것이라고 추정했다. 전체 인구 1700만 명 중 400만~800만 명이 독감에 걸렸다는 얘기다.

이는 총독부 통계와는 달리 1918년 742만 명이 독감에 걸려 13만 9128명이 목숨을 잃었다는 일부 학자의 주장을 뒷받침하는 것이다. 스코필드의 논문은 일제의 통계와 달리 훨씬 많은 조선인이 독감으로 사망했을 수 있다는 단서를 제시하고 있다. 이것이 맞다면 조선인 1000명당 8.1명이 목숨을 잃은 셈이다.[71]

조선인들에게 공포의 독감보다 더 무서운 건 일제의 식민통치였다. 제1차 세계대전의 과실은 일본만 챙기고 그 부담과 후유증은 조선에게만 떠넘기는 식의 통치방식은 이후 내내 일제 식민통치의 기본 골격이 된다. 독감은 1919년 2월에서야 소강상태에 접어들지만, 그런 착취 시스템은 3월과 함께 조선인들의 전면적인 저항대상이 된다.

제3장 침묵을 강요한 무단정치

01

'무단정치시대'의 신문과 문학

『매일신보』의 독식 체제

무단정치시대에 언로(言路)는 완전히 폐쇄되었다. 언론의 '암흑기'였다. '무단정치시대'엔 일본 신문들만이 판을 쳤다. 『경성일보』『매일신보』『서울 프레스』 등 총독부 3대 기관지와 지방에 15개의 일문 일간지가 발간되었다. 『조선신보』(인천)『조선시보』『부산일보』(이상 부산)『대구신문』(대구)『광주신보』(광주)『전주신보』(전주)『목포신보』(목포)『군산일보』(군산)『평양신문』『평양일보』(이상 평양)『진남포신보』(진남포)『신의주시보』(신의주)『원산매일신문』(원산)『북한신보』『나남시보』(이상 나남) 등이 바로 그것이다.

그밖에 격일간 신문이 4개, 주간이 6개, 월간이 4개, 그리고 월 2회 간행하는 통신이 3개였다. 이 모든 게 우선적으론 15만 8000여 명(1910년 5월말 현재)의 일본인들을 위한 것이었고, 1236만여 명(1909년

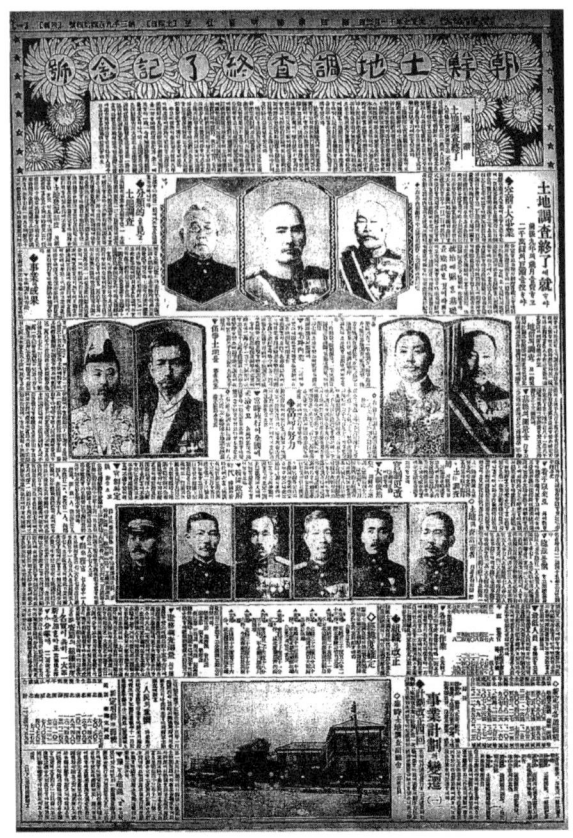

『매일신보』 1918년 11월 2일자. 조선토지조사 종료 기념호로 제작되었다. 소위 무단정치시대로 불린 1910년 이후, 한국인들을 위한 신문은 『매일신보』가 유일했다. 총독부의 일문 기관지 『경성일보』에 통합된 『매일신보』는 철저하게 일제의 입장을 대변했다.

말 현재)에 이르는 한국인들을 위해선 국문판 『매일신보』만이 유일했다. 한국인이 내는 지방지로는 『경남일보』만이 살아남아 1914년 말까지 발행되었다.[1]

『매일신보』는 『대한매일신보』의 국한문판 종간호인 제1461호(1910년 8월28일)의 지령을 계승, 제1462호부터 국한문판을 발간했다. 『매일신보』는 총독부 일문 기관지인『경성일보』에 흡수 통합,『경성일보』편집국의 한 부서로서 운영되었으며 철저하게 일제의 입장에서 만들어졌다. 편집방향은 '내선일체'를 고수했다. 일제의 한반도 침략을 합리화하고 식민통치의 모순을 은폐하는 한편 일제에의 복종과 충성을 강요한 것이다.[2]

1910년대의『매일신보』는 그 내용에 있어서 ①체제의 우월성 선전 ②동화정책의 정당성 선전 ③한국인들의 위생·청결 문제 강조로 열등감 조장 ④일본 정치인들의 온정적인 조선인관 소개 ⑤박람회 등을 이용하여 일본의 우수성 선전 ⑥한국에 사는 일본인들의 주류화 촉진 등의 특성을 보였다.[3]

『매일신보』의 첫 공개 기자채용은 1918년에 이루어졌다. 이무렵 홍난파(1898~1941)와 유지영(1896~1947)이『매일신보』에 합격해 입사했다. 이들은 후에 음악도로 이름을 날렸는데 당시 신문사는 시인, 소설가뿐 아니라 음악, 미술학도에 이르기까지 모든 문화예술인들의 집합소이기도 했다. 그 후 기자공채가 지상에 보도된 것을 중심으로 보면 1920년 7월, 1929년 8월, 1935·1936·1938·1939·1940년 1월에 이뤄져 비교적 정기적으로 실시됐음을 알 수 있다.[4] 즉『매일신보』는 일제의 식민통치 선전뿐만 아니라 갈 곳 잃은 조선 지식인 포섭의 공간으로도 이용된 것이다. 이미 공개채용 이전에 개화기 신문들의 폐간으로 직장을 잃은 기자들이 많이 참여했으며, 쓸 곳 없는 문인들도 대부분 기고자로 참여했다.[5]

신문사진의 발전

1910년대 들어 『매일신보』의 범죄기사는 크게 늘었다. 이는 "조선인이 열등한 민족임을 강조하기 위한 의도의 반영"일 수도 있겠지만,[6] 사회면의 독립으로 인해 나타난 결과일 수도 있다. 그 전엔 혼재돼 있던 정치·사회기사가 분리되면서 독립된 지면을 갖게 된 것이다. 개인 프라이버시 개념도 조금씩 확보되기 시작했다. 1900년대의 신문은 극히 사적인 사실조차 실명(實名)으로 다루곤 했는데, 이런 관행이 변화를 보였으며 시중에 떠도는 '소문'을 기사화하던 관행도 크게 달라졌다.[7]

사진의 발전도 이루어졌다. 최인진은 『매일신보』와 『경성일보』를 통해 이루어진 '사진의 뉴스화'에 대해 "이들 신문이 사진을 뉴스로 활용한 것은 획기적인 일이었으며, 이로써 매체사진의 기초가 다져지게 됐다. 사진이 매체를 통해 뉴스 기능을 갖게 되면서 독자들은 매일 보는 뉴스에 접하게 되고 사진의 현장에 대한 임장감(臨場感)을 직접 느낄 수 있게 됐다"고 평가했다.

"사진이 매체에 의해 뉴스 기능이 커지면서 이 분야에서도 제도적인 기능이 만들어졌다. 신문사진반원이란 낯선 이름이 등장하게 되고 신문사진반은 신문 제작 분야에서 여타 부서와 다른 독립적인 존재로 그 역할을 하게 됐다. 사진이 초상사진이 주(主)인 사진관이라는 울타리에서 벗어나 최초로 그 기능적인 파생을 매체에서 이루었고, 사진에 의해 메시지를 독자들에게 전달하는 일들이 1910년 이후부터 활발하게 전개됐다."[8]

『매일신보』는 1912년에 이르러선 망판인쇄 시설을 갖추고 인쇄기술자들을 일본에서 불러와 사진을 매일 게재하였는데, 『매일신보』

1913년 9월 18일자에 실린 다음과 같은 사고(社告)는 당시의 신문사진이 제법 높은 수준에 이르렀음을 말해주고 있다.

"본사에서 독자들에게 취미를 더하기 위하여 본일부터 일순간 촬영을 개시하였소. 본사 사진반은 매일 시중으로 돌아다니다가 마음에 이상한 것은 사진을 박소. 이 사진은 순식간을 움직이는 인물을 박는 고로 박히는 사람도 알지 못하오. 박힌 사진은 당일 편집하는 본보에 등재하여 박힌 사람을 깜짝 놀라게 하오. 박힌 사람은 등재된 지 삼일 안으로 본사로 오면 그 사진을 한 장 드리오."[9]

최인진은 「촬영 일순간」이라는 제목으로 연재된 이 사진기획이 "정적인 뉴스사진에서 동적인 뉴스사진의 전환"을 이루었다는 점에서 큰 의미가 있는 것이었다며 "단순한 삽화의 역할을 하던 『매일신보』의 매체사진은 1913년 이후 차츰 사회나 시대의 기록으로 발전해 나갔다. 새로운 뉴스를 사진으로 전달하는 여러 가지 방법들이 시도되고 제도적 장치를 만든 것도 이 시대의 유일한 국한문 신문이었던 『매일신보』에 의해서였다"고 평가했다.

"선전과 여론 조작의 역할을 불가피하게 담당하기도 했지만 뉴스사진과 피처(feature)사진의 토대를 형성해 매체사진의 포맷을 만들어 나갔다. 스케치사진을 비롯해 화재·수해·인명살상 등 사건사진과 일반 행사나 철도 개통식과 같은 공식 행사 그리고 유명 인사들의 동정에 이르기까지, 뉴스화할 수 있는 모든 것을 가능한 한 사진화하려고 노력했다. 스포츠사진으로는 1913년 인천에서 개최된 자전거 경주대회와 1917년 8월 월미도 수영장과 괴섬 사이를 왕복하는 수영대회 사진이 그 효시가 된다."[10]

이광수의 『무정』과 '유교망국론'

1917년 1월 1일부터 6월 14일까지 126회에 걸쳐 『매일신보』에 연재되고 이듬해 출간된 이광수의 『무정』은 출간 당시 1만 부 이상 팔려 우리나라 최초의 '연애소설'이자 '베스트셀러'가 되었다. 이광수가 인촌 김성수의 도움으로 일본 유학길에 올라 와세다대학 철학과에 다니면서 쓴 이 소설은 전통적 사랑을 거부하고 새로운 자유연애를 형상화한 작품이다.[11]

이광수는 훗날 "내가 『무정』을 쓸 때에 의도한 것은 그 시대 신청년의 이상과 고민을 그리고 아울러 조선 청년의 진로에 한 암시를 주자는 것이었다. 이를테면 민족주의·자유주의의 이데올로기를 가지고 쓴 것이다"라고 했다.[12]

한승옥은 "이 소설이 연재되자 서울 장안은 온통 새로운 소설에 대한 화제로 들끓기 시작했다. 신문을 사보기 위해 20리(약 16킬로미터) 길을 달려가는 것은 보통이었다. 새로운 연재소설에서 펼쳐지는 젊은 청춘 남녀들의 자유스런 연애감정이 젊은이들의 마음을 들뜨게 했던 것이다. 이 소설이 젊은이들을 사로잡을 수 있었던 것은 『무정』에 등장하는 인물들이 모두 신진 청춘 남녀들이었기 때문이다."고 했다.[13]

그러나 이 소설의 줄거리인, 영어교사 이형식을 가운데 놓고 개명한 김장로 딸 선형과, 은사의 딸로 이제는 기생의 몸이 된 박영채 간의 3각관계가 영 마음에 안 들었던 사람들도 있었다. 한창수(1862~1921) 남작 등 중추원 양반 20여 명은 연서로 총독부와 경성경찰서, 『매일신보』사에 진정서를 내어 『무정』의 중단을 요구하면서 "이광수란 어미아비 없이 자란 하향(下鄕)·상놈의 자식"이라고 인신공격까지 퍼부었다. 그러나 이런 반발은 소설의 인기만 더 높여줄 뿐

1917년 1월 1일부터 6월 14일까지 총 126회에 걸쳐 『매일신보』에 연재된 이광수의 『무정』. 사진은 1회 연재분이다. 연재가 시작되자 서울 장안은 온통 이 새로운 소설에 대한 이야기로 들끓었고, 이듬해 출간되자 1만 부 이상 팔려나가며 '베스트셀러'가 되었다.

이었다.[14)]

당시 『조선문단』에 4회나 계속 소개됐던 책 광고는 "만 부 이상 팔리기는 조선출판계에 오직 이 『무정』뿐이겠습니다"라고 주장했다. 이 작품의 인기는 1930년대 후반까지 계속돼 1938년 박문서관판 『무정』은 8만 7000부를 돌파했으며, 1939년 6월에는 조선영화주식회사 창립기념작품으로 영화화되기도 했다.[15)]

『무정』은 이광수가 학비에 쪼들리던 상황에서 『매일신보』의 청탁을 받고 쓰게 된 것이다. 이광수는 연재를 끝낸 1917년 가을 잇단 과로로 병원을 찾았는데, 이곳에서 허영숙을 만났다. 1918년 7월 허영숙이 여의전(女醫專)을 졸업, 귀국한 뒤에도 그들의 뜨거운 연애편지가 현해탄을 오고갔다. 이광수는 당시 유부남이었으니, 자신이 주창한 자유연애를 몸소 실습한 셈이라고나 할까.[16)]

이광수는 1918년 9월엔 『매일신보』에 「신생활론」을 연재했는데,

여기서 유교에 대해 신랄한 비판을 퍼부었다. 일종의 유교망국론이었다. 그는 "조선의 유교는 실로 우리의 정신의 만반 기능을 소모하고 마비한 죄책을 면할 수 없다"며 유교가 조선에 끼친 해독으로서 숭고(崇古)와 존중화(尊中華), 경제의 경시, 형식주의, 무조건적인 효, 애경(愛敬)이 없는 부부관계, 상문주의(尙文主義), 계급사상, 운수론, 과학의 천시, 과도한 예(禮) 등을 들었다. 이 글은 '저주받을 유교' 운운하는 극렬한 언사를 구사해 유생들의 극렬한 항의를 받았고, 한때 연재가 중단되기도 했다.[17]

문학 단행본과 잡지

『매일신보』는 최초로 1919년 5월 29일자에 '현상소설모집'을 사고(社告)로 낸 다음 그 결과를 1920년 1월 3일자 신문에 발표하였다.[18] 앞서 지적했듯이, 『매일신보』는 우리 작가들이 작품 발표의 기회를 가질 수 있는 유일한 신문이었다. 이광수, 이인직, 조중환, 이해조, 이상협, 민태원, 윤백남 등 1920년대 이전부터 소설을 발표해온 작가들이 자주 등장했다. 1920년대 이후에 나온 이서구, 이효석, 염상섭, 김동인, 최서해, 최정희, 방인근, 이상, 박태원, 전영택, 박종화, 박영준, 장덕조, 박계주, 채만식, 정비석, 김내성 등 초창기 유명 문인들도 『매일신보』를 통해 작품 활동을 했다.[19]

또한 『매일신보』는 1910년대 초반부터 선을 보였던 각종 '문예적 신연극'과 손을 잡고 그 원작에 해당하는 소설을 연재하기도 했다. 『쌍옥루』 『장한몽』 『눈물』 등이 그런 경우였는데, 『매일신보』는 독자 할인권을 발행하는 등의 방법으로 연극공연에 협조하는 동시에 연재

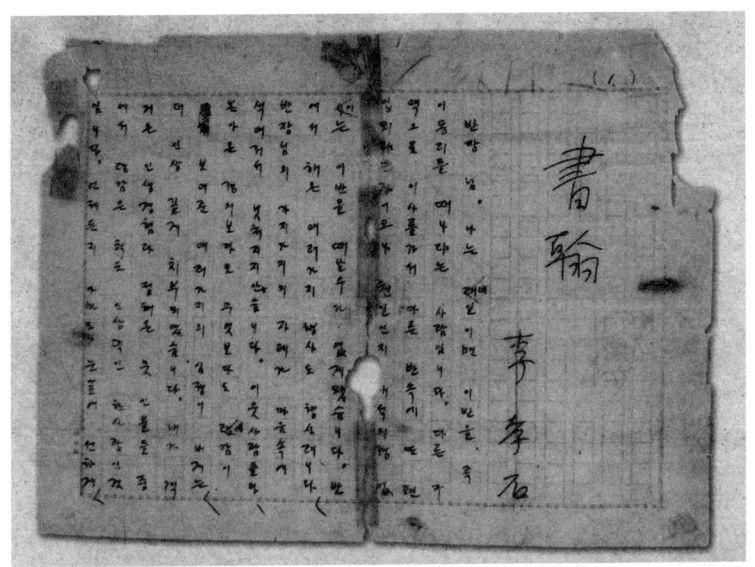

「메밀꽃 필 무렵」으로 유명한 이효석의 친필 원고. 이효석은 1925년 시 「봄」이 『매일신보』 신춘문예에 가작으로 당선되며 문단에 등단했다. 『매일신보』는 이효석을 비롯해 김동인, 채만식, 박종화, 박태원 등 당대의 수많은 작가들이 작품활동을 펼쳤던 무대였다.

소설의 인기를 높이는 '공동마케팅'을 실시하였다.[20]

문학 단행본은 1907년부터 나오기 시작했는데, 소설집은 1911년 들어서면서 1914년까지 대폭 증가했다. 1911년에 10권 가까이 나오던 것이 1912년에는 50여 권, 1913년에는 40여 권, 1914년엔 20권이 간행되었다. 이해조(1869~1927)는 1911년에서 1914년까지 20여 권의 소설집을 내놓는 기록을 세웠다.

당시엔 작자 미상 소설집도 많았다. 1913년 40여 권 중 절반이 넘는 24권이 작자 미상이었으며, 1910년대 내내 늘 반 이상을 기록했다. 물론 작자 미상 소설집은 수준이 낮은 것들이었다.[21]

잡지는 어떠했던가? 일반 종합잡지의 발행마저도 어려워 종교잡지와 일본에서 유학생들이 발행한 잡지들이 언론의 명맥을 이어갔다. 이 기간 중 발행된 잡지는 50여 종 가까이 되는데, 이 가운데 종교계통 잡지가 24종으로 절반을 차지했다.[22]

잡지계에서 맹활약을 한 인물은 단연 최남선(1890~1957)이다. 1908년 여름 출판사 신문관을 창설한 최남선은 그걸 근거로 삼아 『소년』을 창간했고, 『소년』이 폐간된 뒤 1년 6개월 만인 1913년 1월 1일 『붉은져고리』를 창간했다. 『붉은져고리』는 내용은 잡지였지만 체제는 타블로이드판보다 약간 작은 신문 형태로 매월 1일과 15일 2회 발간했다. 최남선은 이를 '신문'이라 불렀는데, 최남선의 주장을 그대로 받아들인다면 『붉은져고리』는 우리나라 최초의 어린이 신문인 셈이다. 이어 최남선은 『아이들보이』(1913년 9월 5일 창간), 『새별』(1913년 11월 5일 창간), 『청춘』(1919년 2월 1일 창간) 등의 월간 잡지 등을 창간한 자칭 '신보 잡지광(新報 雜誌狂)'이었다.[23]

사학에서 문학으로

표현의 자유가 통제받으면서 문학이 사학(史學)을 대체하는 흐름을 보이기 시작했다. 최봉영은 "1910년 대한제국이 망하고 일제의 식민지가 되면서 사학이 몰락하였고, 이에 따라 문학이 사학 대신 학문의 중심으로 역할하게 되었다"며 다음과 같이 말했다.

"문학은 계몽의 도구로서 민족의 삶에 대한 의욕을 불러일으키고, 미래를 개척할 수 있는 힘을 키우는 원동력으로 인식되었다. 그런데 사학 중심의 시대에 사학자들도 일찍이 문학이 계몽적 수단으로서 갖고 있는 가치를 인식하였다. 그들은 민족정신을 일깨우고, 신문화를 전파하는 수단으로서 문학을 활용하고자 하였다. 그들은 논설이나 시가의 형식을 빌려 애국정신을 고취하고, 매국적 행위를 성토하였다. 또한 그들은 전기나 소설의 형식을 빌려 국가의 흥망이나 위인의 행적을 알림으로써 애국심을 고취하려고 하였다. 이 때문에 그들은 문학에 많은 관심을 보였는데, 특히 소설의 효과에 대해 큰 관심을 보였다. 신채호(1880~1936)는 '사회의 대추향(大趨向)은 국문소설이 정하는 바'라고 주장하였다."[24]

또 최봉영은 "지식인들은 민족정신을 문학적 표현을 통해서 완곡한 형태로 드러내고, 고취하는 방식을 취하게 되었다. 이광수의 말을 빌리면 사람들은 민족정신을 표현할 때 '문학 속에 밀수입의 형태로 위장하는 방식'을 취하게 되었다"며 다음과 같이 말했다.

"그들은 이렇게 함으로써 문학을 사학 대신 민족정신을 불러일으키고 신문화를 건설하는 적극적 수단으로 활용하고자 하였다. 문학 중심의 시대를 선도한 것은 육당 최남선과 춘원 이광수였다. 다른 지식인들도 문학에 지대한 관심을 갖게 되었다. 이처럼 그들이 문학에 많은 관심을 갖게 된 것은 그들에게 문학 이외의 길이 열려 있지 않은 것도 중요한 원인이었다. 그들은 공부를 하여도 관리가 되거나, 학자가 되거나, 사업을 하거나 하는 등의 활동으로 능력을 발휘하기 어려웠다. 이로 인해 그들은 어쩔 수 없이 문학적 활동에 관계하는 일이 많았다. 또한 그들에게 문학은 식민지적 고통과 울분을 표출하는 중요한 수단이 되었다. 이러한 결과 지식인의 관심이 급격히 문학 쪽으로 기울게 되어 문학 중심의 시대가 열리고, 문학이 학문의 중심적 위치를 차지하게 되었다."[25]

문학이 학문의 중심적 위치를 차지하게 되는 세월은 한 세대 이상

지속된다. 해방 후 그 정도까지는 아니더라도 할 말을 직설적으로 표현할 수 없어 문학적 우회를 해야 하는 세월이 또 한 세대 이상 지속된다. 이게 한국인의 소통방식과 형식에 미친 영향은 무엇일까? 깊이 고민해 볼만한 주제라 하겠다.

02

항일언론인 장지연의 친일논란

'시일야방성대곡, 또 다른 슬픔'

'무단정치시대'에 우리 신문의 부재는 개화기의 항일언론인들에게 고통스러운 선택을 강요했다. 조선총독부 기관지인 『매일신보』에라도 글을 쓸 것인가, 아니면 아예 침묵할 것인가? 침묵은 생계를 위협하는 문제이기도 했으니, 당사자들에겐 딜레마였을 것이다.

그간 개화기 항일언론인으로 존경받아온 장지연(1864~1921)도 그런 경우다. 장지연의 선택은 『매일신보』에 글을 쓰는 것이었다. 1914년 12월부터 1918년 7월까지 그가 쓴 글은 730편을 상회하는 막대한 분량이었으며, 이 가운데 상당수가 총독부의 시정(施政)을 지지하고 대변하는 내용이었다고 한다.[26] 이를 둘러싼 논란이 오늘날까지 뜨겁다. 이 문제를 어떻게 보아야 할 것인가? 그간 오고간 주요 주장들을 요약 소개하는 것으로 대신하고자 하니, 독자들께서 각자 알아서 판단해보시라.

『경남도민일보』는 2003년 3월 1일자 「위암 장지연 선생의 친일행적을 파헤치다」란 특집물에서 조선총독부 기관지였던 『매일신보』에 실린 장지연의 글을 인용하면서 "위암의 친일은 1915년부터 1918년까지 꾸준히 이어졌다"고 보도했다. 이 신문은 한 사례로 "일체연합주의를 채택하고 아시아먼로주의를 널리 퍼뜨려 외환을 방어하고 동양이 하나로 단결하여"라는 요지로 『매일신보』에 쓴 위암의 글을 게재하고, 동양 평화를 지키려면 아시아의 맹주인 일본을 중심으로 아시아주의를 실현해 백인종의 침략을 막아야 한다는 주장이라고 풀이했다. 또 "(조선총독부의 물산공진회에 대해) 쓸모없는 것을 없애고 농공실업을 장려하여 진보한 성적을 모두 진열한 것"(1915년 1월 1일자) "(순종의 일본 방문을 두고) 내선 인민이 친목으로 사귀어 …… 일선(日鮮)융화의 서광이 빛나리라"(1917년 6월 8일자) 등의 글을 문제 삼았다.

이와 관련, 연세대 사학과 교수 김도형은 "위암의 친일행적은 학계에서 이미 알려진 사실"이라고 말했다. 김도형은 2000년 6월 『한국사연구』에 실은 「장지연의 변법론과 그 변화」란 논문에서 "위암이 동양의 유일무이한 최상책이라고 한 범아시아먼로주의는 사실상 일본의 침략 이데올로기였던 아시아주의를 수용한 것으로 식민지배를 긍정한 귀결"이라고 주장했다. 언론인 정달영은 『신문과 방송』 2003년 7월호에 기고한 「시일야방성대곡(是日也放聲大哭), 또 다른 슬픔」이란 글에서 『경남도민일보』의 기사를 거론하면서 "항일언론의 상징이 된 위암이 말년에 친일로 돌아섰다는 뜻밖의 사실은 지식인의 변절이란 점에서 또 한번의 충격"이라고 했다.[27]

「시일야방성대곡」 발표 100돌

이때엔 장지연 친일논쟁이 더 이상 확산되지 않은 채 그대로 가라앉았지만, 2005년 3월 4일 민족문제연구소 친일인명사전편찬위원 김경현이 "장지연은 강점 이듬해인 1911년 『경남일보』 11월 2일자 2면에 일본왕 메이지의 생일인 천장절을 축하하는 한시와 일장기를 싣는 등 앞장서서 일제를 찬양하는 기사를 썼다"고 주장했고, 이를 『경향신문』이 3월 5일자 1면 머리기사로 보도하면서 논쟁이 본격화되었다.

김경현은 『경남일보』가 경술국치 직후인 1910년 10월 11일자에 일제 강압에 의해 국권을 찬탈당한 것이 억울해 음독자살한 매천 황현(1855~1910)의 「절명시」를 게재했다가 정간된 뒤 10일 만에 복간되면서 신문 논조가 친일로 바뀌었다고 설명했다.

『경향신문』은 "지금까지 학계에선 위암이 『경남일보』 폐간 후 조선총독부 기관지인 『매일신보』에 실었던 기고를 두고 부분적으로 친일행적 논란을 제기해왔으나, 이처럼 장기간에 걸쳐 명백한 친일행적을 했다는 주장이 제기된 것은 이번이 처음이다"며 "따라서 중·고교 국사교과서에까지 항일언론인, 우국지사로 묘사된 장지연에 대한 재평가를 둘러싸고 학계 등에서 큰 논란이 일 것으로 보인다"고 했다.[28]

『이이화의 못 다한 한국사 이야기』에서 위암의 친일행적을 폭로한 바 있는 역사학자 이이화는 "위암이 일제의 합병 후 『매일신보』 등에 친일논설을 쓴 사실 등은 연구자들 사이에 공공연한 비밀"이라면서 "그러나 신문사 주필로서 일왕을 위한 축시를 쓰고 천장절에 신문을 휴간할 정도인 줄은 몰랐다"고 말했다. 이이화는 "합방 이후 변절돼 가는 위암의 모습에서 민족사의 비극을 보는 것 같다"며 "역사 바로잡기 차원에서라도 위암을 재조명해야 한다"고 강조했다. 이이화의 발언을 소개한 『경향신문』은 "오는 11월 20일은 「시일야방성대곡」 발표 100돌이 되는 날. 이를 기념해 '시일야방성대곡 논설비' 건립을 추진해온 독립기념관은 최근 위암의 친일행적이 드러나자 '건립'에서 '신중 검토' 쪽으로 방향을 선회했다"고 보도했다.[29]

그러나 언론사학자인 한국외국어대 명예교수 정진석은 『경향신문』 2005년 4월 9일자에 기고한 「'시일야방성대곡' 100주년」 칼럼에서 "글과 인물을 평가할 때에는 시대상황을 먼저 고려해야 한다. 나라의 운명이 다했던 100년 전에 살았던 언론인의 행적을 오늘의 상황에 끌어다 놓고 작은 흠집을 찾아내어 그보다 훨씬 큰 업적을 덮어버리면서 더 치열하고 완벽한 삶을 살지 않았다고 매도하는 일을 역사청산이라고 생각하는 풍조가 만연하다면 역사의 또 다른 왜곡이며, 허무주의밖에 남을 것이 없다"고 주장했다.[30]

2005년 5월 16일 위암의 유족들은 지난 3월 「진주지역 일제강점기 인명록」을 펴낸 민족문제연구소 친일인명사전편찬위원 김경현을 사자에 대한 명예훼손 및 허위사실 유포 혐의로 서울지검에 고소했다. 유족들은 "1911년 11월2일자 『경남일보』 1면에 게재된 일본 왕의 생일을 축하하는 한시 「축천장절」을 장지연 선생이 썼다는 김 씨의 주장은 사실무근"이라고 주장했다.[31]

'장지연을 위한 변명'

이와 관련, 민족문제연구소는 장지연의 친일활동 자료 등을 공개했다. 위암은 총독부 기관지인 『매일신보』 1916년 12월 10일자 2면에 「환영 하세가와 총독」이라는 한시를 실었다. 새 총독의 부임에 대해

일제강점기 초대 경남도 장관이었던 가가와가 떠나면서 행한 기념촬영. 앞줄 왼쪽에서 다섯 번째가 친일 논란의 주인공이 된 「시일야방성대곡」의 장지연이다. 『경남일보』 주필이었던 그는 일왕의 생일을 축하하는 한시를 쓰고, 총독부 기관지인 『매일신보』에 기고하는 등 친일활동을 했다 하여 논란을 낳았다.

'문무백관들이 분분히 악수하며' '한수의 풍연이 원래 낯이 익으니 매화도 예전처럼 기뻐 웃는 듯'이라고 묘사한 시구 옆에는 장지연의 호인 '위암'이 쓰여 있다.[32]

김경현은 "1904년~1908년 조선주둔군 사령관이었던 하세가와 요시미치가 8년 만에 총독으로 승진해 조선으로 다시 돌아오자 위암이 축하시를 실은 것"이라며 "하세가와는 을사조약 체결 당시 이토 히로부미 통감과 함께 고종(1852~1919)에게 조약 체결을 강요했으며, 총독으로 부임한 뒤에는 무단정치로 3·1운동 참가자들을 혹독하게 탄압했다"고 말했다.

순종과 일왕의 만남을 두고 '일본과 조선의 융화'라며 반긴 글도 공개됐다. 순종이 1917년 이복동생 영친왕의 일본 육사 졸업식 참석을 위해 일본을 방문하자, 위암은 『매일신보』에 '이왕 전하 동해를 건너시니 …… 오늘 같은 성대한 일은 예전에 드물던 바 일선융화의 서광이 빛나리라' 라는 한시를 실었다.

위암의 친일단체 활동 경력도 새롭게 공개됐다. 2004년 발간된 『일제협력단체 사전』엔 위암이 '불교진흥회'라는 친일단체의 간사로 등록돼 있다. 김경현은 "불교진흥회는 1914년 친일승려 이회광(1862~1933)의 주도로 조직된 친일불교단체로 이완용이 발기인으로 참여했다"며 "중추원 참의 후보까지 오른 친일파였던 김홍조『경남일보』 초대 사장이 간사장을 맡고 신문사 주필을 역임한 위암은 간사로 활동했다"고 말했다.[33]

『국민일보』 사회부장 성기철은 2005년 6월 17일자 칼럼 「장지연을 위한 변명」에서 "이 시점에서 필자는 과거의 인물을 평가할 때 철저하리만큼 종합적인 판단에 근거해야 한다는 생각을 갖게 된다"며 다음과 같이 말했다.

"죽는 날까지 지조를 지켰더라면 얼마나 좋겠는가. 하지만 그는 소극적이나마 친일을 한 것이 사실이다. 그 때문에 지금 시련을 겪고 있는 것이다. 그러나 2005년을 사는 우리로서는 그에게 조금은 관용을 베풀었으면 좋겠다는 생각이다. 장지연이 혹 인생 말년에 끼니 때우기가 힘들어 하는 수 없이 『매일신보』에 글을 쓴 것은 아닐까. 독립을 상상조차 할 수 없는 암흑기에 노인네가 잠시 자신감을 잃어버린 것은 아닐까. 진상규명도 중요하고 재평가도 의미가 있다. 하지만 장지연의 '죄'가 이쯤에서 그친다면 우리들의 영웅으로 계속 대접했으면 어떨까 싶다."[34]

「시일야방성대곡 100주년의 언론사적 의미」

2005년 10월 8일 전 경남대 교수 정대수는 서울 연세대에서 열린 한국언론학회 학술대회에서 발표한 「장지연 선생의 언론사적 평가와 친일 논란에 대한 비판적 접근」에서 "위암에게 제기된 의혹은 증거가 없거나 책임 소재가 불분명하며, 친일 글이 발견됐다고 하더라도 그것이 선생의 기본정신을 훼손할 정도인가는 언론사(史)의 보다 큰 맥락에서 판단해야 될 일"이라고 주장했다. 정대수는 ▲한시가 그의 작품이라는 증거는 희박하며 ▲당시 『경남일보』의 친일보도가 위암의 책임인지 ▲『매일신보』에 게재된 기사가 위암의 친일을 입증하는지 ▲위암에 대한 친일규정이 일방적 여론몰이 식으로 진행되고 있지는 않은지 등에 대해 문제를 제기했다. 그는 "민족문제연구소의 선정기준을 봐도 장지연 선생의 친일행적이 명확하게 어디에 해당되는지 판단하기 어렵다"며 "한국 언론사 전문가 등에 의한 검증 없이 서둘러 발표한 것은 납득이 가지 않는다"고 주장했다.

정대수는 특히 "억압의 시대, 절망의 시대인 일제시대의 일을 두고 오늘의 잣대로 '왜 죽을 때 죽더라도 처절하게 부딪치며 살지 않았느냐'고 한다면 과거사 정리는커녕 엄혹한 역사 현실을 외면한 공허한 독선이 될 뿐"이라면서 "이념적 명분과 정열만 가지고 중국 공산당의 문화혁명이나 아프가니스탄 탈레반식 불교역사 파괴처럼 가는 일이 있어선 안 되며, 역사 바로 세우기가 역사 뒤집기로 탈바꿈되는 것도 바람직하지 않다"고 말했다.

2003년 정년퇴임한 뒤 제자들과 함께 장지연 묘소를 찾아 강의를 진행하는 산상토론회를 15년간 진행해온 정대수는 "친일 문제를 비롯한 과거사 문제는 민족문제연구소를 비롯한 시민단체가 제기한 것이지만, 정권의 상징적 작업에 활용될 가능성이 높다"며 "특히 장지연 선생의 문제는 적절한 대응을 하지 않았던 언론학계가 나서서 본격적으로 의견을 수렴해야 한다는 생각에서 문제를 제기했다"고 말했다.[35]

2005년 11월 21일 위암장지연선생 기념사업회 주관으로 서울 중구 태평로 한국프레스센터에서 열린 '제16회 위암 장지연상 시상식'에서 성균관장 최근덕(당시 72세) 성균관장이 장지연상(한국학 부문)을 수상했다. 시상식에 앞서 열린 「시일야방성대곡」 100주년을 기념하는 학술세미나에서 정진석은 「시일야방성대곡 100주년의 언론사적 의미」를 발표했다.

정진석은 '위암 친일논란'이 사실에 기초한 것인지에 대해서 의문을 제기했다. 그는 친일인명사전편찬위원회가 장지연이 1911년 『경남일보』 주필을 지낼 때 천장절을 축하하는 한시를 게재했다며 친일 명단에 포함시킨 것에 대해, "문제의 시에는 장지연이 글을 기고할 때 쓰는 숭양산인(崇陽山人)이란 필명이 없는 것으로 미루어 보아 위암이 썼을 가능성이 적다"고 주장했다. 또 친일인명사전편찬위원회 주관 연구소인 민족문제연구소의 정신적 지주였던 친일연구가 고 임종국(1929~1989)조차 위암을 자주, 자립, 자강으로 대중을 계몽하며 애국, 애족하던 민족주의자로 극찬했음을 강조했다. 정진석은 "한 인물의 공과 과를 아울러 평가하지 않고 작은 흠을 잡아 친일로 몰아붙이고 그의 업적을 모두 매장하려 드는 편파성은 역사의 또 다른 왜곡"이라고 주장했다.[36]

『친일인명사전』에 수록된 장지연

2008년 3월 국사편찬위원장 정옥자는 노무현 정권 시절에 진행됐던 과거사청산 작업에 대해 "전 정권의 일이 틀린 것은 아니지만 방법이 조급했다"고 비판했다. 친일파 같은 경우 장기간 자료수집을 한 뒤 신념에 따른 친일파, 소극적인 친일파, 생존형 친일파 등으로 한 사람 한 사람을 구분해 신중히 평가해야 하지만 너무 성급했기에 그 의도에 대해 의심을 살 수 밖에 없었다는 것이다. 그녀는 장지연에 대해선, "장지연 같은 분의 친일 논문 한 편을 발견했다고 그를 친일파로 모는 것은 우리에게도 칼날이 되는 자학행위 아닐까요"라고 말했다.[37]

2008년 4월 29일 민족문제연구소와 친일인명사전편찬위원회가 발표한 '친일인명사전 수록 인물' 4776명의 명단에는 결국 장지연이 포함됐다. 이에 대해 정진석은 "인간을 선과 악의 이분법으로 재단할 수는 없다. 역사의 험난한 구비를 헤쳐온 인물들을 친일과 반일이라는 잣대만으로 분류한다면 유죄와 무죄를 단칼에 척결하는 행위처럼 위험하다. 친일인명사전 '수록 예정자' 명단에 들어가는 순간에 당사자들은 친일파로 낙인찍힌다"며 다음과 같이 주장했다

"지난해 8월 대한주택공사가 마산시 현동 일대에 주택지 개발사업을 추진할 때 장지연의 묘소가 포함된 일대를 공원으로 조성한다는 계획이 알려지자 인터넷신문 『오마이뉴스』는 「자칫 친일파 공원 될라? 마산 현동 택지 개발사업 …… 친일파 장지연 묘소 두고 공원 조성」이라는 제목의 기사를 올렸다. 수록 대상자로 검토 중이라는 사실만으로도 친일파로 확정판결이 나 있었다. …… 장지연의 행적에서 애써 작은 흠결을 찾아내 굳이 친일인명사전에 넣겠다는 노력에 견주어 본다면 여운형(1886~1947)의 그것은 훨씬 영향력도 크고 직설적이

다. 젊은 청년학도의 학병을 권유한 글이 있고, 일본의 정책에 협력했다는 증언도 있다. 공산당 문건에도 그의 친일을 비판한 기록이 있다. 그럼에도 지난 정부는 그에게 대통령장과 대한민국장이라는 최고의 훈장을 주었다. 그를 친일파로까지 규정할 생각은 없다. 『역사와 언론인』이라는 저서에서 나는 언론인 여운형을 긍정적으로 다루었다. 그러나 장지연과 동일한 기준이라면 여운형은 당연히 친일사전에 들어가야 한다. 그래서 여운형과 왕족의 이름이 빠진 인명사전은 '월북자, 좌파에 대해 관대하다'는 의혹과 역사인식에 근원적인 문제가 있다는 비판에 직면하게 된다."[38]

아무래도 문제는 「시일야방성대곡」이 불러 일으켰던 엄청난 반향에 있는 것 같다. 장지연이 평범한 애국지사였다면, 이 논란도 이렇게까지 불거지진 않았을 것이다. 당시 민중의 뜨거운 눈물을 줄줄 흐르게 할 정도로, 거의 집집마다 보관하고 외울 정도로, 민심에 큰 영향을 미친 「시일야방성대곡」의 주인공이기에, 논란은 양극을 달리는 게 아닐까? 과거의 큰 업적이 있기 때문에 좀 봐줘야 하는 건가, 아니면 오히려 그렇기 때문에 더욱 엄격하게 따져야 하는 건가? 이름의 무서운 무게를 절감하게 된다.

03

변사의 등장,
연쇄극의 탄생

전문직업이 된 변사의 활약

1910년대의 영화는 어떠했을까? 1910년 2월 28일 일본인들이 조선에 세운 최초의 영화전용 상설관인 경성고등연예관이 등장했고 이어 1912년 12월 종로에 우미관이 세워지면서 미국·프랑스 등 외국의 무성영화들이 큰 인기를 누렸다. 그 가운데엔 〈쿼바디스〉(1911), 〈폼페이 최후의 날〉(1913), 〈나폴레옹 일대기〉(1914) 등이 포함되었다.[39]

이런 영화들은 보통 2권~5권(券) 분량이었는데, 권이라는 단위는 영화 필름이 감긴 릴(reel)을 번역한 것으로, 한 권은 보통 10분에서 12분 정도 상영할 수 있는 길이다. 안종화는 당시 영화관 풍경을 다음과 같이 묘사했다.

"상영시간도 여름철에는 광고에 일곱 시 전후로 되어 있으나, 실제로는 여덟 시부터 관객이 들기 시작해서 아홉 시나 되어야 장내가 그

경성고등연예관이 인기를 모으자 영화 상영을 위한 공간은 속속 늘어났다. 1912년 관철동에 지어진 우미관도 단성사, 조선극장과 함께 일류개봉관으로 손꼽히며 많은 관객의 사랑을 받았다. 1959년 화재 이후 종로 2가로 자리를 옮겨 그 명맥을 이어오다가 1982년 말 문을 닫았다. 사진은 경기도 부천시에 재현한 옛 우미관의 모습.

럭저럭 차는 판이었다. 그동안, 먼저 들어온 손님들은 입에 손가락을 넣고 휘파람을 불어대거나 손뼉을 치거나, 아니면 발을 구르면서 어서 시작하라고 야단들이었다. 이렇게 한바탕 법석을 치고 나면, 그제야 해설자가 무대 뒤에서 휘장 틈으로 객석을 엿보고, 이만하면 상영해도 좋으리라는 확신을 얻고 비로소 사진 기사에게 신호를 보내어 영사를 시작하게 했다."[40]

무성영화의 대사는 이른바 '변사'의 몫이었다. 변사가 처음 등장한 것은 1906년 무렵이었으나 전문직업화하기 시작한 것은 경성고등연

한국 최초의 극장인 단성사는 당초 연극공연장으로 활용되었으나 1914년 한국인 박승필이 운영권을 사들여 신축개관하면서 영화전용관이 되었다. 우미관과 함께 한국영화 상영관으로 그 명성이 높았는데, 1926년에는 나운규의 〈아리랑〉을 상영해 화제가 되기도 했다. 2001년 본래의 유서 깊던 건물이 철거되고 2005년 멀티플렉스 형태로 재개관했다.

예관이 개관한 이후부터다.[41] 안종화는 "그 당시의 극장으로 말하면, 야시장에서 싸구려로 파는 이야기책 또는 고대소설을 읽을 때에나 나옴직한 목쉰 말투로 전설(前說)을 끝내야만 으레 영사가 시작되기 마련이었다"며 다음과 같이 말했다.

"그러면 변사는 한껏 목소리를 가다듬어 제스처도 멋지게 해설을 전개하는데, 흥에 겨울 때의 그 얼굴 표정이 또한 볼만했다. 옛날의 변사들은 참으로 눈물겨운 노력을 해야만 했다. 특히 의음(擬音)을 내느라고 그들은 무척 골몰했는데, 예를 들면 대포 소리나 다이너마이트 터지는 소리 대신에 북을 두드렸고, 격투 장면에는 발을 동동 구르고, 실감을 내기 위해 테이블을 쿵쿵 치면서 호들갑을 떨어야 했던 것이다. 영사 개시 전엔 으레 악대(樂隊)가 흥겹게 행진곡도 연주했고, 한껏 모양을 낸 변사가 무대에 나타나면 우레 같은 박수가 터져 나왔는데, 지정된 자리에 앉은 변사는 갖은 애교를 다 부리면서 청산유수와 같은 열변을 한바탕 늘어놓기 일쑤였다."[42]

1907년 6월초에 설립돼 판소리와 창극 등을 공연하던 단성사도 1914년 초에 신축 개관해 영화관으로도 운영됐다. 1910년대의 기생들은 단성사를 비롯한 광무대, 장안사, 연흥사 등의 연예공연장을 통해 창극, 승무, 단가, 가야금 연주 등을 공연해 폭발적인 인기를 누렸다. 공연을 앞둔 기생조합은 극장에 사람을 끌어들이는 수단으로 조합 명의의 신문광고를 게재하기도 했다.

예컨대, 『매일신보』 1915년 6월 18일자 광고란엔 "음력 단옷날 밤부터 열흘 예정으로 다동조합 기생일동이 단성사에서 각종 특이한 가무로 출연하옵는 바, 전일보다 실로 재미있고 볼만한 것이 많이 있사오니 다수 왕림하심을 앙망하옵나이다. 다동기생조합 일동"이라는 광고가 실렸다.[43]

홍보 · 계몽매체로서의 영화

영화와 담배회사의 질긴 인연은 1910년대에도 계속되었다. 무성영화(활동사진) 상영은 담배회사의 판촉 행사로 인기를 끌었다. 대부분의 상영관은 목조였고 화재도 빈번했지만 활동사진관에서는 관객의 흡연을 금지하지 않았고, 극장 내 매점에서도 담배를 팔았다. 『부산일보』 1917년 4월 3일자에는 다음과 같은 광고도 실렸다. "활동사진을 볼 때도 연초가 필요. 연초를 무료로 받고 활동사진을 보려면 2등석 1매에 화접 1개, 폐비 1개 증정. 3등석 1매에 화접 1개, 코스모스 1개 증정."[44]

기업이 상품 홍보 목적으로 개최하는 '사진회'도 있었다. 예컨대, 1913년 '라이온 치마(齒磨, 치약) 애용자'를 위한 사진회를 보자. 라이온치마회사 일본 본점에서 '활동사진대'를 파견하고 우미관을 대여하여 3일간 연 이 사진회는 조선인 변사를 고용해 20여 편이 넘는 단편들을 오후 7시부터 시간이 허용하는 한도 내에서 상영했다. 종교사회단체에서도 영화를 근대화 교육의 수단으로 간주해 활동사진대를 조직하여 순회영사를 했다. 이 경우에는 기금을 모으는 수단으로 오히려 입장료를 받았다.[45]

영화는 유력한 계몽매체이기도 했다. 1919년 전국적으로 콜레라가 창궐하자, 총독부와 경기도청은 방역정책의 일환으로 경기도 주민을 상대로 위생 활동사진을 상영했다. 이게 인기를 끌자 이듬해 전국으로 확대 상영했다. 경기도청은 교육효과를 더욱 높이고자 콜레라 예방을 위한 교육영화 〈인생의 악귀(惡鬼)〉를 제작했다. 이 영화에 콜레라 환자로 출연한 복혜숙(1904~1982)에 따르면, 그 내용은 다음과 같다.

"여름에 길에서 파는 오렌지 주스처럼 당시에는 '라모네'라는 불결한 음료수를 마시고 한 사람이 전염병 호열자(콜레라)에 걸려 눕게 되자, 환자를 옆에 둔 가족은 미개한 나머지 의사보다도 무당을 시켜 굿을 하여야 된다고 고집을 부리며 굿을 한다. 그러다가 환자가 죽게 될 지경에 이르러서야 병원에 달려갔으나 의사가 도착하기도 전에 환자는 죽게 된다."[46]

김려실은 "이처럼 〈인생의 악귀〉는 콜레라균이라기보다 조선인의 미개이며 그 악귀를 쫓아내는 새로운 무당은 근대 의학으로 표상되는 총독부의 근대화정책이라는 것이 바로 이 영화의 숨은 의도였다"고 분석했다.[47]

1919년 연쇄극의 탄생

1910년대 말엔 연쇄극의 형식으로 영화 제작이 이루어지기 시작했다. '키노드라마(Kino-Drama)'라고도 하는 연쇄극은 연극에 활동사진의 기법을 수용한 것으로 무대에서 연극을 공연하되, 무대에서는 표현이 불가능한 장면을 필름으로 찍어서 무대 위의 스크린에 상영하는 것이다.[48]

연쇄극의 시초는 1919년 탁월한 흥행사 박승필(1875?~1932)과 손을 잡은 김도산(1891~1921)이 각본·감독·주연을 맡은 〈의리적 구투(義理的 仇鬪)〉였고, 1920년에는 5편이 제작되었다. 〈의리적 구투〉는 악랄한 계모와 가문의 명예와 재산을 찾으려는 전실 아들 간의 다툼을 그린 작품이었는데 연극 중간에 한강 철교, 장충단, 남대문 정거장, 노량진 공원 등 서울의 유명 풍경을 배경으로 삼았다. 일본 덴카쓰(天活) 영화사 소속 일본인 카메라맨이 찍은 활동사진이었다. 단성사에서 상영된 〈의리적 구투〉의 입장료는 네 등급이었는데, 가장 싼 등급이 당시 설렁탕 네 그릇 값이었다. 그럼에도 "초저녁부터 구경꾼이 보수같이 밀려드는 대성황"(『매일신보』 1919년 10월 29일자)을 이루면서 한 달 동안 장기공연을 했다. 〈의리적 구투〉는 10월 27일 처음 상영되었는데, 우리나라 영화의 날인 10월 27일은 이날에서 유래된 것이다.[49]

연쇄극 제작은 일본에서 기술자를 데려와야 했다. 그러나 그 비용이 만만치 않았다. 때문에 관람료도 상등석 기준으로 이전의 40전에서 1원으로 뛰어올랐다. 안종화는 "그런데도 매일처럼 관객들이 밀려들어, 단성사 정문은 그야말로 불이 날 지경이었다"며 다음과 같이 당시의 풍경을 회고했다.

"김도산 일행은 이렇듯 새로운 연쇄극으로 장안의 인기를 독차지했고 뜻밖의 횡재를 하게 된 것인데, 극장이 파할 무렵이 되면 화장실 뒤편 골목길에는 배우들의 퇴출을 기다리는 인력거들이 즐비하게 늘어서 있었다. 이 인력거는 배우들을 초대하려고 화류계 여인들이 애가 달아서 시간 전부터 보내 온 것들이었으니, 당시 배우들의 인기는 특히 화류계 여인들에게 더욱 높았던 것이다. 엄밀히 말해서, 이때부터 연극인들이 본래의 예도정신(藝道精神)을 스스로 파기하고, 저마다 무궤도의 분방하고 방탕스러운 길을 더듬기 시작한 것이라고 말할 수 있는 것이다."[50]

극장은 '전염병의 온상'

연쇄극에 대한 비판의 목소리도 높았다. 연쇄극이란 개량 신파극의 모방이므로 양식 있는 연극인들이 가질 무대가 아니라는 게 그 이유였다고 한다. 연쇄극이 안고 있었던 문제에 대해 안종화는 "화면이란 말뿐이었지 무대와 조금도 다를 것이 없었다"며 다음과 같이 말했다.

"인물·배경을 모두 전경(全景)으로 삼아 행동의 전개를 설명하는 정도였으니 영화 본연의 아기자기한 맛이 있을 수 없었고, 화조(畵調) 또한 서투른 초기의 솜씨였으므로 인화(印畵)의 농도를 적당히 조절치 못하여, 화면은 늘 선명을 잃어 안개 낀 날씨처럼 흐렸다. 모든 것이 이렇게 미비했고 보매, 가뜩이나 연기력이 부족한 배우들은 그나마 제대로의 역량을 발휘할 수가 없었으니, 지금의 엑스트라만큼도 그 연기력을 못낸 것이 사실이었다. 그래서 무대 연기자들에게는 연쇄극 스크린이 매우 못마땅한 존재였다. 한 가지 특이한 것은, 당시의 여주인공 역을 비롯한 여역(女役)을 전부 남배우가 대연(代演)했다는 사실이다. …… 화려하게 출발하여 개화한 연쇄극도 불과 2년이 못 되어 숨을 거두게 되었다."[51]

당시 영화관 시설은 끔찍할 정도였다. 객석은 매우 불편했거니와 객석 옆에 변소가 있어서 오줌이 흘러넘치고 지린내 구린내가 진동했다. 경찰서가 하절기마다 극장을 전염병의 온상으로 지목하고 위생검사를 실시할 정도였다.[52]

그래도 개의치 않고 관객은 몰려들었다. 이미 개화기 때부터 조선을 방문한 서양인들을 놀라게 만든 조선인들의 왕성한 호기심이 영화라고 하는 새롭고도 진기한 구경거리를 놓칠 리는 만무했기 때문이다.

04

호남선 개통, 관광택시 등장

최남선·이광수의 철도 예찬

개화기 시절 신문의 전국적 유통은 주로 우편에 의존했지만, 철도가 건설되면서 신문은 훨씬 더 신속하고 저렴한 철도의 혜택을 입을 수 있게 되었다. 철도는 당시 일부 지식인들에겐 근대성과 진보의 상징으로 여겨졌다. 1905년 경부선(580킬로미터), 1906년 경의선(706킬로미터)이 개통되자, 이에 감격한 최남선은 1908년에 '경부철도가'라는 창가를 만들었다.

"우렁차게 토(吐)하는 기적소리에/ 남대문을 등지고 떠나 나가서/ 빨리 부는 바람의 형세 같으니/ 날개 가진 새라도 못 따르겠네"[53]

박천홍은 개화기시대의 일부 지식인들에게 철도는 '진보의 상징'이었지만 하층 민중들에게는 "호기심과 함께 불안과 공포를 실어 나르는 악귀의 등장과 같았다"고 했다.

압록강 철교 부설 당시의 풍경. 일제강점 후 더 빠르게 내달린 철도는 1911년 압록강 철도 가설로 중국대륙과 연결되었고 호남선, 경원선이 개통되면서 식량과 원료 약탈 또한 가속화되었다. 일부 지식인들은 철도라는 신문물에 대해 감격해 마지않았지만, 부역과 수탈에 시달리던 하층 민중들은 호기심과 함께 공포의 대상으로 여기기도 했다.

 "이미 제국주의세력의 공동 사냥터로 전락해버린 조선에서 그들은 식민지를 향한 고난과 비참을 온몸으로 견디어갈 수밖에 없었기 때문이다. 그들에게 철도는 점점 자신들의 삶을 옥죄어오는 악몽의 그림자였다. 그들은 본능적으로 불길한 조짐을 느끼고 있었다."[54]

 일제강점 후 철도는 더욱 빠르게 내달렸다. 철도는 1911년 압록강 철도 가설로 중국대륙과 연결되었고, 1914년 호남선(286킬로미터) · 경원선(226킬로미터)이 개통되면서 1915년까지 조선 내 총철도 길이는 1500킬로미터, 1919년까지 2197킬로미터에 이르렀다.[55]

 호남선은 1910년 10월부터 공사에 들어가 1914년 1월에 부설되었는데, 호남선 준공은 식량(미곡)과 원료(면화) 약탈 수송이 주목적이었

다.[56] 호남선의 통과노선은 일본 재벌 농장들이 치열하게 벌인 암투의 결과에 따라 결정되었다.[57]

그럼에도 조선총독부는 호남선 개통을 정치적으로 이용하려고 들었다. 조정래의 『아리랑』은 "총독부에서는 그 빠른 작업 속도를 대일본제국의 또 다른 능력으로 과시하는 동시에 막대한 돈을 들여 철도를 놓는 것은 순전히 조선사람들에게 살기 좋고 편한 개명세상을 만들어주기 위해서라고 일본의 은혜를 선전해댔다"며 이렇게 서술하고 있다.

"신문에 기사를 써대는 것은 물론이었고, 각급 학교마다 학생들에게 주입시켰고, 관리들은 관리들대로 일반인들을 상대로 선전원 노릇을 했다. 그 일방적인 선전 앞에서 총독부가 왜 그렇게 줄기차게 철도공사에 열을 올리고 있는 것인지 그 저의를 꿰뚫어보는 사람들은 별로 없었다. 사람들은 우선 기차라는 그 해괴하게 생긴 물건을 신기한 구경거리 삼기에 바빴고, 말에 비교할 수 없이 훨씬 더 빠른 그 속도에 현혹되어 있었다. 겉으로 드러난 것으로만 볼 때는 분명 개명세상은 오고 있는 것이었고, 걸어서 열흘이 넘게 가야 할 길을 하루에 가버리니 일본의 은혜가 아니라고 할 수가 없기도 했다."[58]

철도에 대해 최남선보다 더 감격한 이는 이광수였다. 그가 1917년에 발표한 『무정』은 철도 소음을 '문명의 소리'로 예찬했다. 그는 "그 소리가 요란할수록 그 나라는 잘 된다. 수레바퀴 소리, 증기와 전기기관 소리, 쇠마차 소리 …… 이러한 모든 소리가 합하여서 비로소 찬란한 문명을 낳는다"고 했다.[59]

철도 예찬론을 반박한 '신고산 타령'

'신고산 타령'은 그런 철도 예찬론에 대항하는 듯 했다. "신고산이 우르르 화물차 떠나는 소리에 구고산 큰애기 단봇짐만 싸누나." 이준식은 "고산은 조선시대 이래 함경남도 안변의 중심지였다. 그런데 일제가 이 땅을 지배하면서 종래의 고산(곧 구고산)을 대신해 신고산을 새로 건설한 것이다"라며 다음과 같이 말했다.

"이 신고산역을 통해 자본주의 상품경제를 상징하는 기차가 일본에서 생산된 각종 상품을 실어오고 우리 농촌에서 생산된 각종 산물을 실어가는 동안에 일제 지주자본가에 의해 이중 삼중의 착취를 받다가 몰락할 대로 몰락해 조상이 물려준 고향 땅에서 살 수 없게 된 구고산의 농민들은 단봇짐 하나만 메고 삼수갑산의 화전지대로 들어가고 또는 간도나 노령으로 유랑의 길을 떠날 수밖에 없었다. 이는 안변의 농민들에게만 국한된 현상은 아니었다. 전국 각지의 농촌에서 일상적으로 일어나던 일이었다."[60]

정재정은 『일제 침략과 한국 철도』의 서문에서 "최근 국내외의 한국 근현대사 연구에서는 일제의 식민지 지배와 그로 인한 문명화 작용을 새로운 각도에서 평가하려는 움직임이 번져가고 있다. 그리하여 식민지시기의 연구에서 침략·수탈·억압·차별 등의 용어를 사용하는 것조차 꺼려하는 분위기가 나타나고 있다"며 다음과 같이 말했다.

"그렇지만 나는 한국철도가 명백히 일제의 한국에 대한 침략·수탈·억압·차별의 수단이었다는 생각에서 이 책의 제목을 『일제 침략과 한국 철도(1892~1945)』라고 명명하였다. 왜냐하면 불완전하게나마 주권이 살아있던 대한제국기에 한국 관민이 남긴 각종의 자료에는 이렇게 이름짓기를 바라는 듯한 수많은 사실들이 생생하게 기록되어 있었기 때문이다."[61]

당시 기차 안에서는 일본인들이 좌석에 앉아 있는 조선인들을 발길로 차 자리에서 내쫓고는 두 다리를 쭉 펴고 부산에서 서울까지 누워 오는 일이 많았다. 문화정치를 했다는 1920년대의 『동아일보』에 일본인들이 별 까닭 없이 조선인들을 때리고 엽총으로 쏘아 죽인 사건이 쉴 새 없이 보도된 걸 보더라도, 기차 속에서 행해진 일부 일본인들의 행패가 어떠했을지는 미루어 짐작하기 어렵지 않다.[62]

철도사고, 철도호텔

철도의 속도가 워낙 큰 충격이었을까? 철도사고도 많았다. 1921년까지 9년간 1390명이 철도사고로 사상(死傷) 당했는데, 이 중 10분의 1 정도가 목숨을 잃었다. 철도사고는 1930년대에도 계속돼 1938년 12월에는 철도사고 방지를 위한 계몽영화를 만들어 개봉하기도 했다.[63] 캠페인 노래까지 등장했다. "철도길 베개에 단잠이 드니/ 날 밝자 집안이 울음판이라/ 아리랑 아리랑 아라리요/ 아리랑 철도를 베개 말아"

『조선일보』 1935년 2월 15일자는 "조선철도의 대동맥이 되는 경부선이 놓인 지 삼십일 년, 그동안 철도가 실어다 준 신문명, 신문화의 발전은 실로 눈부신 바가 있으나 그 반면에는 기계문명이 가져온 비극과 참극 또한 많아서 철도사고로 말미암아 비명에 스러진 가여운 넋이 5000명에 가깝다"고 기록했다.[64]

철도를 따라 철도호텔도 들어섰다. 기차역과 호텔을 한 건물 안에 짓는 영미모델을 본뜬 것이다. 최초의 철도호텔은 1912년 7월에 개업한 부산 철도호텔이며, 1914년 신의주 철도호텔, 1922년 평양 철도호

1910년대 최고의 호텔은 1914년 완공된 서울의 조선호텔이었다. 외국인 여행자를 위해 세워진 이 건물은 300명까지 수용가능한 식당, 일류 시설을 갖춘 69개의 객실로 채워졌고, 이후 서구 문화 도입의 근원지로 자리매김했다.

텔이 세워졌다. 이와는 별도로 충청도의 유성과 온양, 평안남도 용강 등 유명 온천 관광지에도 호텔이 들어섰다.

1910년대에 최고의 호텔은 1914년 서울에 완공된 5층짜리 조선호텔이었다. 대지 6700평에 건평 583평, 호화 객실 69개, 300명까지 수용할 수 있는 식당, 각 방마다 탁상전화, 세면소, 난방, 소방 시설 등 동양 일류의 시설을 갖췄다. 1915년 전조선기자대회가 이 호텔에서 열렸는데, 이것이 '우리나라 대규모 호텔 행사의 효시'다.[65]

한복진은 "조선호텔은 우리나라 최초의 아이스크림, 최초의 엘리베이터, 최초의 댄스파티 등 숱한 한국 최초의 신화를 남기며 일제강점기로부터 근대, 현대에 이르기까지 한국 정치·경제·문화의 중심지로 서구문화 도입의 근원지가 되었다"고 했다.[66]

기생의 자동차 드라이브 금지령

자동차의 발전은 철도에 비해 더뎠다. 한국에 들어온 최초의 자동차는 1903년 고종 재위 40주년을 맞아 미국에서 들여온 포드자동차의 T형 4인승 무개차였지만, 이 차는 비원 안에서만 운행해 일반인들은 구경조차 할 수 없었다. 1907년 무렵 고종이 경운궁 즉 지금의 덕수궁에 있었기 때문에 창덕궁에서 경운궁 간의 길목에서만 시민들이 이따금 자동차를 볼 수 있었다. 서울 대로상에 자동차가 나타난 시기는 1908년 이후였다.[67]

1911년 왕실과 총독부에 각 1대씩 2대의 리무진 승용차가 들어왔고, 1912년 최초로 일본인이 한국인과 합작으로 서울에서 택시 임대사업을 시작했다. 택시 임대사업이 시작된 후 택시업에 뛰어드는 여러 업체들이 나타났는데, 1917년 경남자동차상회는 경성-충주 간 직통운행을 하기도 했다. 충주까진 8시간이 걸렸지만, 이것도 당시 사람들에겐 '총알'처럼 빠른 속도였다.[68]

『매일신보』1917년 5월 16일자엔 함경남도에서 써 올린 「자동차와 향인(鄕人)의 경이」라는 제목의 기사가 게재되었다.

"꺼멓고 집채 같이 큰 수레에 네 바퀴에 기둥 같은 데가 있고 뿡뿡하면 가고 뿡뿡하면 서되 이것이 칠팔 명의 사람을 싣고 높은 언덕을 총알 같이 달리되 대체 이것이 무엇이냐. 그것이 요술차냐 신통차냐 제갈공명의 목우유마(木牛流馬) 같은 것이냐."[69]

사람들은 자동차를 '쇠당나귀'라고 불렀다. 이게 무슨 괴물이냐며 막대기로 차체를 꾹꾹 찔러보는 사람이 있었는가 하면, 차 안에 번갯불이 들었다는 낭설을 믿고 타 죽을까 두려워 자동차에 아예 접근하지 않는 사람들도 있었다.[70]

1917년 서울엔 시내를 그냥 돌아다니는 관광택시도 등장했다. 자동차 드라이브는 부자들의 취미가 되었다. 한강 철교 쪽에서 늘어서 있는 전신주 사이를 S자형으로 꼬불꼬불 빠져나가는 재미를 만끽하거나 교외로 나가는 게 전부였지만, 사람들은 환호했다. 포드자동차의 서울지사는 "즐거운 것은 가을의 행락, 쾌한 것은 신 포드의 드라이브, 흥취는 또한 무진합니다"라는 광고로 드라이브 붐을 부추겼다.[71]

부자만 즐길 수 있었던 드라이브에 대한 세간의 시선은 곱지 않았고, 기생들까지 자동차를 타고 드라이브를 즐기자 원성이 자자했다. 그러자 1920년 조선총독부는 경성 장안의 5개 권번(券番)에 소속된 기생들이 자동차를 타고 나들이를 하면 엄벌에 처한다는 칙령을 발표했다. 기생들이 "우리는 사람이 아니냐"고 들고 일어나자 금지는 허가사항으로 바뀌었고, 1925년엔 그마저 사라지게 되었다.[72]

운전면허 제도, 최초의 조난사고

자동차 운전면허제도는 1915년 7월 시행됐다. 자동차 취체(取締, '단속'이라는 뜻) 규칙에 '운전을 하려고 하는 자는 본적, 주소, 성명 등이 기재된 서류를 거주지 관할 경무부장(현재의 지방경찰청장)에게 내야 한다'는 규정을 신설했다. 당시 '자동차 운전수 감찰'이라는 운전허가 명패를 발급받기 위해서는 자동차학원인 운전자 양성소에서 합격증을 받아야 했다.

자동차 음주운전도 1915년부터 금지됐으며, 1934년에 제정된 자동차 취체 규칙에는 '운전자가 주기(酒氣)를 띤 채 운전할 경우 50원 이하의 벌금을 부과하거나 구류에 처한다'는 조항이 포함됐다. 그러나

혈중 알코올 농도 측정이 도입된 1962년까지 음주운전 여부는 순전히 단속 경찰관의 재량이었다.[73]

우리나라 최초의 자동차조난사고는 1913년 12월에 일어났다. 『매일신보』 기자는 마산-진주 간 정기노선 승합차를 시승, 마산에서 진주로 가던 중 고개중턱 험한 길에서 연료탱크에 구멍이 뚫려 휘발유가 다 새나가는 바람에 꼼짝 못하고 그 추운 겨울 밤새도록 혼난 일을 다음과 같이 보도했다.

"한 시간에 50리 속력으로 화살 같이 행하야 마산에서 한 90리 되는 증대라는 고산준령을 요리조리 올라가던 중에 홀연히 지남철에 쇠 붙듯이 딱 붙드니 요지부동이라. 운전수는 나려서 죽을 힘을 다 하야 흔들고 미나, 자동차는 고만두고 시동도 못하기에 승객일동은 황망히 그 연유를 운전수에게 물은 즉 운전수는 얼굴과 의복이 기름때에 가마귀 같이 검은 자가 되어 두 눈에 흰자위만 반짝거리며 덮어놓고 네 구멍으로 기름이 몽땅 새었시오. 이 말을 들은 승객일동이 다시 경황실색하야 급히 차에서 내려본 즉 자동차의 생명이라 할 개소린이 없으니 이는 물고기가 물을 잃고, 나는 새가 공기가 없다 함과 같으니 무인지경 산중에서 어찌 20세기에 리화학상 이용하는 개소린을 이곳에서 구할 수 있으리요. 할 수 없이 엄동설한에 동사가 아니면 아사가 아니면 변사는 면치 못하리라. 막막히 앉아 서로 얼굴만 보니 곧 사형선고를 받은 죄인이 죽을 때를 기다리는 것과 다름이 없더라. 이때 비는 점점 심하게 오고 바람은 우레 같이 산골을 진동하며 날은 저물어서 어둑어둑한데 잡심과 고민을 겸하여 시시각각으로 공복에 한기가 심하니 흡사 이 양양한 대해에서 폭풍을 만나 무인도에 표착한 듯하더라. 이때에 승객 다섯 사람 중에 남자는 본 기자 하나이라 할 수 없이 우선 운전수로 하여금 90리 떨어진 마산에 가서 개소린 가져오기를 정하고 장차 밤 지낼 계책을 생각하다가 현애절벽으로 깎듯한 산 아래 삿갓 엎은 듯한 한 농가가 있기에 눈을 씻고 안절부절 엎어지며 황망히 달려 내려가 주인에게 연유를 말한 후 허락을 얻어 목숨을 구하게 되었더라."[74]

태형으로 위협한 신작로 부역

한편 일제는 1910년~1920년에 새 도로 즉 이른바 신작로(新作路)를 건설하는 데에 열을 올렸다. 형편없이 낙후된 한반도를 자신들의 통치로 바꿔놓았다는 걸 자랑하고자 했던 과시효과와 더불어 군사적 목적 때문이었다. 당시 한인들에게 도로는 별 의미가 없었다. 1916년 ~1917년경 신작로가 개통된 지역에 내려간 총독부 직원이 주민들에게 "도로개통으로 많이 편리해졌지요?"라고 묻자 "둘이 옆으로 나란히 서서 이야기하면서 걸을 수 있어서 좋다"는 답이 돌아왔다.[75]

　신작로 건설은 조선인들의 피로 얼룩졌다. 일제의 그 혹독한 태형을 가장 많이 맞은 사람이 신작로 부역관계자였다는 사실은 무엇을 말하는가. 송건호에 따르면, "일인들은 식민지 수탈 체제를 강화하기 위해 신작로 개설을 서둘렀으며, 일인 감독이 어느 마을을 지정해 담당구역 내의 신작로를 몇 월 며칠까지 닦으라 명하면 반드시 기일 안에 닦아야 했으며 만일 그들이 지정한 날까지 닦지 못하면 즉시 경찰서에 구두 고발되며, 마을 사람들이 모조리 끌려들어가 몰매를 맞고 가족들의 등에 업혀 나오는 일이 비일비재했다. 또 마을 사람 중 어쩌다 지정시간을 어겨 늦게 나오거나 능률이 오르지 않으면 역시 태형

1910년대의 서울 종로4가 모습. 도로가 넓게 뚫려 있다. 일제강점기 곳곳에 뚫린 신작로는 근대화의 상징으로 홍보되었지만 동시에 수탈과 분열의 상징이기도 했다.

을 면치 못했다."[76]

일제는 철도와 신작로를 근대화의 상징이자 과실로 과시하고 싶었겠지만, 그건 동시에 침략과 수탈의 통로로 이용되기도 했다. 이후 더욱 뻗어나갈 철도에 대해 박천홍은 "침략과 지배, 수탈과 분열, 탄압과 차별이라는 식민지의 모순을 실어 나르는 슬픈 기관이었다"고 평가했다.[77] 그건 신작로와 자동차도 마찬가지였다. 한국인들은 모든 분야에서 저질러진 '침략과 지배, 수탈과 분열, 탄압과 차별'에 대한 분노와 한(恨)을 안으로 삭이다가 출구를 찾아 대폭발을 일으키게 된다.

제4장

3·1운동의 폭발

01

민족자결주의와 '고종 독살설'

민족자결주의의 신화

제1차 세계대전은 1918년 11월 3일 독일의 항복으로 끝났다. 전승국인 연합국 27개국 대표 70여 명은 1919년 1월 18일부터 프랑스 파리 베르사유 궁전에서 강화회의를 열고 전후 대책을 논의하게 되었다. 열흘 전인 1월 8일 미국 대통령 우드로 윌슨이 의회에서 선포한 14개 조항으로 된 평화대책은 전 세계의 주목을 받았다. 이 조항에는 국제연맹의 창설이 제창되었고, '모든 식민지 문제의 공평한 조치'를 규정한 이른바 '민족자결주의'가 포함되었다. 민족자결주의의 요지는 식민지 문제를 취급함에 있어서 통치하는 정부의 주장과 통치를 당하는 국민들의 이익이 동등하게 취급되어야 한다는 것이었다.[1]

임지현은 "20세기 한반도의 역사에서 '민족자결권'만큼 큰 영향을 미친 서구사상은 찾기 힘들다. 또 그만큼 많이 오해된 사상도 드물다.

오히려 그 오해 덕분에 민족자결권이 20세기 한반도의 역사에 그토록 큰 영향을 미칠 수 있었다는 것이 더 정확한 평가겠다"며 다음과 같이 주장했다.

"윌슨의 민족자결권이든 레닌의 민족자결권이든, 민족자결권에 대한 한반도의 오독은 이념적 경계선을 훌쩍 넘어버린다. 윌슨의 그 유명한 '14개조'에는 '자결'이라는 용어가 없다. 그러니 아무리 눈 씻고 찾아도 '민족자결권'이라는 용어는 찾을 수 없는 것이다. '윌슨의 민족자결권'이라는 이미지가 만들어진 것은 영국 수상 로이드 조지(Lloyd George, 1863~1945)가 1918년 1월 5일 영국 노동조합연맹에서의 연설에서 볼셰비키의 '자결'이라는 용어와 윌슨의 '피치자의 동의'를 섞어 쓴 이후의 일이었다. 아직까지도 한국의 역사 서술에서 '윌슨의 민족자결권'은 부동의 상식이자 진리다. '레닌의 민족자결권' 또한 20세기 한반도의 역사에서 '해석학적 오류의 생산성'을 잘 드러내준다. 마르크스주의로부터의 일탈을 감수하면서까지 레닌은 공식적으로 피억압 민족의 분리·독립을 승인했다. 그것은 마르크스주의가 중심부의 노동해방에서 주변부의 민족해방 이론으로 전환되는 계기이기도 했다. 그러나 레닌의 속내는 피억압 민족의 프롤레타리아트가 분리 독립이 아닌 통합을 '스스로 결정, 자결' 했으면 하는 것이었다."[2]

임지현의 주장처럼 민족자결주의가 과대포장된 점은 있었겠지만, 당시의 세계상황은 어쩌면 그런 과대포장이나마 간절히 바랐다고 보는 게 옳을지도 모른다. 애초에 실현될 수 없는 이상주의에 국가 간 현실적 이해타산까지 겹쳐 민족자결주의가 당위로서의 신화로 거듭 태어난 것은 아니었을까?

미국의 우드로 윌슨 대통령. 제1차 세계대전이 끝난 뒤 그가 발표한 14개 조항의 평화대책은 조선의 독립운동가들을 매료시켰다. 문제는 그들이 매료되었던 민족 '자결'이라는 용어가 본래의 조항 어디에도 없었다는 점이다.

마이클 헌트(Michael Hunt)는 "윌슨의 14개 조항은 앵글로색슨 문화가 국제사회의 패권을 장악하고, 영국과 미국 간의 외교적 협력시대를 기대한 것이다"며 다음과 같이 말했다.

"윌슨이 설계한 국제사회는 무역의 자유, 군비경쟁의 종식, 동맹국 간의 비밀외교 및 무시무시한 대량학살의 추방, 제국의 해체가 달성된 세상이었으며, 특히 유럽 전역의 민족자결주의가 선양된 세상이었다. 윌슨은 독일, 러시아, 오스트리아-헝가리제국에서 해방된 국가들에서 온건하고 민주적이며 헌법을 새롭게 제정하는 혁명이 일어날 것으로 기대했다. 아울러 그런 혁명을 통해 새롭게 태어난 국가들과 평화를 사랑하는 기존의 민주국가들이 제휴하여 국제적 연맹을 결성하면 국제사회에 만연된 테러, 폭정, 침략행위를 종식시킬 수 있고 정의를 요구하는 많은 민족들의 '항구적 불만'을 진정시킬 것으로 전망했다. 그러나 윌슨이 설계한 새 질서는 결국 실현되지 못했다. 윌슨의 기대와 달리 그의 동맹국들은 윌슨의 말을 듣지 않았다. 그들은 눈앞의 이익만 좇았다."[3]

파리강화회의를 둘러싼 투쟁

윌슨이 구체적 액션 플랜에 대해 고민한 것 같지도 않다. 앨런 브링클리(Alan Brinkley)는 "윌슨의 제안에는 심각한 허점이 있었다. 그가 약속했던 종속민들의 민족자결을 어떻게 실행할 것인지에 대한 원칙을 제시하지 못했다"며 다음과 같이 말했다.

"새로 등장한 소련 정부의 존재가 서방국가들에게 위협적인 것임에도 불구하고(윌슨이 자신의 전쟁 목표를 발표하게 된 것도 레닌에 대한 지지를 감소시키려는 시도의 일환이었다.) 그는 새로운 소련의 지도력에 대하여 아무런 언급도 하지 않았다. 경제적 긴장이 상당 정도 전쟁 발발에 책임이 있었던 것임에도 그는 경제적 경쟁과 그것이 국제관계에 미치는 영향력에 대하여는 거의 언급하지 않았다. 그럼에도 윌슨의 국제적 이상은 미국과 유럽의 당대인들을 매혹시켰을 뿐만 아니라, 후세대들도 매료시켰다."[4]

후세대뿐만 아니라 당대에도 윌슨의 이상에 매료된 이들은 많았다.

1919년 제1차 세계대전의 승전국들이 연합국과 동맹국 간의 평화조약을 협의하기 위해 개최한 파리 강화회의. 명목상은 '평화'를 이야기했지만 실상 이 회의는 서구 제국주의 국가 간 영토 재분할이 목적이었다.

그리고 그중엔 한국의 독립운동가들도 포함되었다. 여운형 등 독립운동가들은 이 파리강화회의에 청원서를 보내는 단체를 설립할 필요가 있다고 판단했다. 이들은 신한청년당이라는 조직체를 만들어 영어에 능통한 우사 김규식(1881~1950)을 파리에 파견할 대표로 선정하였다. 1919년 2월 1일 상하이를 떠나 3월 13일 파리에 도착한 김규식은 4월 11일 수립된 상하이 임시정부의 특사로 임명돼 맹렬한 활동을 벌였지만, 강화회의의 목적 자체가 서구 제국주의 국가 간 영토 재분할이었

던 바 아무런 호응도 얻을 수 없었다.[5]

회의 6개월 만인 6월 28일에 베르사유조약이 맺어지지만, 회담 초부터 민족자결주의에 관한 소문은 조선인들 사이에서 큰 기대를 불러 일으켰다.[6] 그러나 일제는 이 파리강화회의를 정반대의 목적으로 이용하려고 들었다. 이와 관련, 박은식의 『한국독립운동지혈사』(1920)는 다음과 같이 기록했다.

"우리나라 광무제(光武帝, 고종)는 명성황후(1851~1895)가 일본인들에게 피살되자 저들에 대한 원한이 이미 골수에 사무쳤는데, 그 위에 자신도 폐위를 당하고 나라까지 합병되자 무한히 통분하였다. 그는 비록 유폐되었다 하더라도 언젠가는 때를 타서 보복하려는 생각을 버린 적이 없었다. 왜놈들은 우리 황제를 일본 배격의 우두머리로 인정하고 제거하려는 생각을 가진 지가 오래였다. 때마침 유럽에서는 전쟁이 끝나고, 열국(列國)은 파리에서 평화회의를 개최하고, 미국 대통령(윌슨)은 민족자결주의를 제창하였으며, 우리 민족도 용약(勇躍)하여 독립운동을 벌이려 하고 있었다. 이보다 앞서 일본은 영친왕(英親王, 이은)을 일본 여인 방자(方子)와 결혼을 시키기로 하고 기미년 1월 25일 혼례를 치른 다음, '신혼여행'이라는 명목으로 파리의 평화회의에 맞춰 유럽 유람을 시킴으로써, 한국과 일본이 동화(同化)됐다는 증거로 보여주려고 하였다."[7]

고종은 독살되었는가?

당시 고종은 일본 측의 그러한 기도를 막고자 하였는데, 1월 21일 오전 1시 45분경에 돌연 뇌일혈로 운명하고 말았다. 일제가 고종의 죽음을 공식 발표한 것은 23일이었다. 일제는 사망시각을 1월 22일 오전 6시로 조작 발표했다. 이른바 '고종 독살설'이 나돌게 된 한 이유다.[8]

민중은 통곡하며 분노했다. 김진봉에 따르면, "이 흉음(凶音)을 전해들은 수십만의 군중은 대궐 문 앞에 몰려들어, 삼베옷을 입고 짚으로 자리를 깔고서 밤낮으로 소리내어 울며, 경향 각지의 장사꾼도 가게 문을 닫고 서로 조상(弔喪)하였다. 또 공·사립학교의 모든 남녀 학생들도 스스로 학과를 파하고 머리를 풀어 통곡하면서 거리를 헤매어 부모를 잃은 것과 똑같이 하기를 오랫동안 계속하였다."[9]

송우혜는 "독립운동가들은 의도적으로 '일제의 사주에 의한 독살설'을 퍼뜨려서 조선 백성을 격앙시켜 독립운동 전선으로 밀고 나갔다"며 다음과 같이 주장했다.

"그래서 독살설이 오늘날까지도 사실로 받아들여져서 각종 전문학술서적에까지 그렇게 기술되고 있다. 그러나 이제는 사실을 바로 보아야 할 때다. 당시 일본은 고종을 독살하지 않았다. 고종이 승하한 1919년 1월 21일 당시는, 일본으로서는 결코 고종의 죽음을 원하지 않을 때였다. 그 시점에 고종이 죽으면 당장 이은의 결혼식이 불가능해지고 따라서 그들의 계획에 중대한 차질이 생기기 때문이다. 사실 예기치 않게 21일 오전에 고종이 승하하자 처음에 일본은 고종의 죽음을 감춘 채 이은의 결혼식을 강행하려고 시도했었다. 바로 죽음을 감추려는 시도가 세간의 의혹을 더욱 불러일으킨 소지가 되기도 했다."[10]

송우혜는 "당시 전의(典醫)들이 남긴 기록에 의하면, 고종은 별세 4일~5일 전부터 계속 불면증과 체증을 보이고 있었다"며 다음과 같이 말했다.

"잠도 제대로 자지 못하고, 음식은 먹는 대로 얹히고……. 또한 덕수궁 궁녀들이 남긴 증언에 의하면, 한자리에 가만히 있지 못했다고 한다. 계속 이 방에서 저 방으로, 저 방에서 대청으로, 대청에서 다시 이 방으로, 그렇게 집 안을 맴돌며 서성거렸다는 것이다. 아마도 코앞에 바짝바짝 밀어닥치고 있는 아들 이은과 일본 여인의 혼사를 막을 길이 없음에 대한 처절한 고뇌 때문이었을 것이다."[11]

송우혜는 "이런 정황 속에서 '독살설' 은 아주 빠르고 세차게 번져 갔다"며 다음과 같이 말했다.

"세상에 새로 등장한 당대에 가장 거창한 화두였던 윌슨의 '민족자결주의' 에 고종의 죽음에 관한 독살설을 결합하자, 그 폭발력과 파괴력은 실로 가공할 만했다. 그래서 당시 일반 조선인들은 물론 일본 황족인 이본궁 방자의 가족들까지 포함한 수많은 일본인들조차 그 소문을 사실로 믿었고 자신들의 회고록에도 '당시 일본 측의 사주로 조선의 이태왕이 독살되었다' 고 써서 남겼을 정도였다."[12]

3·1운동을 촉발시킨 원동력

'고종 독살설' 은 파리강화회의에 관한 소식과 맞물려 더 큰 힘을 발휘하게 되었다. 『매일신보』는 조선총독부 기관지였음에도 파리강화회의 관련 기사들을 많이 게재함으로써 이 회의에 대한 조선인들의 기대 심리를 높게 만들었다. 예컨대, 고종이 승하한 지 7일 만인 『매일신보』 1919년 1월 28일자는 "파리강화회의를 이끌어가는 강대국 지도자들이 회담한 뒤 무선전신으로 세계 각국에 통고하기를, '국가 간에 영토에 관한 분쟁이 있을 경우, 강제로 점령하는 나라는 도리어 불리해질 것이다. 정상적인 대우를 받고 싶으면 위력을 쓰지 말고 그

1919년 3월 3일 거행된 고종의 국장 풍경. 나라를 빼앗긴 임금 고종은 통분으로 세월을 보내다가 1919년 1월 21일 뇌일혈로 돌연 세상을 떠났다. 일제는 목표하던 영친왕의 결혼식을 위해 고종의 사망시각을 조작 발표해 이른바 '고종 독살설'이 나도는 원인을 제공했다.

요구하는 바를 공명정대하게 강화회의에 제출하라'고 했다더라"고 보도하기도 했다.[13]

이와 관련, 송우혜는 "당연히 그 시대의 조선인들은 '파리강화회의'가 지닌 힘과 기능과 역할에 관해서 엄청난 환상을 가지게끔 되었던 것이다"며 다음과 같이 말했다.

"그리고 바로 그런 시대적 정황이야말로, 당시 한민족사상 최대의 평화시위운동이었던 3·1독립만세운동이 고종의 인산(因山) 이틀 전에 불꽃처럼 폭발할 수 있게 한 원동력이 되고 기본 토대가 되었다. 이런 시기에, 태황제의 돌연한 죽음은 두 가지 중요한 요소를 조선 백성들에게 제공했다. 첫째는 독살설에 의해서 침략자 일본에 대한 적개심이 거대한 불기둥처럼 타올라 두려움을 잊게 만든 것이요, 둘째는 인산 때문에 자연스럽게 사람들이 많이 모일 수 있는 계기와 장소를 제공한 것이다. 왕세자 이은이 부친의 인산을 치르려고 서울에 들어와 머문 지 35일째인 1919년 3월 1일, 고종의 인산일을 이틀 앞두고 저 유명한 3·1독립만세운동이 폭발했다. 여기서 우리 민족의 항일독립운동사와 관련해서 한 가지 궁금증이 인다. 만약 그 시기에 그런 상태로 고종이 죽지 않았더라도 3·1독립만세운동과 같이 거대한 규모와 형태와 동력을 지닌 독립운동이 폭발적으로 일어나는 것이 가능했을까? 물론 대답은 부정적이다."[14]

송우혜의 이런 주장은 다른 역사서들에선 찾아보기 어려운 것이다. 혹 3·1운동의 명분과 역사적 의의에 누가 될 수 있다고 생각하기 때문일까? 아니면 고종의 죽음이 없었다 하더라도 3·1운동은 일어나게 돼 있었다고 보는 걸까? 아마도 시위를 촉발시킨 '성냥불'보다는 불이 훨훨 크게 타오를 수밖에 없는 상황과 조건에 더 주목하는 것이리라. 그럼에도 이후의 역사는 송우혜의 주장에 설득력을 더해준다는 걸 부인하긴 어렵다. 이후 한국 역사상 벌어진 주요 시위의 계기엔 꼭 누군가의 죽음이 있었다. 한국인의 독특한 '죽음의 미학'일까, 아니면 억울한 죽음을 헛되게 할 수 없다는 분노와 정의감의 표현일까?

02

도쿄 유학생들의 2·8독립선언

2·8독립선언의 의의

1919년 2월 8일 일본 도쿄 YMCA강당에서 조선 유학생들이 "조선청년독립단은 아(我) 이천만 민족을 대표하여 정의와 자유의 승리를 득한 세계만국의 전에 독립을 기성(期成)하기를 선언하노라"며 '2·8독립선언서'를 발표하고 나섰다.

이러한 소식을 뒤늦게 접했던 완전 무장한 일본 경찰들이 강당에 진입하려고 했지만 유학생들의 뜨거운 열기 때문에 진입을 못하고 있다가 열기가 가라앉자 진입하여 닥치는 대로 유학생들을 체포해갔다. 2·8독립선언서에 서명했던 유학생들은 최팔용, 전영택, 서춘, 백관수, 윤창석, 송계백, 이종근, 김상덕, 김도연, 최근우 등이었다.[15] 유학생들의 2·8독립선언서를 작성한 춘원 이광수는 중국으로 망명하여 상하이 임시정부에서 일하게 되었다.

2·8독립선언을 이끈 조선인 유학생들. 일본의 복판 도쿄에 모인 600여 유학생들의 독립선언은 이후 3·1운동의 촉발제로 작용하였으며 독립운동의 고양에도 많은 영향을 끼쳤다. 또한 이들 중 상당수는 조선으로 들어와 독립운동에 참여하기도 했다.

'2·8독립선언서와 결의문'은 영어와 일본어로 제작돼 일본 정부와 국회 조선통감부, 각국 대사관과 영사관 그리고 각 신문사와 잡지사 일본 지식인들에게 발송됐다. 송계백(1896~1920)은 유학생들의 거사를 조국에 알리기 위해 '2·8독립선언서' 초안을 가슴에 안고 국내에 잠입하였다.[16] 2·8 독립선언에 결집한 청년 학생 600명 가운데 귀국해 본국의 운동 선두에 서게 되는 사람은 359명이나 된다.[17]

신용하는 2·8독립선언의 의의로 ①3·1운동을 촉발하는 데에 결정적 작용을 하였다 ②만주, 러시아령에서의 '대한독립선언'의 발표와 독립운동 고양에도 직접적 영향을 끼쳤다 ③3·1독립선언서의 내용에도 심대한 영향을 주었다 ④일본 내에 체류, 거주하는 한국 민족과 학생, 노동자들의 독립운동을 급속히 고양시켰다 4가지를 들었다.[18]

서춘의 독립유공자 자격 논란

1996년 10월 보훈처는 독립유공자로 선정된 인사 가운데 친일경력자가 일부 포함돼 있다는 재야 역사학계의 지적을 토대로 재심사를 벌인 끝에 서춘(1894~1944), 김희선(1875~1950), 박연서(1893~1950), 장응진(1890~1950), 정광조(1883~1953) 5명에 대해 독립유공자 예우를 박탈했다.

이에 서춘의 아들 서인창은 1997년 8월 국가보훈처장을 상대로 '독립유공자 적용배제 취소청구소송'을 서울고법에 냈다. 그는 소장에서 "아버지는 2·8독립선언을 주도한 혐의로 금고 9개월의 형을 받은 공적으로 1963년 대통령 표창을 받은 애국지사임이 명백하다"며 "기자 출신인 아버지가 일제 때 쓴 기사 5000여 건 중 16건의 기사를 문제 삼아 (독립)유공자에서 배제한 것은 부당하다"고 주장했다.

이에 대해 정운현은 "'친일' 문제는 유족의 주장대로 친일기사의 건수로만 따질 문제는 아니다. 그런 식이라면 춘원 이광수도 포상해야 한다. 춘원은 '2·8독립선언서' 작성자로 알려진 인물이다"며 다음과 같이 말했다.

"이 소송 사건은 엄격히 말해 그가 친일을 했느냐, 안했느냐 하는 본질적인 문제보다는 '예우박탈'을 둘러싼 행정절차 문제에 관한 것이다. 따라서 서씨의 유족이 최종심에서 승소를 한다고 해도 서씨의 친일 문제를 둘러싼 논란은 여전히 남는 셈이다. …… '2·8선언' 주역 가운데 한 사람인 그의 '친일행적'이 문제가 돼 소송이 진행 중인 현실이 안타까울 따름이다."[19]

몽양 여운형의 기여

이정식은 3·1운동이 일어나는 데 몽양 여운형이 직접적이고 결정적인 기여를 했다고 주장했다. 그 내용은 이렇다. 1차 세계대전이 연합국 쪽 승리로 끝난 1918년 11월 28일 당시 상하이에서 기독교 전도사로 교민친목회(그 다음해 초 교민단으로 바뀌고 몽양이 단장이 됨) 총무를 맡고 있던 몽양은 파리강화회의를 피압박민족 해방을 위한 절호의 기회라고 강조한 주중 미국대사 내정자 찰스 크레인(Charles Crane, 1858~1939)의 연설을 들었다.

그 자리에서 크레인을 직접 만난 몽양은, 그해 여름 상하이에 와 있던 8살 아래의 와세다대 출신 장덕수(1894~1947) 등과 강화회의에 보낼 독립청원서를 작성하고 신한청년당을 결성한 뒤 일제의 탄압을 피해 톈진(天津, 천진)으로 망명한 김규식을 불러 강화회의에 보내기로 했다.[20] 실제로 여운형은 장덕수, 김철(1886~1934) 등을 국내로 잠입시켜 공작금을 마련케 하는 등 다방면으로 노력했다.[21]

앞서 지적했듯이, 김규식이 상하이를 출발한 것은 1919년 2월 1일이었다. 강화회의에 대표를 보내려는 노력은 여러 갈래로 경주됐으나 오직 김규식만 성공했다. 파리행을 토의할 때 김규식은 신한청년당

파리강회회의에 한국대표로 참석한 김규식. 조선의 독립운동가들은 강화회의에 사람을 보내기 위해 다각도로 노력했지만 결국 성공한 것은 김규식뿐이었다. 회의에 참석하기 전 김규식은 파리에서의 주목을 위해 국내에서 독립선언을 해달라고 요청하기도 했다.

쪽에서 서울에 사람을 보내 국내에서 독립선언을 하도록 해달라고 요청했다. 조선이란 망한 나라가 존재감도 거의 없는 상황에서 발언권도 없고 누군지조차 모를 자신에게 회의 참석자들이 관심을 기울일 리 없다는 게 이유였다. 도쿄와 서울에 전달된 바로 그 말이 3·1운동을 불러일으켰다는 것이다.

또한 기독교·천도교·불교계 지도자들이 3·1운동을 조직하고 주동하게 만든 직접적인 동기는 일본 유학생들의 2·8독립선언이었는데, 선언 직전 주동자였던 최팔용을 움직인 것은 상하이에서 도쿄로 잠입한 장덕수였다. 장덕수를 일본과 조선에 파견한 것은 몽양이었고, 거사계획을 알리고 김규식의 여비를 모금하는 것이 장덕수의 주요 임무였다는 것이다.[22]

김규식의 말이 서울과 도쿄에 언제 전달된 것인지는 알 수 없으나, 3·1운동에 대한 최초의 논의는 이미 1919년 1월 20일부터 나오기 시작했다. 최린(1878~1958), 오세창(1864~1953), 권동진(1861~1947) 등 3인이 천도교 교령인 손병희(1861~1922)를 만나 의논한 결과 쾌히 승낙을 하자 곧 종교계가 중심이 돼 이 일을 추진하기로 하였다는 것이다.[23] 그러나 그런 논의가 독자적으로 이루어졌다 하더라도, 김규식의 요청과 2·8독립선언이 일의 추진에 큰 자극을 주었으리라는 건 분명하다고 볼 수 있겠다.

3·3운동에서 3·1운동으로 바뀐 사연

'2·8독립선언서' 초안을 갖고 국내에 들어온 송계백은 일본 유학의 선배였던 최린, 현상윤, 최남선 등을 차례로 만나 상의하였다. 그 결과, 독립선언서 작성을 천도교 측이 맡기로 하자 최린은 곧 기독교 측인 최남선에게 부탁을 했다. 당시 상동교회 청년이었던 최남선은 상동청년학원 한글교사로 젊은이를 가르치는 기독청년의 엘리트였다.[24]

본래 독립선언서는 만해 한용운(1879~1944)이 쓰도록 되어 있었지만, 원고를 검토하는 과정에서 문장이 너무 격렬하다는 이유로 유보되었고, 최남선에게 다시 쓰게 했다고 한다. 최남선의 문체를 두고 지나치게 나약하다거나 한문투라는 비판적인 견해도 있지만 그는 이 일로 31개월간 감옥살이를 하게 된다.[25]

거사일은 3월 1일로 결정되었다. 신용하는 거사일자가 3월 1일로 결정된 사실에 가장 큰 영향을 끼친 요인은 3월 3일로 예정된 고종황제의 장례일이라고 주장했다. '고종황제 독살설'로 국민이 분개하고 있는데 만일 국장 당일에 폭동이 일어나는 경우에는 독립운동의 계획에 차질이 생길 것이므로 그 이전에 거사하기로 했다는 것이다.[26] 반

3·1운동 당시 민족대표 33인이었던 손병희(왼쪽), 최린(가운데), 한용운. 독립선언서의 초안은 당초 한용운이 쓰도록 되어 있었으나 문장이 너무 격렬하다는 이유로 유보되었다. 결국 초안은 당시 상동 청년학원의 한글교사로 있었던 최남선이 맡았다.

면 김진봉은 국장일의 거사는 불경(不敬)이라 피하되, 국장 배례차 상경한 지방민을 참여시키기 위해 3일과 가까운 1일로 결정했다고 주장했다.[27] 3월 2일 안도 나왔으나 이날은 일요일이었으므로 기독교 측에서 반대했다고 한다.

반면 신복룡은 3월 3일 안이 3월 1일 안으로 바뀐 건 '비밀 누설' 때문이라고 주장했다. 이 주장을 소개하면 다음과 같다.

1919년 2월 하순 어느 날 어스름이 깔리는 서울 안국동 사거리 근처에 한 사내가 서성거리고 있었다. 악명 높은 종로경찰서 고등계 형사인 신철(일명 신승희)이었다. 그는 천도교에 소속된 인쇄소인 보성사를 주목했다. 그는 보성사를 급습해 인쇄 중인 '독립선언서' 한 장을 챙겨들고 말없이 인쇄소를 나갔다. 보성사 사장 이종일(1858~1925, 33인의 한 사람)은 즉시 천도교 유력자인 최린에게 이 사태를 보고했고, 최린은 신철을 저녁 식사에 초대해 민족을 위해 며칠 동안만 입을 다물어줄 것을 부탁했다. 이때 최린은 그에게 5000원을 주며 만주로 떠나라고 권고했다.(당시 쌀 한 가마니의 값이 41원이었다.) 신철은 비밀을 지키기로 했지만, 만세운동 지도부는 사태의 심각성을 고려해 3월 3일로 예정된 거사를 1일로 앞당기기로 했다.(신철은 현장을 피해 만주로 출장을 떠났다가 5월 14일에 서울로 돌아왔는데, 정보를 갖고도 상부에 보고하지 않았다는 죄목으로 체포돼 경성헌병대에서 투옥 중 곧 자살했다.)[28]

거사 전날인 2월 28일 경 지도부는 최종 점검을 위해 서울 재동 손병희의 집에 모여 자신들은 '유혈 충돌을 피하기 위해' 약속장소인 탑골공원으로 나가지 않기로 결정했다. 민족대표들은 당시 장안의 제일가는 요정인 태화관에서 모이기로 했다.[29]

3·1운동은 윌슨의 민족자결주의, 고종의 서거와 독살설, 일본에서의 2·8독립선언의 영향이 합해져 일어난 운동이지만, 그 바탕엔 일제의 가혹한 인권탄압과 억압적인 정책이 놓여 있었음은 두 말할 나위가 없다. 3월 1일 아침이 밝아오고 있었다.

03

2개월간 2000회 200만 명 참여한 3·1운동

기미독립선언서

1919년 3월 1일 오후 2시 약속대로 탑골공원에 젊은 학생들이 몰려들었다. 이들은 민족대표들은 보이지 않아 당황했지만 곧 경신학교 출신인 정재용(1886~1976)이 팔각정에 올라가 독립선언서를 낭독했다.('3·1절 노래'는 "기미년 3월 1일 정오"라고 했지만, 이는 가사를 지은 정인보의 착오이거나 상징적 표현이다.)[30]

정재용은 훗날 "탑골공원에서 예정시간이 돼도 민족대표가 나타나지 않자 갑자기 주머니 속의 한 장의 독립선언서가 생각나면서 기독교인인 나는 유대 민족의 영웅 다윗과 같이 민족의 영웅이 되리라는 충동을 받고 나도 모르게 팔각정에 올라가서 독립선언을 읽었다"고 회고했다.[31]

독립선언서의 내용은 무엇인가? 『동아일보』 2008년 3월 1일자는

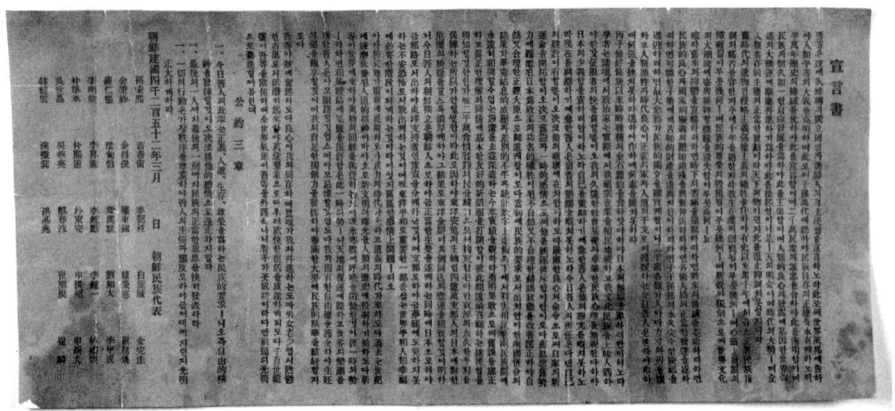

3·1운동 당시 국내에 배포된 독립선언서. 민족대표들이 만들어 배포한 이 독립선언문은 한문과 한글이 혼용되었으며, 선언 본문과 공약 3장으로 이루어져 있다. 최남선은 이 선언서를 기초했다는 이유로 31개월간 옥살이를 해야 했다.

"기미독립선언서는 단순히 민족의 독립만 외친 게 아니다. 그것은 우리 민족의 나아갈 바와 세계사적 보편 가치를 선구자적 시각으로 명시하고 언명함으로써 오늘날에도 그 가치가 빛난다"며 전문학자들의 설명을 통해 오늘날에도 되새겨야 할 기미독립선언서의 가치를 5가지 키워드로 분석했다. 그 내용을 요약 소개하면 다음과 같다.

1. 미래지향적 개혁주의: 선언서는 낡은 관념과 폐단을 개혁하고 서구적 근대사상인 민권을 도입하려는 계몽주의 정신을 강조했다. 시시각각 급변하는 세계문명사의 흐름에 뒤처지지 않기 위해 선진 정치, 경제, 문화, 교육제도를 적극 받아들이고 이를 바탕으로 밝은 미래를 개척하겠다는 것이다.

2. 열린 민족주의: 선언서는 민족의 자존만 중시하는 데 머물지 않

고, 민족의 존엄과 영예가 손상돼 민족이 세계문화에 이바지할 기회를 놓쳤다고 안타까워했다. 편협한 자민족 중심주의에 빠지지 않고 열린 민족주의로 승화한 것이다.

3. **글로벌 평화주의**: 선언서는 조선의 독립이 "인류 평등의 크고 바른 도리와 전 인류의 공동 생존권과 직결된다"고 강조했다. 약소민족의 희생을 담보로 한 팽창주의에서 벗어나 국민이 주인된 공화국들 간의 평등한 체제를 바탕으로, 국제규범을 준수하는 세계 체제의 탄생을 예견한 것이다.

4. **적대주의 지양**: 선언서는 "스스로를 채찍질하고 격려하기에 바쁜 우리는 남을 원망할 겨를이 없다. 오늘 우리에게 주어진 임무는 오직 자기 건설이 있을 뿐이요, 그것은 결코 남을 파괴하는 데 있는 것이 아니다"는 점을 강조했다.

5. **천부인권 보편가치 목표**: 기미독립선언서 곳곳엔 천부인권인 자유, 평등, 정의, 합리주의, 인도주의에 대한 신념이 잘 나타나 있다. 선언서는 일제로부터 민족의 독립을 쟁취하기 위한 정신일 뿐 아니라 개인의 자연권 회복을 선언한 선진적 사상이었다.[32]

'오늘은 조선에서 위대한 날'

독립선언서 낭독이 끝나자 약속이나 한 듯이 일제히 손에 든 태극기를 높이 들고 '대한독립만세, 조선독립만세'를 불렀으며, 곧 시가행

1919년 3월 1일 덕수궁 앞에서 만세시위를 하는 군중들. 일제의 폭압에 시달려온 조선의 지식인, 학생, 종교인, 농민, 노동자들은 독립을 외치며 일제히 길로 쏟아져 나왔다. 서울 탑골공원에서 시작된 이 운동은 곧 전국 방방곡곡으로 퍼져나갔다. 당시 선교사로 한국에 와 있던 마티 윌콕스 노블은 "조선의 위대한 날"이라고 3월 1일을 기록했다.

진에 돌입하였다. 한편 태화관에 2시에 모이기로 한 민족대표들이 거의 모두 모인 것은 오후 3시였으며 숫자는 29인이었다. 길선주(1869~1935), 유여대(1878~1937), 김병조(1876~1947), 정춘수(1875~1951) 등 4명의 목사는 약속장소에 나타나지 않았다. 민족대표들이 독립선언서를 배포받아 읽어본 후 한용운이 일어나 "무사히 독립선언서를 발표하게 된 것을 경하하며, 더한층 노력하자"는 연설을 한 다음 그의 선창으로 만세 삼창을 했는데, 이때가 오후 4시였다.[33]

이 무렵 보성법률상업학교 학생 강기덕(1886~?)을 중심으로 하는 학생들이 태화관으로 들이닥쳐 민족대표들이 탑골공원에 참석하지

민족대표 29인이 모여 독립선언식을 했던 태화관 건물. 독립선언서를 기초하고 3·1운동을 기획한 민족대표들은 탑골공원으로 나가지 않았다. '유혈 충돌을 피하기 위해서'라는 이유였다. 대신 그들은 당대의 제일가는 요정이던 태화관에 모여 독립선언서를 낭독하고 독립만세를 연호했다. 오후 4시가 지나자 일본 경찰이 들이닥쳤고 그들 모두는 체포당했다.

않은 것을 비난하며 대들자, 당대의 논객이었던 박희도(1889~1951)가 "무저항 비폭력으로 운동을 선개하기 위한 빙침에 따라 불가피하게 불참했다"고 설명했다. 그리고 곧 이어 경찰이 들이닥쳐 민족대표 29인을 체포해 남산의 경무총감부로 연행했다.[34]

1892년부터 1934년까지 42년간 한국 선교사로 활동했던 미국 북감리교의 아서 노블(W. Arthur Noble) 선교사의 부인 마티 윌콕스 노블(Mattie Wilcox Noble) 선교사는 당시 한국에서 일어났던 일들을 상세히 기록했는데, 그 육필 일기와 문건이 2001년 2월에 최초로 공개됐다. 노블의 3월 1일자 일기를 통해 당시의 상황을 살펴보자.

"오늘은 조선에서 위대한 날이었다. 그러나 그들의 기쁨이 얼마나 지속될 지 누가 알겠는가. 오후 2시를 기하여 모든 학교, 중학교 이상의 학교가 일제지배에 항거해 수업을 거부했고, 학생들은 거리를 행진하면서 손을 높이 들고 모자를 흔들며 만세를 외쳤다. 거리의 사람들도 합류했고 그 기운찬 외침은 도시 전체에 울려 퍼졌다. 나는 창문으로 긴 행렬이 모퉁이를 돌아 궁궐 담 주위를 행진하는 것을 직접 볼 수 있었다. 정부가 운영하는 여학교 학생들도 행진했다. 한 무리의 남학생들이 이화학당 앞으로 가서 여학생들에게 나와 합류하라고 소리쳤다. 여학생들이 몰려나오자 월터 양이 기모노 차림으로 나와 학당 정문을 걸어 잠그고 여학생들을 가로막았으며, 아펜젤러 씨와 테일러 씨까지 나와서 막는 바람에 결국 대열에 합류하지 못했다. 몇몇 남학생은 거칠게 항의했으나 결국 거리로 돌아가 행진을 계속했다. 오전에는 고종 황제가 일제의 사주로 살해된 것이란 전단이 온 거리에 뿌려졌다. 고종이 일제지배를 받아들일 수 없다는 내용의 전갈을 파리강화회의에 전하려 했기 때문에 죽였다는 내용이었다. 오후 2시쯤 거리는 온통 '기미독립선언서'란 전단으로 뒤덮였다. 사람들은 '이제 독립이 됐다'는 말을 굳게 믿으며 행복해했다. 또 교회 지도자들도 조선과 일본이 동등한 권리를 가질 것을 촉구하는 이 청원서(기미독립선언서)에 서명했다. 오늘의 모든 시위는 기미독립선언서를 파리강화회의에 제출하는 데 힘을 보태기 위한 것이라고 한다. 조선과 하와이, 미국 본토에서 회의에 참석하는 사람들은 오늘 시위를 보고받게 될 것이다. 온 나라 백성들이 시위를 통해 이들 회의에 참석하는 조선대표들을 밀어주면 이들이 우방대표들에게 전하는 독립선언서에 더욱 힘이 실리게 될 것이다."[35]

33인이 약속장소에 나타나지 않은 이유

민족대표 33인이 약속장소에 나타나지 않은 이유와 관련, 보신주의라는 비판이 있다. 이에 대해 신복룡은 "이 문제에 대해서는 '유혈을 막기 위해서였다'는 당사자들의 주장을 믿어주어야 한다"며 다음과 같이 말했다.

"왜냐하면 당시 그들로서는 유혈을 막아야 한다는 것은 진심에서 우러나온 소신이었기 때문이다. 그들은 혁명가적 기질의 선동가도 아니며 투사적인 극렬분자도 아니다. 그들은 어디까지나 종교적 온정주의자들이며 경건한 수도사들이었다. 그들은 비폭력을 평생의 신조로 삼은 해월 최시형(1827~1898)의 문도(門徒)들이었으며, '검을 사용하는 자는 검으로 망하리라'고 말한 그리스도의 제자들이며, 살생을 금기로 삼는 불제자들이었다. 따라서 그들이 유혈을 막기 위해서 다소 오해를 받을 만한 일은 했다손 치더라도 그들의 진심만큼은 오해해서는 안 되는 것이다."36)

신복룡은 "종래 기록에 의하면, 경찰이 태화관으로 쳐들어온 것은 민족대표들이 태화관 주인 안순환으로 하여금 종로경찰서에 전화를 걸어 집회를 통고하도록 했고, 이 연락을 받은 경찰이 달려와 민족대표를 연행했다고 되어 있으나 출처가 없다"며 다음과 같이 말했다.

"전화를 정확히 몇 시에 걸었는지는 알 수 없으나, 전화를 건 것이 사실이라면 경찰이 혈안이 되어 민족대표의 소재를 찾기 위해 2시간이나 헤맸어야 할 이유가 없다. …… 학계에서는 이 문제를 놓고 '자수'냐 '통고'냐, 아니면 '투항'이냐 하면서 한때 치열한 감정싸움까지 번진 적이 있으나, 사실의 내막을 정확하게 알고나면 그처럼 다툴 사안이 아니었다. 자수라 함은 '범죄인'이 체포되기 전에 사직 당국에 스스로 출두하는 것이다. 따라서 독립운동이 범죄는 아니므로 자수란 말은 온당치 않다. 통고란 앞서 지적한 것처럼 원초적으로 존재하지 않았다. 투항이라는 용어는 적과 대치한 상황에서 더 이상 저항을 포기하고 항복하는 행위로써 이 또한 독립운동가들에게는 맞지 않는 용어이다. 그냥 체포되어 간 것이다."[37]

이제 다시 노블의 3월 2일자 일기를 통해 다음 날 벌어진 일들을 살펴보기로 하자.

"조선국가협의회(The National Society of Korea) 명의의 전단이 온 거리에 뿌려졌다. 방금 뛰어나가서 가져와 내용을 그대로 적는다. '오, 황제는 참담한 심경으로 돌아가셨다. 우리는 황제께서 어째서 돌아가셨는지는 이해할 수 없지만 이제 200만 명의 충성되고 한국을 사랑하는 형제들에게 황제께서 어떻게 죽음을 당하셨는지 설명하려고 한다.' 최근 강화회의에서 14개의 결의안이 채택됐고, 거기에는 세계 많은 나라의 자유가 걸려 있다. 자유를 선택할 수 있는 국가의 권리가 지켜져야 한다는 것이 회의에서 확인됐다. 일제는 조선과 일본이 함께 움직일 때 더욱 발전할 수 있으며, 조선은 일본으로부터 분리되기 원치 않는다는 내용을 담은 다음과 같은 문서에 서명하라고 강요했다. 고종 황제는 격노해서 서명을 거부했고, 그러자 서명을 강요하던 사람들은 앞으로 어떤 일이 생길까 두려워 고종 황제를 독살하고 상궁을 죽였다……. 윤덕영과 호상학, 조선과 일본이 아름다운 관계에 있다고 선언한 문서에 서명한 사람들은 다음과 같다. ▲귀국대표 이완용 ▲사회대표 조충웅 ▲유림 및 사림대표 김임식과 송병준 ▲황실대표 임태영 ▲교육계 및 종교계대표 신흥우. 일본과 한국의 동등한 지위를 주창한 기미독립선언서에 서명한 종교 지도자들은 자신들의 역할을 조용히 품위 있게 수행했다. 33인의 대표가 서명했는데 장로교회·감리교회·조합교회의 목회자들과 불교, 천주교의 지도자들까지 포함됐다. 이들 모두와 만세를 부르며 행진을 주도한 남학생들이 어제 구속됐다. 불쌍한 사람들, 그들은 애국심을 전 세계에 보여주고 싶었던 것이다."[38]

유교와 천주교가 참여하지 않은 이유

민족대표로서 3·1독립선언서에 서명을 한 33인은 기독교대표 16명, 천도교대표 15명, 불교대표 2명이다. 나중에 전국의 유림 137명을 규합해 파리강화회의에 한국의 독립을 호소하는 편지를 보낸 '파리장서(巴里長書) 사건', 즉 '제1차 유림단 사건'을 주도한 심산 김창숙(1879~1962)은 '독립선언서'를 보고는 다음과 같이 한탄했다.

"우리나라는 유교의 나라였다. …… 지금 광복운동을 선도하는 데 3교(천도교·기독교·불교)의 대표가 주동을 하고 소위 유교는 한 사람도 참여하지 않았으니 세상에서 유교를 꾸짖어 '오활(迂闊)한 선비, 썩은 선비와는 더불어 일할 수 없다' 할 것이다."

이와 관련, 이덕일은 "조선 전 시기에 걸쳐서 유교는 지배적 사상이었으나 유학자였던 양반 사대부들은 국망(國亡)에 무심했다. 일제가 대한제국을 점령한 직후인 1910년 10월 '합방 공로작(功勞爵)'을 수여한 76명의 한국인들은 모두 양반 유학자였다"며 "김창숙이 없었다면 한국의 유교는 역사 앞에 고개를 들 수 없었을 것이라고 말해도 과언이 아니다"고 했다.[39]

김진봉은 "유림 측의 인사가 전혀 여기에 참여하지 못한 것은 천도교·불교 측의 교섭이 실패했기 때문이지만, 아마도 그 근본요인은 극비를 요하는 독립운동을 계획 추진함에 있어서는 다른 종교단체처럼 강력하고 유기적인 조직체를 갖고 있지 못한 데 있었던 것으로 믿어진다"고 분석했다.⁴⁰⁾

신용하는 유림 불참의 이유로 "유림들이 완고하여 다른 종단으로부터의 접촉 시도에 기민하게 반응하지 못한 점"과 "천도교와 기독교 측이 유림을 연합전선에 참여시키려는 적극적인 노력을 더 충분히 하지 않았다는 점"을 들었다.⁴¹⁾

천주교 측의 참여도 저조했는데, 이는 2명의 프랑스인 주교가 신자들에게 만세운동에 참여하면 대죄를 범하는 것이라고 경고하는 등 극력 반대하였기 때문이다. 당시 신자들은 대죄를 범하면 구원을 받지 못하는 것으로 이해하고 있었다. 천주교회는 "카이사르의 것은 카이사르에게 돌려주라"는 성경(마태복음 22장 21절) 구절을 지켜 신자들이 만세운동에 참여하지 않았다고 파리외방전교회 본부에 보고하였다.⁴²⁾

윤선자는 3·1운동에 천주교 신자들의 참여가 저조했던 또 하나의 이유로 천주교와 개신교, 천주교와 천도교의 불편한 관계를 들었다.

"개신교가 본격적인 선교활동을 전개하면서 시작된 천주교와 개신교의 갈등은 시간이 흐르면서 심화되었고, 동학과 천주교의 불편하였던 관계는 동학이 천도교로 개칭된 이후에도 개선되지 못하였다. 이와 같이 한국인 지도자가 없을 뿐 아니라 외국인 주교가 관리하고 그동안 계속되었던 불편한 관계 때문에 개신교 측에서도, 천도교 측에서도 천주교와의 연합에 관심을 기울이지 않았다."⁴³⁾

일부 한국인들은 천주교 신자들의 저조한 참여를 비난하였다. 그들은 "천주교 신자들은 한국인이 아니고 프랑스인인가"라고 힐난하였으며, 심지어 반역자라고 욕했다. 만세를 부르지 않으면 성당을 파괴하고 천주교 신자들을 몰살시킬 것이라는 쪽지를 신자들의 집에 돌리기도 하였다. 특히 개신교 신자들은 직접 성당에 찾아와 책망하고 죽인다고까지 위협하였다.[44]

상하이 임시정부까지 나서서 1919년 10월 15일 '천주교 동포여!'라는 제목의 포고를 발표하였다. 이 포고는 "다수의 동포가 유혈로써 자유를 획득하려고 급급하고 있는 이때를 당하여 30만에 가까운 천주교 동포는 왜 가만히 소리 없이 있는가"라고 책망하면서 "아직 늦지 않았으니 일어날지어다"라고 촉구하였다.(당시 천주교 신자 수는 30만이 아니라 8만 8000여 명이었다.)[45]

'민족대표 33인'에 대한 평가

임종국은 3·1운동 당시 '민족대표 33인' 가운데 나중에 변절한 사람은 최린, 정춘수, 박희도 등 3명이며 독립선언서를 쓴 최남선을 포함해도 그 수효는 4명이라며 "나머지 30명이 절개를 온전히 지켰다는 것이 우리에게 얼마나 다행한 일이었는지 모른다"고 말했다.[46] 그러나 다른 시각도 있다.

이승하는 "3·1운동 당시 민족대표 33인 중 한 사람인 이갑성은 총독부 촉탁으로 변절했음에도 건국훈장 대통령장을 받고 국립묘지 애국지사 묘역에 누워있다. 그가 초대 광복회장으로서 독립유공자 심사를 했다는 것도 역사의 아이러니다. 사학자들은 독립유공자 중 최소한 20명 정도는 친일의 흔적이 역력하다고 한다"고 주장했다.[47]

연행된 민족대표들은 여러 차례 심문을 받았다. 손병희는 "나는 한

일합병에 대하여 별로 찬성이라든가 불찬성도 하지 않았다"고 진술했다(손병희에 대한 경성지법 조서, 4월 10일자). 정춘수는 "나는 본래 한일합병에 반대하지 않았다"고 진술했다(정춘수에 대한 검사조서, 3월 21일자). 홍병기(1869~1949)는 "총독부에 독립건의서를 제출하고 그 회답을 기다리면서 선언서를 배포할 목적으로 태화관에 갔다"고 대답했다(홍병기에 대한 경찰조서, 3월 1일자). 한용운은 일관되게 독립운동을 다시 시작할 것이라고 대답했고, 양한묵(1862~1919)은 심문 중 옥에서 순국했다.[48]

신복룡은 "세상사를 속속들이 알고나면 우리는 늘 마음이 쓸쓸해진다"는 노엄 촘스키(Avram Noam Chomsky)의 말을 인용하면서 다음과 같이 말했다.

"3·1운동 지도부의 전략과 당일의 처사를 볼 때 우리는 꼭 같은 심정을 느낀다. 왜 그럴까? 그 이유는 간단하다. 3·1 운동을 영웅사관으로 보았기 때문이다. 따라서 3·1운동을 민중운동의 시각에서 볼 때 그 참된 위대함과 진면목을 이해할 수 있다. 3·1운동의 주역에는 이름 없는 사람이 더 많다. 역사의 조타수(操舵手)는 당대의 지식인들이지만, 역사의 추진세력은 그 시대의 민중일 수밖에 없다."[49]

33인의 감옥생활은 길어야 3년이었던 데 반해 지방시위를 주도한 농민 지도자의 감옥생활은 15년이나 되었다는 지적도 있다.[50]

김성보는 "33인 개개인을 존경하는 것은 자유이지만 이들이 마치 '민족대표'로서 3·1운동을 지도한 것처럼 인식한다면 이것은 오히려 3·1운동에서 표출된 전민족의 숭고한 민족해방의 의지와 정신을 손상해버릴 수 있다"며 "그들이 보여준 모습은 그들을 '민족대표'라 부르기에는 너무나 나약하였다"고 주장했다.[51]

3월 1일 민족대표들이 태화관에 모여 독립선언식을 하는 모습을 그린 기록화. 그러나 "세상사를 속속들이 알고나면 우리는 늘 마음이 쓸쓸해진다"던가. 민족의 독립을 위해 모였던 33인 중 상당수는 변절하여 친일인사 명단에 이름을 올렸다.

북한은 3·1운동이 "평양 숭실학교의 애국적 청년 학생들이 주동이 되어 일어났다"며 3·1운동의 근원지는 서울이 아니라 평양이라고 주장한다. 또한 33인을 처음부터 불순한 동기를 가진 기회주의자로 묘사하면서 그들의 활동을 '구역질' 나는 '독립청원' 운동으로 규정했다. '부르주아 민족운동자'들이 마지못해 3·1운동에 뛰어들었다는 것이다.[52]

'33인'의 섭외과정

사실 '33인'의 섭외과정은 영 개운치 않았다. 3·1운동을 모의하는 과정에서 33인의 대표인 손병희는 고종 국장 준비를 하고 있던 이완용을 찾아가 거사계획을 설명하고 민족대표로 참여해줄 것을 요청했다. 이에 이완용은 "내가 매국노라는 말을 들은 지는 이미 오래된 일이요. 이제 새삼스럽게 그 같은 운동에는 가담할 수가 없소. 이번 운동이 성공해서 독립이 되면, 나는 먼 동네 사람을 기다릴 필요도 없이 이웃 사람들에게 맞아 죽을 것입니다. 그러나 이번 운동이 성공해서 내가 맞아 죽게 된다면 그것은 차라리 다행한 일입니다"고 하였다.[53]

훗날 손병희는 이완용이 일제 당국에 밀고하지 않을까 걱정했는데 다행히 밀고는 하지 않은 것 같다고 회고했다. 이와 관련, 김진봉은 "이처럼 일제의 앞잡이 신철이나 친일파의 거두 이완용이 3·1운동의 비밀을 사전에 알고 있었지만 끝내 누설하지 않음으로써 조국과 민족을 배반하지 않았다"며 "그러므로 일제는 이 운동에 대한 정확한 사전 정보도 얻지 못한 채 3월 1일을 맞게 되었던 것이다"고 했다.[54]

그렇지만 윤덕한은 "문제는 이완용에게까지 참가를 권유한 3·1운동 주도자들의 의식에 있다. 물론 그들은 이완용뿐만 아니라 합방 당시 일제로부터 작위를 받은 김윤식(1835~1922)과 박영효(1861~1939), 작위를 반납한 한규설(1848~1930) 그리고 이미 친일파로 변신한 윤치호 등에게도 참가를 권유했다가 거절당했다"며 다음과 같이 말했다.

"구한말에 대신을 지낸 인물들 가운데 평판이 그리 나쁘지 않고 어느 정도 인망이 있는 거물들을 대상으로 참가 교섭을 벌였던 것이다. 민중의 폭넓은 참여를 이끌어내기 위해 이른바 명망가들을 대거 참가시킨다는 전략에 따른 것이었다고 한다. 그러나 그 자신의 표현대로 매국노라고 온 나라 사람들로부터 지탄을 받고 있던 이완용에게까지 참가를 권유한 것은 3·1운동 주도자들의 상황 인식에 적지 않은 문제가 있었음을 보여주는 것이다."[55]

그레고리 헨더슨(Gregory Henderson, 1924~1988)은 박영효, 한규설, 윤치호, 김윤식, 윤용구 등이 거절한 것은 용기가 없었기 때문이 아니라, 이들이 양반 계급으로서 평민 또는 중간 계급 출신인 다른 서명자들의 사회적 배경이 마음에 들지 않았기 때문이라고 주장했다. 그는 33인 가운데 한 명인 권동진에 대해서도, "권동진은 법정에서 자기는 양반인데 당국이 함부로 다루고 있다고 주장했다. 그는 경남 함안 군수를 지냈으며, 대한제국 육군대위 혹은 소령의 직위에 있었지만, 조선 말기에 유행했던 신분상승운동의 산물인 것 같다"고 했다.[56]

2개월간 2000회 200만 명이 참여한 시위

3·1운동은 3, 4월 만 2개월간에 걸쳐 전국을 휩쓴 시위운동이었다. 통계로 보면, 집회 횟수 1542회, 참가인원 수 202만 3089명, 사망자 수 7509명, 부상자 1만 5961명, 검거자 5만 2770명, 불탄 교회 47개소, 학교 2개소, 민가 715채나 되었다.[57] 이런 수치는 파악 가능한 것만을 잡은 최하의 것으로 실제로는 그 이상이었을 것으로 추정된다. 예컨대, 총운동 횟수만 해도 2000회 이상이었으리라는 것이다.[58]

3·1운동에 대한 좌익의 평가는 부정적이다. 남로당의 박헌영(1900~1955)은 1947년에 낸 『3·1운동의 의의와 그 교훈』에서 "3·1운동은 마침내 실패로 돌아가고 말았다"며 그 실패의 원인을 운동의 지도부인 민족대표 33인의 유화적인 행동 양태라고 규정했다. 이 운

광화문 사거리, 고종의 즉위 40주년을 기념하여 세워진 기념비전 주변에서 군중들이 시위자들의 만세운동에 호응하고 있다. 1919년 3월 1일 시작된 만세운동은 2개월간 전국을 휩쓸었다. 집계된 시위횟수만 1500회가 넘으며 참여자 수는 약 200만 명에 이른다.

동에서 농민, 노동자, 학생 등 인민 대중은 매우 용감하게 싸운 반면, 민족대표로 집약된 운동의 지도부가 역사적 상황을 올바르게 파악할 능력을 지니지 못함으로써 3·1운동이 실패로 돌아갔다는 것이다.[59]

신용하는 실패였다는 평가에 반론을 제기했다. "3·1운동은 그 이

전의 국권회복운동이나 그 이후의 독립운동과는 달리 그것을 기획하고 조직한 지도자들의 목적보다는 훨씬 크게 성공한 운동이었다"는 것이다.[60]

역사적 의미로는 그랬을망정 3·1운동의 결과가 많은 사람들에게 엄청난 절망감과 좌절을 준 건 분명했다. 김산(1905~1938)도 그런 사람 중의 하나였다. 그는 "1919년 어느 가을날, 조국을 빠져나오면서 나는 조국을 원망했다. 그리고 울음소리가 투쟁의 함성으로 바뀔 때까지는 절대로 돌아가지 않겠다고 굳게 맹세했다"며 다음과 같이 말했다.

"조선은 평화를 원했으며, 그래서 평화를 얻었다. 저 '평화적 시위'가 피를 뿌리며 산산이 부서져버리고 난 이후에. 조선은 멍청하게도 세계열강을 향하여 '국제정의'의 실현과 '민족자결주의'의 약속 이행을 애원하고 있는 어리석은 늙은 할망구였다. 결국 우리는 그 어리석음에 배반당하고 말았다. 하필이면 조선 땅에 태어나서 수치스럽게도 이와 같이 버림받은 신세가 되어 버렸을까? 나는 분개했다. 러시아와 시베리아에서는 남자건 여자건 모두가 싸우고 있었고, 또한 이기고 있었다. 그 사람들은 자유를 구걸하지 않았다. 그들은 치열한 투쟁이라는 권리를 행사하여 자유를 쟁취하였다. 나는 그곳에 가서 인간해방의 비책을 배우고 싶었다. 그런 후에 돌아와서 만주와 시베리아에 있는 200만의 조선 유민들을 지도하여 조국을 탈환하겠다고 생각했다."[61]

3·1운동 직후에 많이 불린 노래는 '희망가'였지만, 그러나 노래의 곡조가 너무 애조를 띠고 가사도 현실도피적이어서 '실망가'로 불리기도 하였다. 곡은 『일본창가집』에 실린 것으로 미국 민요의 멜로디

를 차용한 곡이었다.

"이 풍진 세상을 만났으니 너의 희망이 무엇이냐/ 부귀와 영화를 누렸으면 희망이 족할까/ 푸른 하늘 밝은 달 아래 곰곰이 생각하니/ 세상만사가 춘몽 중에 또 다시 꿈 같도다"[62]

인간이 어찌 희망 없이 살 수 있으랴. 아무리 애조를 띤 곡조에 현실도피적인 가사였을망정, '희망가'를 부르는 이들이 모든 희망을 포기한 건 아니었으리라. 이후로도 '부귀와 영화'를 헌신짝처럼 내던지고 '민족의 희망'을 찾기 위한 투쟁은 계속된다.

04

'타오르는 별' 유관순

5군 1섬을 제외한 전국적 봉기

3·1운동은 전국 방방곡곡에서 동시다발적으로 벌어진 운동이었다. 야마베 겐타로(山邊健太郞, 1905~1977)는 "조선 전 도 232군 2섬 중 피검자가 전혀 없는 곳은 충남의 당진군, 전북의 무주군, 전남의 진도, 강원의 삼척군, 함남의 문천군 정도이며, 즉 5군 1섬을 제외하고는 전국적으로 일어났다"고 기록했다.[63]

우선 3월 5일의 서울 풍경을 앞서 소개한 바 있는 노블의 3월 5일자 일기를 통해 살펴보기로 하자.

"오늘 아침 9시 남대문역에서 사람들이 모인 가운데 남학생과 여학생들의 시위가 있었다. 그들은 함께 새로운 독립의 노래를 불렀다. 다행히 거기서는 아무 제지도 받지 않았으나 행진을 해서 덕수궁 앞까지 오자 사람들이 나타나 몽둥이로 학생들을 때리기 시작했다. 일경

독립운동에는 여학생들도 대거 참여했다. 3·1운동 당시 여학생의 시위 모습을 보도한 재미교포 신문. '여학생의 두 손팔을 찍는 광경'이라는 사진해설처럼, 시위에 참여한 사람들은 남녀노소를 막론하고 일경 혹은 일본인들에 의해 두들겨 맞았다.

들도 바빠졌다. 많은 학생이 심하게 맞았다. 이화학당의 여학생 한 명이 등을 두들겨 맞자 비서인 김평률이 뛰어나가 (폭행하는) 사람들을 밀어내려고 했다. 그러자 일본 민간인(민간인 행세를 하는 일경일 수도 있다)들은 그를 심하게 때리기 시작했다. 몽둥이가 부러질 정도로 세게 머리를 내려쳤고, 주먹으로 고개가 젖혀질 정도로 목을 가격했다. 결국 그는 감옥으로 끌려갔다. 일경은 사람들을 잡아갈 때 손을 밧줄로 칭칭 동여맸다. 한 일경은 어느 소녀의 머리채를 잡고 돌리다가 길바닥에 내동댕이치기도 했다. 해럴드가 이를 목격했다. 이화학당의 선생님들이 여학생들을 막으려 무척 노력했지만 20명의 학생들이 빠져

나갔다."⁶⁴⁾

서울에서 일어난 3·1운동은 전국으로 확산되면서 더욱 가열되었다. 김진봉은 3월 중순까지 전국 13도로 파급된 3·1운동의 경향은 ①규모가 컸던 만세시위 날짜는 대부분 그 지방의 장날과 합치된다 ②한 장소에서 같은 날 또는 5일이나 10일 간격으로 거듭 일어났다 ③만세시위의 방법은 어디까지나 비폭력적이고 평화적인 것이었다 등이었다고 했다.⁶⁵⁾

'나라에 바칠 목숨이 하나인 게 슬픔이다'

그러나 일제의 탄압이 가혹해지면서 3월 중순 이후부터는 다른 양상을 보이게 된다. 3·1만세 함성이 계속 들불처럼 퍼져나가던 1919년 3월 31일 충남 천안 병천면 매봉교회에선 서울에서의 독립만세운동 소식을 안고 고향으로 내려온 이화여고보 2학년 학생 유관순(1902~1920)이 십자가 아래 무릎을 꿇고 거사 성공을 두손 모아 기도했다. 다음 날인 4월 1일 유관순과 인근 각 지역대표들이 주도한 아우내 장터 만세대회엔 3000여 명이 참가했다. 이 가운데 19명이 일제의 시퍼런 총칼에 운명을 달리했고 여기엔 유관순의 부친 유중권(1863~1919)과 어머니도 포함됐다.⁶⁶⁾

곧바로 일경에 체포된 유관순은 모진 고문과 협박에도 굴하지 않고 검사에게 의자를 던졌고, "누가 시켰느냐"는 심문에는 "하나님이 시켜서 했다"고 당당히 맞섰다. 징역 5년형을 선고받고 1920년 서울 서대문감옥에서 세상을 떠난 유관순은 다음과 같은 마지막 유언을 남겼다. "내 손톱이 빠져 나가고, 내 귀와 코가 잘리고, 내 손과 다리가 부러

져도 그 고통은 이길 수 있사오나 나라를 잃어버린 그 고통만은 견딜 수가 없습니다. 나라에 바칠 목숨이 오직 하나밖에 없는 것만이 이 소녀의 유일한 슬픔입니다."[67]

신용하에 따르면, "유관순은 체포당하자 감옥 안에서 조금도 굴복하지 않고 '독립만세'를 외치며 완강히 투쟁했는데, 일제는 그녀를 재판에 부치지도 않고 불법으로 군도로써 잔혹하게 살해하여, 유관순은 순국하였다."[68]

해방 후 천안에는 유관순의 기념비가 건립되었고, 그녀가 살던 불탄 집 자리에는 교회가 들어섰다. 1960년에는 모교인 이화여자중고등학교 교장 신봉조가 유관순의 활약을 역사적 교훈으로 후세에 전하고자 작가 박화성(1904~1988)에게 부탁하여 『타오르는 별』로 소설화하였으며, 1974년 3월 이화여고 교정에 유관순 기념관을 세웠다.[69]

2004년, 유관순과 천안시 병천면에서 소꿉친구로 어린 시절을 보

투옥된 유관순(왼쪽)과 그녀가 마지막 생을 불살랐던 서대문형무소 전경.

내고 이화학당도 같이 다닌 남동순(당시 101세) 할머니는 유관순이 갇힌 독방 바로 옆에 한동안 수감되기도 했다며 다음과 같이 회고했다.

"3·1운동 때 관순이와 난 종로와 장충단, 남산, 남대문을 돌아다니며 '대한독립만세'를 불렀어. 그리고 관순이는 고향 병천으로, 나는 그 옆 동네인 목천으로 가서 만세운동을 했지. …… 고문이 어찌나 심한지 허리가 부러지고 무릎이 부서졌는데 내 목숨은 어찌나 질기던지. 관순이는 1년 반 만에 숨졌는데……."[70]

2008년 5월, 신문에서 「'유관순 패션' 만세!」라는 제목의 기사를 보는 기분은 미묘하다. 해마다 5월이 되면 대학가는 졸업사진으로 몸살을 앓는데, 여대생 패션은 흰 재킷에 검정 치마, 이름하여 '유관순 패션'이 1980년대 이후 '패션의 정석'처럼 굳어져왔다는 것이다. 그 이유인즉슨, 이른바 '사진발'이 살고 '무난하다'는 것이라고 한다.[71]

'사상 기생'들의 만세운동 참여

기생들도 만세운동에 적극 참여했다. 3월 16일 기생 50여 명이 경남 진주에서 촉석루까지 행진하며 독립만세를 외치는 등 기생들은 전국 곳곳에서 만세운동을 전개했다. 기생들은 3·1운동 이전부터 애국심이 강했다. 예컨대, 『매일신보』 1913년 3월 28일자에 게재된 광고는 광교조합 기생들이 여성단체를 자처하며 자선 연주회를 열었다는 걸 보여주고 있다. 홍수 피해를 입은 동포를 돕기 위한 자선 연주회였다. 고종 황제의 국상이 났을 때에도 기생들은 대한문 앞에서 단체로 엎드려 호곡(號哭)했다.[72]

1919년 4월 1일 오전 10시, 황해도 해주에선 흰 옥양목 치마저고리에 태극수건을 쓴 여인 다섯 명이 태극기를 흔들고 전단을 뿌리며 "대한독립만세!"를 외쳤다. 독립선언서를 구할 길이 없던 이들이 국문으로 직접 글을 지어서 평소 알고 지내던 활판소에 부탁해 찍은 5000장의 전단엔 이렇게 쓰여 있었다.

"냇물이 모여 바다를 이루고 티끌 모아 태산도 이룩한다 하거늘, 우리 민족이 저마다 죽기 한하고 마음에 소원하는 독립을 외치면 세계의 이목은 우리나라로 집중될 것이요, 동방의 작은 나라 우리 조선은 세계 강대국의 동정을 얻어 민족자결 문제가 해결되고 말 것이다."

순식간에 사람들이 몰려들었고, 3000명으로 불어난 시위대는 다섯 여인을 앞세우고 행진했다. 곧 일본 경찰이 달려오고, 앞장섰던 다섯 여인은 해주경찰서로 끌려갔다. 이들은 모두 해주에서 내로라하는 기생으로 김성일(월희), 문응신(월선), 김용성(해중월), 문재민(형희), 옥운경(채주) 등이었다. 일본 경찰은 배후를 대라며 고문을 했지만, 이들은 "우리는 일본 기생과 다르다. 내 나라를 사랑할 줄 아는 한 사람,

한 여자란 말이다"라고 외쳤다.[73]

1919년 4월 2일 오후 3시 30분 경남 통영군 부도정(敷島町) 장터에 선 앳된 얼굴의 젊은 여성 정모(21)·이모(20)가 3000여 만세시위대의 선두에 있었다. 이들은 목이 터져라 "조선독립만세"를 외치며 통영경찰서를 향해 거침없이 나아갔다. 통영군 기생조합소 소속 기생이었던 두 여인은 다른 기생 5명과 함께 통영 장날에 만세운동을 하기로 하고 기생단(妓生團)을 조직했다. 금반지를 저당잡혀 자금을 마련한 정모는 나머지 단원들과 같은 옷에 상장용(喪章用) 핀을 달고 초혜(草鞋, 짚신)를 신은 채 시위대 선두에 서서 만세운동을 주도했다. 이를 본 남자들은 모자를, 여자는 치마를 흔들며 열광적으로 '만세'를 외쳤다. 두 사람은 시위 직후 검거돼 같은 달 18일 부산 지방법원 통영지청에서 보안법 위반으로 징역 6개월을 선고받았다.[74]

사람들은 진주, 해주, 통영, 수원 등 전국 각지에서 만세운동을 벌인 기생들을 '사상(思想) 기생'이라 불렀다. 해주 기생 만세 사건과 관련, 박은봉은 "일제시대 사상 기생들은 남다른 정치의식과 사회의식을 지니고 있었다"며 다음과 같이 말했다.

"기생은 대부분 가난에 쫓겨 팔려온 여성들이다. 문응신도 가난에 시달리다 못한 아버지가 200원을 받고 그를 팔았다. 고통을 겪어본 사람은 남의 고통을 헤아릴 줄 알게 되고 공동체 의식에도 눈뜨게 마련이다. 가난과 민족차별의 서러움을 그 어느 여성보다 절절히 느껴오던 기생들이 독립을 위해 떨치고 일어난 건 어쩌면 당연한 일이었는지 모른다. 해주 기생들이 국문으로 쓴 독립선언서는 간결하고도 시원한 명문이다. 민족대표 33인의 이름으로 발표된 한문투의 독립선언서보다 훨씬 뜨겁게 가슴에 와 닿는다. 우리 역사엔 난국의 위기마다 자기 한 몸 아끼지 않고 헌신한 여성들이 아주 많다. 본받아야 할 자랑스런 역사다."[75]

05

제암리 학살 사건

29명을 학살한 일본 헌병의 만행

경기도 수원 교외에 자리 잡고 있는 화성군 향안면 제암리 제암교회 창설자의 한 사람인 안종후는 서울에서 일어난 3·1운동에 대해 어렴풋이 알게 됐다. 두렁처럼 생긴 바위가 있다고 해서 두렁바위 마을 또는 제암리(堤巖里)로 불리는 이 마을에 기독교가 전파된 것은 1900년 전후 미국 선교사 아펜젤러(Henry Gerhard Appenzeller, 1858~1902)에 의해서였다. 그 후 아펜젤러에게 전도 받은 교도들이 증가하면서 1905년 정식으로 교회당이 세워졌다. 제암리 이장으로도 활동하고 있던 안종후는 매일 밤 청년들을 제암교회에 모이게 해 3·1운동에 대해 자세하게 일러주고 제암리에서도 독립만세를 부르자고 제의했다.[76]

거사는 4월 5일 발안 장날을 기해서 단행되었다. 많은 사람들이 장터로 모여들자 제암교회 청년들은 강연을 하고 곧 독립만세를 부르면서 시가행진을 시작했다. 만세 소리에 놀란 일본 헌병과 경찰들은 곧 발안주재소로 모여들어 총에 착검을 하고 시위 군중에게 위협을 가하였다. 이때 선두에서 진두지휘를 하고 있던 제암교회 청년 김순하에게 어느 헌병이 착검한 총을 휘둘러 그의 배를 갈라놓았다. 배에서 창자가 흘러나온 김순하는 쓰러지면서까지 '대한독립만세, 조선독립만세'를 연거푸 부르짖었다. 시위 군중은 모두 마을로 귀가했지만, 밤이 되자 청년들은 제암리 뒷산에 올라가 연일 봉화를 올렸다.[77]

이에 일본 헌병대와 경찰들은 4월 15일 오후 2시 제암리에 살고 있는 교인 및 마을 주민들을 "지난 발안장에서 일어났던 사건에 대해 사과하고자 하오니 주민 여러분들은 제암교회에 모여주시기 바랍니다"라고 속여 제암교회당에 모이게 했다. 발안주재소 소장 일경 사사키와 수원에 주둔하고 있는 78연대 소속 헌병 1개 소대를 이끌고 온 아리타 도시오(有田俊夫) 중위가 작전을 개시했다. 이들은 교회당 정문을 비롯, 모든 창문에 못질을 하고선 아리타의 지시에 의해 미리 준비해놓았던 석유통을 들고 교회당에 뿌린 뒤 성냥으로 불을 질렀으며, 교회당 옆에 있는 초가집에도 불을 질렀다.[78]

그 결과 교회당 안에서 21명, 교회당 밖에서 2명, 모두 23명이 사망했으며, 33채의 집이 완전 소실됐다. 일본 군경은 다시 인근의 고주리 마을로 달려가 천도교도 6명을 칼로 쳐죽이고 시체에 석유를 뿌려 불태우는 등 모두 29명을 죽였다. 1959년 월탄 박종화(1901~1981)가 쓴 '제암리 3·1운동 순국기념탑 비문'은 이렇게 말하고 있다.

"마침내 음력 3월 16일 오후 1시경 일경들은 돌연 부락을 습격하여 청년 21명과 여인 2명, 도합 23명을 무기로 위협하여 예배당에 감금하고 출입문을 폐쇄한 뒤 석유를 뿌려 불을 질렀다. 불길은 두렁바위

1919년 4월 5일, 경기도 수원 교외의 제암리에서 일어난 만세운동을 진압하기 위해 달려온 일본 헌병과 경찰들은 잔인했다. 착검한 총으로 시위대를 진압한 그들은 열흘 후 제암리로 다시 찾아가 사람들을 교회에 몰아넣고 학살했다. 사진은 학살된 희생자의 유가족들.

를 사를 듯 하늘에 뻗쳤고, 순국열사의 기막힌 통곡성은 아득히 구천으로 사라진 채 예배당은 한 줌의 재로 변해버렸다. …… 스물아홉 분의 순국열사는 푸른 재를 불 속에 뿌려 겨레의 넋을 지켰다."[79]

'수원에서의 잔학행위에 관한 보고서'

이 잔학행위 소식을 들은 영국 태생의 캐나다 선교사 프랭크 윌리엄 스코필드 박사는 하던 일을 멈추고 카메라를 매고 제암리로 달려갔다. 스코필드는 21명이 예배당 한복판에서 가슴과 가슴을 맞대고 기도를 하다가 동그랗게 엉켜 죽어 있는 걸 발견하고, '수원에서의 잔학행위에 관한 보고서'를 작성해 전 세계에 알렸다. 또 그는 서대문형무소를 방문해서 유관순을 만나는 등 전국의 형무소를 돌며 독립운동가들을 위로하고 그들이 당한 잔인한 고문과 수감 상황을 외부에 알렸다.[80]

앞서도 소개한 바 있는, 2001년 2월 공개된 마티 윌콕스 노블 선교사의 육필 일기와 문건에 따르면 제암리교회뿐만 아니라 4월 19일을 전후해 16개 마을과 5개 교회에서 더 큰 만행이 저질러진 것으로 기록돼 있다.[81]

노블의 4월 16일자 일기다.

"레이몬드 커티스 부영사와 호레이스 언더우드 씨, 그리고 테일러 씨가 제암리로 가서 직접 학살의 현장을 확인했다. 그 마을은 남편 아서 노블의 수원구역 내에 있다. 그들은 얘기로 듣던 것보다 훨씬 참혹한 현장을 목격했다. 교회 터에는 재와 숯처럼 까맣게 타버린 시체뿐이었고, 타들어간 시체의 냄새는 속을 메슥거리게 할 정도였다. 곡식 창고와 가축들도 같이 타버렸다. 일본 군인들은 집집마다 다니며 남자들을 불러모았고, 사람들이 모이자 교회에 불을 질러 안에 있는 사람들을 모두 태워 죽였다. 도망치려는 사람은 쏴 죽였다. 남편이 어찌 됐는지 알아보러 여자 두 사람이 교회로 오자(한 사람은 42세, 한 사람은 19세였다) 일본 군인들은 그들도 총으로 쏴 죽였다. 나중에 아들을 잃은 어머니가 이들에게 달려가 '나도 죽여라 이놈들아'라고 울부짖자 즉시 사살해버렸다."

노블의 4월 19일자 일기다.

"영국 대리공사인 로이드 씨는 사람들을 모아 불타버린 다른 마을로 갔다. 모두 수원의 남양지역에 있었다. 아서의 관할구역이었으므

만세시위에 참여한 사람들은 일제에 의해 처참하게 학살당했다. 가족들이 보는 앞에서 총살을 당하기도 했으며, 칼로 목을 치거나 제암리교회에서처럼 집단살해를 당한 경우도 있었다. 사진은 총살당하는 만세시위자들.

로 같이 가자고 했고, 스미스 씨는 통역으로 갔다. 『인터내셔널 뉴스』 특파원인 테일러 씨도 동행했다. 원래 그는 재판참석차 평양에 갈 예정이었으나 미국공사 베르골즈 씨가 평양보다는 학살현장으로 가서 보고 나중에 본국에 기사를 전송해달라고 요청했다. 현지에 가니 사람들은 겁이 나서 그런지 환자들을 데려오려고 하지 않았다. 돕다가 자신은 물론 가족들의 목숨까지 위태로울까 겁에 질려 있었다. 아무 이유도 없이 여기저기서 사람들이 살해되고 있으니 그것도 무리는 아니다. 로이드 씨와 일행이 방문한 다섯 마을의 상황은 시체가 묻혀 있다는 것을 제외하고는 제암리와 다를 바 없었다. 그들은 근처에 16개 마을이 전멸되다시피 했다고 말했다. 마을 양쪽 끝의 몇 집을 빼고는 성한 집이 없었고 여자와 아이들이 그곳에 숨어 지내고 있었다. 산으로 도망쳐 풀뿌리나 나무뿌리를 캐먹고 있는 사람들도 있었다. 아서는 살해당한 우리 교단의 목사 아들을 보았는데, 그는 핏발 선 눈에 산발한 채 집과 시체의 잿더미 못을 파헤치고 있었다고 한다. 아서가 일본 군인들의 감시를 피해 교인 중 누가 죽었는지 알아보러 여자들에게 다가가자 어떤 여자가 교인 중 총에 맞거나 타 죽은 사람들 11명의 이름을 적어줬다. 아서는 또 야산에 올라가 여자들을 몇 명 보았는데 그들은 그를 보고 도망쳤다고 한다. 무서워하지 말라며 부르자 반쯤 멈춰 섰는데, 군인이 근처에 있는지부터 살펴봤다. 아서를 알아보고는 안심했으나 누가 물으면 어떻게 대답하나 걱정부터 했다. 아서는 아무도 본 사람들이 없으니 안심하라고 말해주고 급히 작별하면서 한 여자에게 10엔을 건넸다."[82]

노블의 5월 15일자 일기는 당시 하세가와 조선 총독이 서양 선교사를 상대로 사건의 은폐·무마를 시도했음을 폭로하고 있다.

"총독은 교회 재건을 위해 한 교회당 500엔을 지급할 것을 약속하고 그 대신 사실을 비밀로 해달라고 말했다. …… 정부는 불타버린 집들을 다시 세워주겠다고 했으나 알아보니 한 집당 50엔씩을 주는 것에 불과하다."[83]

일제의 조직적 은폐

2001년 3월 1일, 김수진에 따르면, "제암교회는 매일 수도 없이 일본인들과 한국인들이 방문하고 있으며, 일본 방문객도 지난해 4000여 명이 됐으며, 한국인은 4만 명을 넘었다고 한다. 여기에 매년 3월 1일 오후 2시가 되면 한국인 일본인할 것 없이 수많은 사람들이 함께 어울려 제암교회를 찾는다. 올해도 어김없이 제암교회에 모여 1919년 4월 15일 오후 2시 제암교회 교인들과 천도교인들, 지역 주민들이 민족독립을 위해 순국했던 그 자랑스러움을 온 천하에 알리고자 3·1운동 기념대회를 개최"했다.[84]

2007년 2월, 제암리 집단학살 사건을 일본군 사령부가 조직적으로 은폐했음을 보여주는 당시 사령관의 일기가 발견됐다. 일기의 주인은 3·1운동 당시 조선 주둔 일본군 사령관이었던 우쓰노미야 다로(宇都宮太郎, 1861~1922) 대장인데, 그는 그해 4월 18일자 일기에서 "사실을 사실대로 하고 처분을 하면 가장 간단하겠지만 학살·방화를 자인하는 것이 돼 제국의 입장에 심대한 불이익이 되기 때문에, 간부들과 협의한 끝에 '저항을 했기 때문에' 살육한 것으로 하고, 학살·방화 등은 인정하지 않기로 결정하고 밤 12시 회의를 끝냈다"고 적었다. 이어 4월 19일자 일기에서는 학살에 관여한 일본군 아리타 중위에 대해 "진압방법과 수단에 적당하지 않은 점이 있어 30일간 중(重)근신 처분을 내리기로 거의 결심했다"고 기록했다. 실제로 아리타 중위에겐 30일간의 근신 처분이 내려졌다.[85]

2008년 2월, '제암리 학살 사건'을 자행한 당시 일본 육군중위 아리타 도시오에 대한 일본 군법회의 판결문이 발견됐다. 판결문은 비밀문서로 분류돼 존재가 확인되지 않았으나 전 문화공보부 장관 이원홍이 일본 국립공문서관에서 발견, 『한국일보』에 공개했다. 아리타 중위에 대한 군법회의의 무죄판단 대목은 다음과 같다.

"범죄자를 처벌하려면 그에게 죄를 범하겠다는 생각(犯意)이 있어야 하는데, 피고의 행위는 훈시명령을 '오해' 한 데서 비롯된 것이다. 따라서 피고는 범의가 없다고 봐야 한다. 또 과실범을 처벌하는 특별한 규정도 없으므로 피고에게 무죄를 언도한다."

자료를 발굴한 이원홍은 "아리타는 당시 부녀자 2명을 직접 일본도로 목을 쳐 살해한 자"라며 "이 무죄 논리는 세계 재판사상 유례없이 해괴망측한 광언(狂言)"이라고 말했다. 그는 "지난해 일본에서 발간된 '우쓰노미야 일기(宇都宮太郎 日記)'에는 '제암리 사건 직후 우쓰노미야가 하세가와(長谷川好道) 조선 총독을 만나 학살 · 방화를 일절 부정하자고 논의하는 내용과, 이후 전면 부정의 부작용을 우려해 학살 · 방화는 부인하되 진압 방법이 일부 부적절했다는 식으로 사건을 은폐 모의하는 내용이 상세히 기록돼 있다"며 "아리타에 대한 재판도 제암리 사건에 대한 일본 정부 및 군부 차원의 조직적인 책임은폐 및 축소 작업의 일환"이라고 말했다.[86]

'민족대표 34인 석호필'

교육방송은 2006년 3월 1일 밤 11시 삼일절 특집 다큐멘터리 〈민족대표 34인 석호필〉을 방영했다. '제암리 학살 사건'을 전 세계에 알리는 등 한국의 독립운동을 돕다 이듬해 사실상 추방된 스코필드 박사를 민족대표 33인 외에 또 한 명의 민족대표로 간주해 그의 활동을 소개한 프로그램이다. '석호필(石虎彌)'은 스코필드의 한국 이름이다.

프로그램에서는 스코필드가 제암리에서 만난 이완용과의 에피소드가 소개되었다. 이완용이 "어떻게 하면 기독교를 믿을 수 있느냐?"고 묻자 스코필드는 '기독교를 믿으려면 먼저 이천만 국민 앞에 사죄해야 한다'며 일침을 놓았다고 한다. 프로그램을 제작한 김동관 프로듀서는 "우리가 모르던 역사적 사실을 담고 싶었다. 독립기념관을 비롯

캐나다 선교사 스코필드는 1919년 일본군이 제암리에서 저지른 만행을 카메라에 담아 세계에 알렸다. '석호필'이라는 한국 이름의 효시인 그는 1958년 한국에 정착했고, 외국인으로는 유일하게 국립현충원에 안장됐다. 사진은 우리나라에서 치른 그의 80회 생일 모습이다.

해 공공기관에서도 비무장, 비폭력 만세운동이 있었던 삼일절과 석호필 박사에 대한 만족할 만한 자료를 찾고 보여주는 일이 쉽지는 않았다"며 "특히 석 박사는 유품으로 지갑과 여권만 남길 정도로 남에게 베풀고 검소한 삶을 살아갔다"고 전했다.[87]

2008년 4월 10일 주한 캐나다 대사관에서 '스코필드 홀' 현판식과 '호랑이 스코필드 동호회' 발족식이 열렸다. 스코필드 박사의 업적을 기리기 위해 주한 캐나다 대사관은 서울 중구에 있는 대사관 건물 1층 리셉션 홀을 '스코필드홀'로 부르기로 하고 현판식을 연 것이다. 박사의 가르침과 도움을 받은 제자들로 이뤄진 '호랑이 스코필드 동우회'의 발족식도 함께 열렸다. 동우회의 이름은 한국 이름 '석호필(石

虎爾)'의 호랑이 호(虎)자와 강직한 성격 때문에 붙었던 그의 별명 '호랑이 할아버지'에서 따왔다. 스코필드는 1958년 한국에 정착해 서울대 수의과 대학 등에서 강의를 하고, 어려운 학생들을 위한 장학사업을 펼쳐 외국인으로는 유일하게 국립현충원에 안장됐다.[88]

06

3·1운동과 지하신문의 활약

일제의 3·1운동 반대운동

3·1운동 시 대대적인 활동의 이면엔 '지하신문'들의 활약이 컸다. 당시 유일한 국문판 신문인 『매일신보』는 3·1운동을 단순한 소요 사건으로 규정해 아주 조그맣게 다루었을 뿐만 아니라 부정적으로 보도하였으니, 지하신문이 나서지 않을 수 없었던 것이다. 총29종에 달하는 지하신문이 출현했다.[89]

 『매일신보』는 권고문 성격의 사설과 지방장관의 명의로 발표된 경고문 등을 게재했다. 사설을 통해서는 학생이나 민주들에게 스스로 자성하고 학업과 생업에 전념할 것을 강조했으며, 경고문에서는 민족자결주의에 대해 오해하지 말 것과 '폭민(暴民)'에 대해서는 '가차없이' 대응할 것임을 강조했다. 또한 일제는 각종 모임을 개최하여 민중의 시위 열기를 차단하고자 했다. 일부 지역에선 농민들의 시위 가담

을 막기 위해 대지주와 결탁하여 소작인에게 소요에 참가하지 않겠다는 서약을 받았다.[90]

친일인사들도 3·1운동 반대를 표명하고 나섰다.

윤치호는 3·1운동 직후 가진 기자회견에서 "강자와 서로 화합하고 서로 아껴가는 데에는 약자가 항상 순종해야만 강자에게 애호심을 불러일으키게 해서 평화의 기틀이 마련되는 것입니다"(『경성일보』 1919년 3월 7일자)라며 약자인 조선이 살아남기 위해서는 일제에 순종하는 길뿐이라고 주장했다.[91]

양현혜는 윤치호에게 있어서 조선인의 독립투쟁은 "실패할 뿐 아니라 말할 수 없을 정도로 개인적인 재난을 불러일으키는" 것으로밖에 보이지 않았고 나아가 그것은 지배자의 호의를 잃음으로써 식민지 통치를 일층 광폭화시키고 결국 조선인의 지적, 경제적 향상의 기회를 빼앗을 뿐만 아니라 국토를 초토화시키는 대재난을 가져오는 것이었다고 보았다.[92]

이완용도 3·1운동이 일어나자 세 차례에 걸쳐 "청년, 학생들은 부질없이 생명, 재산을 잃지 말고 자중해서 실력양성을 기다려라"는 내용의 성명을 냈다.[93] 또 고희준, 윤효정, 김명준 등 30여 명의 인사들은 모임을 갖고 사태의 심각성에 대해 의논하는 한편, 『매일신보』 1919년 4월 19일자에 경고문을 발표했다. 민원식은 『매일신보』 1919년 4월 27·28·29일자에 3·1운동의 무모함과 부당성을 강조하는 논설을 3차례 연재했다.[94]

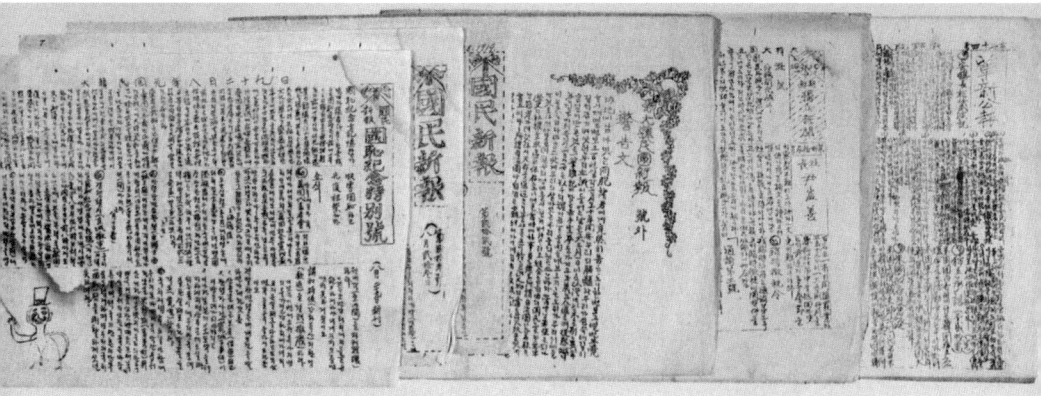

3·1운동에 대한 일제의 탄압이 심해지자 전국 곳곳에서 지하신문들이 발행되어 맹활약을 했다. 유일한 제도권 국문지 『매일신보』가 일제의 나팔수 노릇에 여념이 없자 무려 29종이나 되는 지하신문들이 앞다투어 3·1운동의 정당성을 알리고 그 열기를 지속시켰다.

『조선독립신문』의 활약

지하신문은 일제의 이런 프로파간다에 맞서 맹렬히 투쟁했다. 가장 먼저 생겨난 지하신문은 독립선언서를 인쇄한 천도교의 보성사에서 창간된 『조선독립신문』이었다. 독립선언서는 2만 1000장, 『조선독립신문』 창간호는 1만 장을 찍었다. 『조선독립신문』 제2호는 사장 윤익선(1871~1946)과 독립선언서에 서명한 민족대표들이 일본 경찰에 체포된 사실, 관립 경성여자고보생들의 궐기한 사실, 20여 명의 한인 헌병 보조원들마저 학생들의 열렬한 연설에 감화되어 모자를 벗어 보이고 독립만세를 부르짖었다는 사실 등을 보도하였다.

최준은 "『조선독립신문』은 비록 지하에서 비밀히 발행된 신문이라 반포(頒布)에 있어 많은 애로가 있었음에도 불구하고, 그 보도 내용은 참신한 것이며 또 논평도 정의와 인도(人道)에 입각한 당당한 주장으로 받아들이게 되어 전 한국 국민에게 절대(絶大)한 영향력을 끼쳤다"

고 평가했다.[95]

　서울에서 발송된 『조선독립신문』은 각 지방에서 다시 복사되어 배포되었으며 다른 지하신문들이 생겨나게 하는 데 자극을 주어 3·1운동의 열기를 지속시키는 데 큰 기여를 했다. 이후 생겨난 지하신문으로는 『각성회회보』 『국민회보』 『국민신보』 『조선신보』 『독립자유민보』 『혁명공론』 『노동회보』 『독립신문』 『대동신문』 『대한민보』 등이 있었다.[96] 또한 곳곳에 나붙은 격문·경고문 등은 총독의 통치권 거부, 일본군 철수, 파리강화회의에 조선대표 파견, 조선인 관리의 퇴직 등을 요구하였다.[97]

　지하신문들은 신변의 위협을 무릅쓰고 신문 발간의 기본적 조건마저 갖추어져 있지 않은 매우 열악한 상황에서 발행되었기 때문에 '지상신문'의 기준으로 판단하는 건 전혀 온당치 않은 일일 것이다. 이와 관련, 임근수는 "이러한 지하신문의 근대 언론재생에의 몸부림과 민족 '절대 긍정'적 언론에의 점화적 구실에서 보이는 열화 같은 내용을 극히 일부에서 선정적이요 과장적이고 위협적이라고 몰아쳐서 하나의 과실을 저지른 양 못 박고 있는 것(그 공적을 인정하고 있긴 하지만)은 이 시기의 신문사 이해에 있어서 어딘가 방법론의 결여 같은 것이 있는 때문이 아닌가 생각된다"고 했다.

　"지하신문은 대체로 정규·정상적인 상황에서 나오는 것이 아니다. 더구나 이때의 지하신문이 타율적인 '단절'의 벽을 뚫고 일제의 민족에의 '절대 부정'적인 언론에 대항해서 이겨나가고자 하자면 그러한 열화 같은 기사내용으로도 오히려 모자랄 지경이었을 것으로 생각된다."[98]

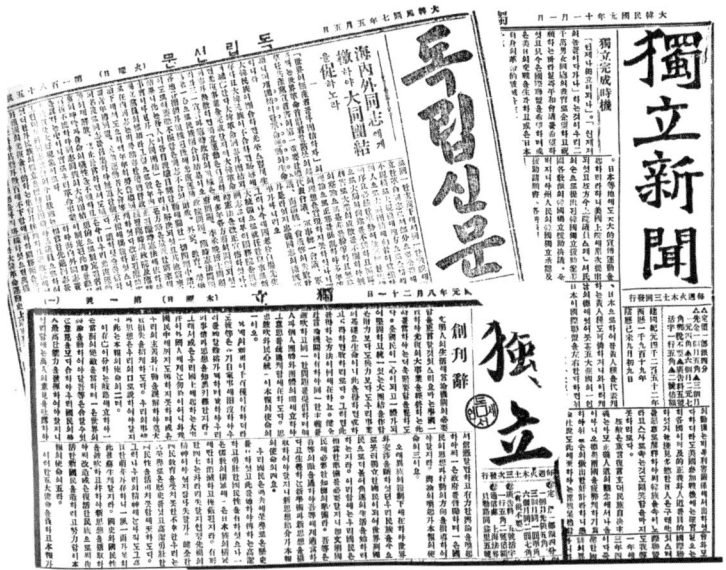

1919년 4월 상하이에 통합된 대한민국 임시정부가 수립되면서 그 기관지로 『독립』이 발행되었다. 춘원 이광수가 사장 겸 주필, 주요한이 편집국장 겸 기자로 일했다. 그해 10월 『독립신문』으로 제호를 바꿨으나 1924년부터 다시 『독립』이라는 제호를 사용했다.

상하이 임시정부의 『독립신문』

『조선독립신문』은 국외의 독립운동단체도 큰 자극이 되어 3·1운동 이후 해외에서 35종의 신문이 발행되었다.[99]

1919년 4월 상하이의 프랑스 조계지(租界地)엔 통합된 대한민국 임시정부가 수립되었는데, 그 기관지로 8월 21일 『독립』이 창간되었다. 춘원 이광수가 사장 겸 주필이었으며, 주요한(1900~1979)이 편집국장 겸 기자로 일했다. 『독립』은 가로 27센티미터, 세로 39센티미터 크기의 타블로이드판으로 총 4면에 국한문 혼용으로 띄어쓰기 없이 세로쓰기를 했다.

일본 총영사가 프랑스 관헌을 통하여 임시정부와 신문의 탄압을 요구한 것을 계기로 1919년 10월 25일 제22호부터 『독립신문』으로 개제(改題)하였다가 1924년 1월 1일자 제169호부터는 다시 『독립』으로 변경됐다. 사장 겸 주필 이광수, 출판부장 주요한, 기자 조동호(1892~1954) 등이 필진으로 참여한 『독립신문』은 창간 직후 주 2회~3회 발간됐으나 자금난 등으로 1925년 제189호를 마지막으로 폐간됐다.[100]

2005년 8월 『독립』 창간호가 우리나라에서는 처음으로 온전한 형태로 공개됐다. 독립기념관이 대구지역의 한 고문서 수집가로부터 입수한 것인데, 그간 국내에 알려진 창간호는 중간 아래가 떨어져나간 반쪽 형태로 연세대 도서관에 보관된 것이 유일했다.[101]

임시정부 반대노선을 걸은 독립운동가들도 신문을 냈다. 임시의정원회의에서 국무총리로 이승만이 선출되었을 때, 신채호는 이승만의 위임통치론을 들어 그의 선임을 반대한 이후로 상하이에서 『신대한』을 발간해 임시정부를 공격하였고, 베이징(北京, 북경)으로 이동하여 박용만(1881~1928)·신숙(1885~1967) 등과 함께 『대동(大同)』을 발간하였다. 그밖에도 중국 일대에서 독립운동가들에 의해 발행된 신문엔 『간도시보』 『신대한보』 『한족신보』 『경종보』 『대동민보』 등이 있었다.[102]

러시아지역의 언론활동

러시아지역 언론활동도 활발했다. 1910년대 러시아지역의 대표적인 신문은 1912년 4월 22일 창간된 『권업신문』이다. 이 신문은 블라디보스토크에서 조직된 연해주지역 재러 한인의 권익옹호기관이자 독립운동단체인 권업회의 기관지였다. 1917년 2월 러시아혁명의 영향을 받아 그해 7월 8일부터 블라디보스토크에서 『청구신보』와 『한인신보』

등이 창간되었으며, 그밖에 『대한인정교보』 『대양보』 등이 있었다.

1920년대엔 『선봉』(1923년 3월 1일 창간), 『말과 칼』(1924년 4월 창간된 잡지) 등이 창간되었으며, 1930년대엔 『연해주어부』(1930년 7월 13일 창간), 『광부』(1932년 11월 7일 창간), 『당교육』(1932년 12월 초순 창간), 『동방꼼무나』(1933년 1월 22일 창간), 『공격대원』(1933년 창간), 『쓰딸린네츠』(1933년 10월 10일 창간), 『레닌광선』(1936년 10월 28일 창간) 등이 창간되었다. 1937년 강제이주시 한글 신문들은 모두 폐간되었고, 『선봉』만이 『레닌기치』라는 이름으로 제호를 변경하여 카자흐스탄에서 1938년 5월 15일 간행되었으며, 1991년 초부터 신문 제호를 『고려일보』로 개칭해 오늘에 이르고 있다.[103]

당시 해외에선 지역주의 갈등이 심하게 나타났다. 지역주의를 비롯한 파쟁(派爭)이 심해 살인 사건이 일어나기도 했다. 이는 신문에까지 불똥이 튀어, 신문 발행의 주도권을 둘러싸고 갈등이 빚어지기도 했다. 블라디보스토크지역 한인사회의 경우도 예외는 아니어서, 이동휘는 단합을 강조하고 나섰다. 『권업신문』 1913년 11월 2일자가 보도한 바에 따르면, 이동휘는 "거져 단합이라 하면 명사가 박약하니 영원단합이라 하옵셰다. …… 여러분은 생각하시오. 난우면 망하고 합하면 흥하나니 …… 오늘날은 살부살형(殺父殺兄)의 원수라도 우리의 광복을 희망하야 셔로 나누지" 말자고 역설했다.[104]

그러나 나라를 빼앗긴 상황에서도 '정치는 역시 정치'였던 것인지, 정치의 속성은 그대로였다. 그래서 합하는 일보다는 나누는 일이 더 많았고, 그 와중에 치열한 싸움이 벌어지기도 한다. 우리 인간의 속성과 더불어 조선 독립운동가들이 처해 있던 최악의 조건들이 그런 결과를 낳은 것일 터이니, 굳이 애써 감출 필요는 없을 것이다.

제5장 일제의 문화통치

01

대한민국
임시정부 수립

3개의 임시정부, 중국의 5·4운동

3·1운동이 발발하자 국내외 독립운동자들 사이에 임시정부(임정) 수립이 추진되었다. 최초의 임시정부 수립은 1919년 3월 21일 러시아령 연해주 블라디보스토크에서 대한국민의회의 임시정부 수립 선포였다. 대통령엔 손병희, 부통령엔 박영효, 국무총리엔 이승만, 내무총장엔 안창호, 강화대사엔 김규식 등을 추대하였지만, 실질적으로는 연해주에서 활동하던 군무(및 선전)총장 이동휘, 탁지총장 윤현진(1892~1921), 산업총장 남형우(1875~1943), 참모총장 유동열(1878~1950) 등이 주도하도록 되어 있었다.[1]

이어 4월 13일 상하이에서 임시정부가 수립되었다.(4월 11일이라는 설도 있다.) 4월 23일 서울에서는 '한성정부'라고 불렸던 임시정부의 수립이 선포되었다. 신용하는 이 세 임시정부 중 "상하이 대한민국 임

3·1운동은 임시정부 수립에도 영향을 끼쳤다. 4월 13일, 상하이에 대한민국 임시정부가 수립되었고, 당시 3개로 나누어져 있던 임시정부는 이후 상하이를 중심으로 통합된다. 사진은 제6차 임시의정원 폐원식 기념촬영. 신익희, 안창호, 손정도, 김구, 여운형의 얼굴이 보인다.

시정부는 '의정원'과 '행정부'를 모두 갖춘 국가기구상 가장 완비된 임시정부였으며, '헌법'도 '임시헌장'의 형식으로 러시아령 대한국민의회의 '결의문'이나 한성정부의 '약법'보다는 상대적으로 잘 갖춘 것이었다"고 평가했다.[2]

왜 상하이인가? 1920년~1930년 당시 약 300만 명의 인구를 가진 상하이는 1842년 난징(南京, 남경)조약에 의해 개발된 이른바 조계지(租界地)가 만들어졌다. 조계지는 외국 주권이 행사되는 지역이다. 임시정부는 프랑스 조계지를 중심으로 활동했는데, 프랑스 조계 당국도 한국독립운동에 호의적이었다.(그러나 일본 영사관 측과 빈번한 마찰이 빚어지자 1926년경부터 프랑스 측은 스스로 조선인 혁명가들을 체포하여 일본 측에 인도하게 된다.)

이런 이점과 더불어 상하이는 세계 해상교통과 동양무역의 중심지인 동시에 중국혁명의 핵심지역이라는 점에서 독립운동을 하기에 유리했다. 그래서 독립운동가들은 상하이를 국내외의 독립운동과 정보를 연결하는 거점으로 삼았다. 임시정부 수립을 전후로 한 시기에 상하이에 거주하던 우리 동포는 1000명가량이었다.[3]

한편 1917년 8월 독일에 선전포고를 하고 연합국 쪽의 참전국이 되었던 중국은 '전승국' 자격으로 파리강화회의에 참가했다. 중국은 제국주의 열강들이 자국에서 누리고 있는 특권을 제거해 달라고 요구했으나, 이는 묵살되었다. 더구나 서방제국은 아시아에서의 공산주의 침투를 저지하기 위해 산둥지역에 대해 독일이 갖고 있던 권익을 중국 정부에 반환하지 않고 도리어 일본에게 넘겨주기로 결정했다.

1919년 5월 1일 이 소식이 알려지면서 전 중국이 들끓었다. 특히 조선에서의 3·1운동은 큰 자극이 되었다. 그 결과 5월 4일 수천 명의 베이징 학생들이 일본의 침략과 외세에 굴복한 지배세력의 매국적 행위를 규탄하기 위해 톈안먼(天安門, 천안문)에서 대대적인 시위를 벌였으며, 일본과의 21개 조약을 체결한 책임자의 저택을 습격하여 방화하였다. 이 시위는 6월 3일 이후 전국적인 규모로 확산되었다. 이른바 5·4운동이다. 이 운동에 굴복한 중국 정부는 체포한 학생들을 석방하고 친일관료 3명을 해임하였으며, 중국대표에게 파리강화조약에 서명을 거부하도록 지시했다. 중국 민족민주혁명의 승리였다. 5·4운동의 주도자들은 한결같이 3·1운동으로부터 영향을 받았으며 3·1

운동을 모델로 했다고 증언했다.[4]

통합 임시정부의 탄생

1919년 9월 6일, 세 임시정부를 통합하기 위한 수개월간의 논의 끝에 통합 임시정부의 헌법이 탄생했다. 9월 11일 임시정부는 신헌법과 신내각의 성립을 공포하였다. 내각은 대통령 이승만, 국무총리 이동휘, 내무총장 이동녕, 외무총장 박용만, 군무총장 노백린(1875~1922), 재무총장 이시영(1869~1953), 법무총장 신규식(1879~1922), 학무총장 김규식, 교통총장 문창범(1870~1934), 노동국총판 안창호 등이었다.

신용하는 "'통합 대한민국 임시정부'의 수립에는 러시아령 국민의회 임시정부의 양보가 큰 역할을 했으며, '통합' 추진의 핵심에 있던 국무총리 대리 겸 내무총장 안창호가 스스로 말석의 노동국총판을 맡겠다고 희생적으로 나섬으로써 통합성공을 튼튼히 보장하였다"고 평가했다.[5]

초기 임시정부는 대통령 이승만, 국무총리 이동휘, 노동국총판 안창호 등 세 인물이 이끌었기에 '삼각정부(三脚政府)'로 불렸다. 반병률은 "이들 세 지도자의 결합은 임정이 지닌 이념적인 좌우합작과 지역적인 연합의 성격을 잘 보여준다. 이들 세 지도자는 출신 배경, 독립운동 노선, 활동 기반, 국제관계에 대한 인식, 리더십 스타일 등 여러 가지 면에서 크게 대비되었다"며 다음과 같이 말했다.

"이승만은 황해도 평산 출생의 몰락한 왕족 후예였고, 이동휘는 함남 단천의 한미(寒微)한 아전 집안 출신이었으며, 안창호는 평남 강서의 평범한 농민 출신이었다. 그리고 이승만과 달리 이동휘와 안창호는 전통적인 차별 지역인 함경도·평안도의 평민 출신이었다. 이 같은 지역적·신분적 차이에도 불구하고 이들 간에는 공통점이 있었다. 이들은 모두 조선왕조 말기에 태어난 민족운동 제1세대로서 어린 시절 유학을 공부했고, 서구문명과 기독교를 적극 수용했다. 하지만 1910년 나라가 주권을 상실한 이후 이들 세 지도자의 세력 기반과 독립운동 노선의 차이는 뚜렷해졌다. 이승만은 미국 하와이를 근거로 활동했고 미국식 공화제를 선호한 친미(親美) 외교론자였다. 안창호는 미주 서부지역을 활동 무대로 삼았고 역시 공화제를 선호했으나 외교에 의한 독립 달성에는 회의적이었다. 그는 실력양성을 통해 독립전쟁 준비를 추구했다. 이동휘는 러시아와 북간도지역을 지지 기반으로 하였고 사회주의자로 전환한 이후에는 신흥 소련 정부의 지원과 협력을 바탕으로 무장투쟁에 의한 독립 달성을 목표로 했다. 정치이념적으로 보면 이승만과 안창호는 우파, 이동휘는 좌파에 속했다. 세 사람은 모두 주권을 찾고자 노력한 독립운동가였지만, 이승만은 권력 지향의 정치가, 안창호는 조직 관리에 능한 조직가, 이동휘는 현실타파형의 혁명가였다."[6]

통합 임시정부는 몇 개의 망명정부를 통합하는 성격을 띠었다. 이와 관련, 이이화는 "만주, 미주, 연해주, 중국 관내, 그리고 국내 인사들이 합류했으며 복벽(復) 노선, 외교 노선, 무장투쟁 노선, 실력양성 노선 등 여러 노선을 추구한 세력들도 합류했다"며 다음과 같이 말했다.

"그 정체는 공화주의였다. 곧 군주제를 폐지하고 주권재민의 국민국가를 지향했다. 또 국명은 대한제국을 승계하되 정체에 따라 제국(帝國)이 아닌 '민국'을 내걸었다. 연통제(聯通制)라는 이름의 국내 지방조직도 서둘렀다. 외국의 승인을 받기 위해 대표를 여러 곳에 파견했으며 쑨원의 광둥 정부로부터는 정식 승인을 받아내기도 했다. 또 산하 군사조직으로는 만주를 기지로 한 서로군정서와 북로군정서를 산하단체로 만들었다.『독립신문』을 발행하여 내외에 우리의 독립의지를 천명했으며 독립공채(獨立公債)를 발행하여 국내외에서 국민모금을 벌였다. 임시정부에 대한 국내외의 기대와 열기는 대단히 높았다. 하지만 이질적 이념집단이 참여하고 각기 다른 노선을 가진 인사들이 결합한 탓으로 각자 패권을 잡으려 하거나 주도권을 놓고 갈등을 빚었다. 무장투쟁 노선과 외교 노선으로 갈라졌으며 고질적인 기호·서북 등 지방색과 양반, 상놈 등 신분 갈등도 곁들여졌다."[7]

의친왕 이강의 탈출 시도

복벽(復)은 사전적으로는 물러났던 임금이 다시 왕위에 오르는 것을 말하지만, 이 시절 이 말은 "대한제국의 광무 황제나 의친왕 이강(1877~1955) 등을 옹위하여 독립운동을 벌이고, 독립 후에도 이들을 황제 등으로 추대하려는 활동이나 공화제와 대비되는 군주제를 지지하는 정치이념을 주로 가리켰다."[8] 복벽주의세력은 국내의 의병 출신들이 북상하여 이룬 집단으로 조선시대의 유교이념을 받든 인물들이 그 중심을 이루었다. 대다수는 유인석(1842~1915, 한말 의병장)의 제자들이었으며, 주도세력의 연령층도 50대~70대였다.[9]

구황실에 대한 예우 문제는 1919년 3월~4월 상하이에서 대한민국 임시정부가 조직될 때 논란이 되었는데, 표결 결과 황실우대론이 우세했다. 그리하여 4월 11일에 발표된 대한민국 임시헌장 제8조에 "대

고종의 다섯째 아들 의친왕 이강은 민족의식이 남달랐다. 1919년 말, 이강은 임시정부의 도움을 받아 상하이로 망명을 시도했다가 중국 안동에서 일제 경찰에 의해 체포되었다.

한민국은 구황실을 우대함"이란 구절이 들어갔고, 1919년 9월 11일에 발표된 통합 임시정부로서의 대한민국 임시헌법 제7조가 되었다. 조선 500년 통치는 공보다 과가 많다며 황실우대론에 반대했던 여운형은 황실우대론이 통과되자 대한민국 임시정부의 어떤 자리에도 앉지 않겠다고 반발했다.[10]

1919년 말, 중국 상하이의 언론은 한국의 황태자가 상하이로 망명을 시도하였다가 체포되었다는 기사를 연일 보도하였다. 사건의 주인공은 고종의 다섯째 아들인 의친왕 이강이었다. 비밀리에 서울을 떠난 그는 압록강 건너 중국 안동(지금의 단동)까지 갔다가 그곳에서 일제 경찰에 체포되었는데, 의친왕의 탈출을 추진한 것은 임시정부였다.

임시정부는 내무총장 안창호의 주도하에 상하이와 한국을 연결하기 위해 연통제와 교통국이란 체제를 만들었다. 일종의 행정조직인 연통제와 통신연락 기구인 교통국을 운영하기 위해 '특파원'을 두었는데, 특파원들의 다양한 활동 중 하나가 유력인사를 상하이로 탈출시키는 일이었다. 첫 사업은 3·1운동 직후 국내에서 비밀결사로 조직된 조선민족대동단 총재 김가진(1846~1922)이 상하이로 와서 임시정부에 합류한 10월 30일에 성사되었다. 김가진은 한말 농상공부 대신과 중추원 의장·충청도 관찰사 등을 역임하고, 합병 후에는 일제로부터 남작의 작위를 받았던 '거물'이었다. 복벽주의 이념하에 조직된 조선민족대동단은 3·1운동 직후 그 규모나 지속성이 최대 규모인 민족운동단체였다.[11]

임시정부는 김가진의 탈출을 추진하는 과정에서 의친왕도 망명할 뜻이 있다는 것을 알게 되었고, 곧 의친왕 탈출을 시도하였다. 11월 10일 밤, 의친왕은 허름한 옷으로 변장하고 수색역에서 안동행 기차에 올랐으나, 안동역에서 일제 경찰에 붙잡히고 말았다. 망명이 좌절된 후, 의친왕이 임시정부에 보낸 편지가 상하이에서 발행되는 중국 신문인 『민국일보』 1919년 12월 4일자에 「한국 태자의 일본에 대한 반감」이란 제목으로 보도되었다. 이 편지에서 의친왕은 "나는 차라리 자유 한국의 한 백성이 될지언정 일본 정부의 한 친왕(親王)이 되기를 원치 않는다는 것을 우리 한인들에게 표시하고, 아울러 한국 임시정부에 참가하여 독립운동에 몸 바치기를 원한다"고 밝혔다.[12]

임시정부는 연통제를 통해 국내에서 판매된 독립공채 대금을 징수할 수 있었다. 주로 정보수집, 임시정부 명령 하달에 이용된 연통제는 남부엔 미치지 못하고 중북부에서 활발히 가동됐다. 양기탁(1871~1938)은 내외간의 연락이란 극히 국한된 사람들로서 필요 불가결한 사건만을 간단히 연락하는 것이지 연락 아닌 행정기구를 둔다는 것은 많은 사람을 적의 감옥에 넣자는 게 아니냐면서 연통제계획에 반대했다. 아닌 게 아니라 연통제는 실시 2개월 만인 1919년 9월 평안남도에서 특파원이 붙잡힌 것을 시작으로 12월에는 함경북도에서 간부 54명이 한꺼번에 붙잡히는 등 시련을 겪다가 1921년 이후 조직이 거의 무너졌다.[13]

'임시정부 수립일' 논쟁

우리 정부에서 제정한 임시정부 수립 기념일은 4월 13일이다. 1948년 수립된 대한민국은 임시정부와의 관계를 명확하게 설정하지 않았으며, 임시정부와의 관계를 설정한 것은 1987년이었다. 이후 1989년 말 임시정부 수립기념일을 제정하고, 1990년부터 정부 주도하에 4월 13일 기념식을 거행하기 시작하였다.[14]

그러나 단국대 교수 한시준은 2004년 임시정부 수립일은 4월 13일이 아닌 4월 11일이라고 주장했다. 4월 10일 중국 상하이 프랑스 조계(租界)의 어느 집에서 지도자 29명이 참석한 가운데 임시의정원이 구성됐으며, 밤을 새운 회의는 다음 날 오전 10시에 폐회됨으로써 대한민국을 국호(國號)로 한 임시정부가 수립되었다는 것이다.

"국무총리 이승만을 비롯하여 각부 총장들은 대부분 미국이나 연

조소앙. 1919년 4월 상하이에서 열린 1회 임시의정원 회의에 참여, 신익희와 함께 10개조의 임시헌장을 기초하였다. 그는 이후 임시정부에서 외무부장 직을 맡았고, 그가 만든 임시헌장은 이후 민주공화제 헌법의 기초가 되었다.

해주에 있었고, 상하이에는 법무총장 이시영뿐이었다. 따라서 임정 성립식이나 취임식을 할 수 없었지만, 수립 사실은 대내외에 알렸던 것 같다. 일제 상하이총영사관 경찰부에서 작성한 연표에 의하면, 4월 13일에 임시정부가 수립된 사실을 알린 것으로 되어 있다. 4월 13일을 기념일로 정한 것은 이에 근거한 것으로 보인다."[15]

그러나 성신여대 명예교수 이현희는 "이는 헌법 제정일과 정부 수립 선포일을 혼동한 데서 비롯된 주장이다. 즉 4월 11일의 수립일은 임정 수립을 위한 10개 조의 헌장(헌법)이 심의 완료된 입법(立法)의 개념이며, 13일의 선포(宣布)는 이를 토대로 내외에 정식으로 국가 탄생을 공포한 의미가 있다"고 반박했다.

"3 · 1운동 이후 임시정부는 국내외에서 8개~9개가 성립되었거나 될 단계에 있었다. 이들은 의론 끝에 국제도시로서의 유리함 때문에 각 지역의 망명객들이 모이기 쉬운 상하이 임정으로 단일화하기로 했다. 3월 하순경 국내와 시베리아·중국의 동북3성·일본 등지에서 독립운동가들이 상하이로 집결한다. 이미 그곳에는 1910년대 초에 상하이에 도착한 신규식·여운형·조동호 등 신한청년당 멤버들이 프랑스 조계의 보창로에 임시독립사무소를 두고 임정 수립을 협의하고 있었다. 이들에 이어 상하이에 도착한 정동제일교회의 현순(1880~1968)·손정도(1872~1931) 목사, 일본에서 온 이광수 등의 협의로 임정 수립을 위한 모임장소가 정해졌다. 4월 10일 오후 같은 프랑스 조계 내 진션푸루(金神父路)의 현순 거택에서 이동녕·이시영 등 29명의 의원이 모여 의정원을 구성하고, 의장에 선출된 이동녕의 사회 아래 제1회 임시의정원 회의가 시작됐다. 이 회의에서 조소앙(1887~1958)·신익희(1894~1956) 등이 초안한 10개조의 임시헌장을 철야 심의한 뒤 11일 오전 통과시켰다. 신석우(1894~1953)의 제청으로 '대한민국'이라는 국호가 채택되고 연호(年號)는 '민국 원년'으로 정한 뒤 국무총리가 수반이 되는 절충식 내각제를 실시했다. 따라서 이날은 '제헌일(制憲日)'에 해당하는 것이다. 그리고 초대 의정원 의원 29명은 2일 뒤인 4월 13일 오전 임정이 합법적으로 수립되었음을 내외에 정식 '선포'한 것이다."[16]

2006년 2월 국사편찬위원회(위원장 이만열)가 3·1절을 기념해 임시정부의 헌법, 임시의정원 문서, 한일관계 사료집을 수집해 정리한 7권의 '대한민국 임시정부 자료집'엔 임시정부의 창립기념일이 지금까지 알려진 4월 13일이 아니라 4월 11일임을 보여주는 자료가 포함되었다. 자료집 편찬위원장을 맡은 독립운동사연구소장 김희곤은 "4월

13일이란 날짜는 일제가 1932년 4월 윤봉길 의사 의거 직후 상하이 임정 사무실을 급습해 임정 자료집을 약탈해간 뒤 그 목록만 정리돼 있는 '조선민족운동연감'에 나온 한 줄의 기록에 의존한 것에 불과하다"며 "임정이 자체적으로 기념일로 삼았던 4월 11일로 창립기념일을 변경해야 한다"고 말했다.[17]

2007년 4월 국사편찬위원회 편사연구사 김광재는 "13일을 기념일로 정한 1990년만 해도 자료가 제한적이었다. 중국과의 수교 이후 대륙에서 독립운동 자료들이 발굴되면서 임정이 11일에 수립기념식을 연 사실이 드러나기 시작했다"며 다음과 같이 말했다.

"가장 성대하게 치러졌다던 제23주년 기념식을 보자. 중국 공산당 기관지 『신화일보(新華日報)』의 1942년 4월 11, 12일자에 의하면, 4월 10일 충칭(重慶, 중경)의 프레스센터에서 임정 수립기념 전야제가 열렸다. 이날 행사에는 중국의 내로라하는 정계 요인, 각국 외교사절, 내외신 기자 등 300여 명이 몰려 성황을 이뤘다. 태평양전쟁(1941년 12월)이 발발한 직후라 임정에 대한 국제적인 승인이 나올 가능성이 컸고, 대일전쟁에 교전단체로 참여하려는 임정의 의지도 드높던 때였기 때문이다. 그 자리에서 김구 주석과 조소앙 외무부장은 임정의 존재를 널리 알리며 지원을 촉구했다. 신문에 따르면 4월 11일 오전 8시 임정 청사에서 기념식이 거행됐다. 임정 및 의정원 요인들의 축사에 이어 충칭 거주 교민 등 참석자 전원이 대한독립만세를 외치는 것으로 기념식이 끝났다고 한다. 1919년 4월 11일 상하이에서 임시의정원(오늘날 국회)이 구성돼 헌법이 제정되면서 비로소 임정이 수립된 것이다. 다행히도 임정 수립일 고증 문제와 관련해 정부에서도 이를 전향적으로 검토하기 시작했다는 소식이 들리고 있다."[18]

'건국 60주년' 논쟁

2008년 4월 한시준은 "흔히 독립운동의 역사를 일제와 맞서 싸운 것만으로 이해하거나 일제강점기인 1910년에서 1945년까지 민족사가 단절된 것으로 이해하는 경향이 많다. 그렇지 않다. 독립운동과정에서 민족의 역사가 변화하고 발전한 모습들이 적지 않다. 이러한 역사적 경험과 자산들이 해방 후 그대로 계승되었고, 그것이 오늘의 발전을 가져온 원동력이 되었다"며 다음과 같이 주장했다.

"거듭 말하건대 정부는 1919년 상하이에서 '임시'로 수립했고, 일제로부터 독립한 후 1948년에 '정식'으로 수립한 것이다. 1948년 8월 15일 수립 선포식 때 내건 현수막에 '대한민국 건국'이라 하지 않고 '대한민국 정부 수립'이라고 한 의미를 유념할 필요가 있다. 대한민국이 1948년에 건국되었다는 것은 민족사에서 독립운동의 역사를 단절된 역사로 보는 몰이해, 그리고 독립운동가들의 근대의식을 과소평가한 데서 비롯된 것이다."[19]

2008년 5월, 다시 한시준은 어느 신문이 "올해는 대한민국 탄생 60주년이 되는 해"라고 하면서 "대대적인 국민 축제로 나라의 환갑을 맞자"는 내용의 글을 실은 것을 문제 삼았다. 그는 "고려대가 2005년에 성대하게 개교 100주년 기념행사를 치렀다. 1905년 이용익이 설립한 보성전문학교부터 연원을 따졌기 때문이다. 고려대학교란 이름은 1946년 미군정청 아래서 정해졌다. 설립자도 다르고, 학교의 이름도 달랐지만 1946년을 건학의 출발로 삼지 않는다. 연세대, 이화여대 등도 마찬가지다"며 다음과 같이 주장했다.

"그런데 유독 임시정부의 역사만 제외시키고 다른 잣대를 들이댄다. 더욱이 역사학자들이 앞장서서 건국 60주년이라고 주장하는 데는 할 말을 잃는다. 우리는 그동안 일본과 중국이 역사를 왜곡하고 있다는 사실에 흥분해왔다. 그렇지만 건국 60주년이란 주장을 보면서, 정작 우리 자신이 우리의 역사를 왜곡하고 있는 게 아닌가 하는 생각을 하게 된다. 우리 자신이 우리의 역사를 제대로 이해하지 못하고, 또 그것을 왜곡하면서 일본과 중국의 역사 왜곡을 막아낼 수 있을까? 일본에서 밀려오는 파도와 중국에서 휘몰아쳐 오는 바람, 여기에 내부에서 일어나는 잘못된 역사 인식으로 인해 대한민국의 역사가 위태롭다."[20]

2008년 7월 우리어문학회 고문 박영원도 『조선일보』가 '건국 60주년'이란 표현을 쓰는 것에 대해 이의를 제기했다. 그는 "'건국 60주년'이라는 표현을 고집하면 60년 이전의 우리나라 역사를 우리 스스로가 부정하는 꼴이 된다"며 "과거의 왕조나 일제치하의 역사와 구분하기 위한 것이라면 '대한민국 정부 수립 60주년'이나 '민주헌정 수립 60주년'으로 표현하는 것이 좋겠다"고 했다.[21] 이에 대해 『조선일보』는 '건국'이라는 표현에 반드시 '처음으로 나라를 세웠다'는 의미가 담겨 있는 것이라고 볼 수는 없다며, 다음과 같이 답했다.

"만약 그렇다면 고조선 말고는 한국사의 그 어느 나라도 '건국'이란 표현을 쓸 수 없을 것입니다. 독자가 예를 든 국립국어원의 표준국어대사전에도 '고구려가 건국한 뒤' '대조영을 중심으로 발해를 건국하였다' 같은 용례가 있습니다. '건국 60년'에서의 '건국'이란 표현은, 한국사에서 처음으로 헌법과 의회에 기반을 둔 주권재민의 민주공화제 국가인 대한민국이 실질적인 주권을 갖추고 세워졌다는 데 초점을 맞춘 표현입니다."[22]

2008년 7월 전 국사편찬위원회 위원장 이만열은 1948년 정부 수립 당시 이승만도 '대한민국 30년'을 주장했었다는 점을 지적하면서 "'건국 60년'을 고집하는 근저에는 '대한민국 국부 이승만'에 대한 추앙심이 전제되어 있다고 보는데, 왜 이승만의 이런 역사의식은 공유하지 않는지 궁금하다"고 했다. 그는 "올해 행사를 일단 '정부 수립 60주년 기념행사'로 치르고 건국 문제는 시간을 두고 학계의 의견을 모아 보는 것이 어떨까"라고 제안했다.[23]

다른 관점에서 보자면, '건국 60주년'이라고 보는 사람들은 자국 영토에 주권을 행사할 수 있느냐 하는 실질을 중요하게 생각하는 것 같다. 고려대의 경우와 다른 것도 바로 그 점이 아닐까? 설립자도 다르고, 학교의 이름도 달라졌지만, 학교라고 하는 실체는 있었고, 그 실체의 운영도 가능했다. 반면 임시정부는 피난정부로서 자국 영토에서 벌어지는 일제의 만행에 아무런 대응을 할 수 없었다. 일제강점 이후 여전히 망국(亡國)의 상태였지, 건국(建國)이라곤 할 수 없다고 보는 게 아닐까?

그러나 이 일이 정치적으로 얽히면서 그런 선의 해석은 어렵게 돼버렸다. 『한겨레』 2008년 7월 17일자는 「보수세력 주도로 이승만 영웅화 '일방통행'」이라는 제목의 기사에서 "정부가 주도하는 건국 60년 행사에 대해 학계가 '현기증'을 느끼는 이유"는 "충분한 공감대 없이 특정 학자 집단 및 보수세력의 주장에 기대 대대적인 정부 행사를 펼치고 있기 때문이다"고 주장했다.[24]

안타까운 일이다. '건국 60주년'이냐 '건국 89주년'이냐 하는 건 차분하게 이야기해볼 수 있는 주제임에도 정부 주도의 행사가 스스로 특정 이념과 정치적 성향의 색깔을 강하게 내세우는 바람에 일을 그르치고 말았으니 말이다.

02

일제의 '문화통치' 와
'친일화 공작'

사이토 총독에 폭탄을 던진 '강우규 의거'

일제는 3 · 1운동 이후 무자비한 탄압정치가 갖는 한계를 인식하고 이른바 '문화통치' 로 전환하기로 했다. 그런 변화를 위해 1919년 8월 12일 하세가와 요시미치의 뒤를 이을 제3대 총독으로 사이토 마코토(齋藤實, 1858~1936)를 임명했다.

일제강점 이후 해방될 때까지 부임한 조선 총독은 데라우치, 하세가와, 사이토, 야마나시, 우가키, 미나미, 아베 등이었는데, 일본의 군벌들은 원칙적으로 조선 총독을 육군대장으로 임명하는 것을 하나의 불문율로 삼았지만, 사이토만이 유일하게 해군대장이었다. 김을한은 "육군보다는 해군이 훨씬 인상이 부드러우므로 데라우치로부터 시작된 무단정치의 실패를 비교적 온화한 사이토 해군대장으로 하여금 회복시키려고 하였던 것이다"고 해석했다.[25]

3대 총독으로 부임한 사이토를 향해 폭탄을 던진 애국지사 강우규. 당시 64세의 고령이었던 그는 별다른 검문도 받지 않고 무사히 현장을 빠져나올 수 있었으나 의거 보름 만에 가회동 하숙집에서 체포, 1년간 옥고를 치른 뒤 서대문형무소에서 순국하였다.

   사이토는 1919년 9월 2일 오후 5시 서울 남대문역에 도착해 마차에 올랐다. 그 순간 64세의 애국지사 강우규(1855~1920)의 폭탄(영국제 수류탄 1개) 세례를 받았지만 호위 순사 2명이 사망하고 총독부 고위관리를 비롯한 35명이 중경상을 입는 가운데에도 용케 살아남았다.
   강우규는 별다른 검문도 받지 않은 채 무난히 현장을 빠져나왔다. 며칠간의 수소문 끝에 투탄자가 노인이라는 사실을 파악한 일경은 의거 보름 만인 9월 17일 가회동 하숙집에서 강우규를 체포했다. 1년간의 옥고를 치른 강우규는 이듬해 11월 29일 오전 9시 서대문형무소에서 순국하였다. 교수형이 집행되기 직전 형 집행자가 "유언이 없느냐"고 묻자 그는 대답 대신 사세시(辭世詩) 한 편을 마지막으로 남겼다. "사형대에 홀로 서니(斷頭臺上) 춘풍이 감도는구나(猶在春風) 몸은 있으되 나라가 없으니(有身無國) 어찌 감회가 없으리요(豈無感想)."

강우규의 유해는 처음에는 현 은평구 신사동 소재 공동묘지에 묻혔는데 1954년 수유리로 이장됐다가 1967년 다시 국립묘지(애국지사 묘역)로 이장됐다. 1962년 정부는 강우규에게 건국훈장 대한민국장(1등급)을 추서하였으며, 의거 현장인 서울역 역사 앞에는 의거를 알리는 기념표지석이 세워졌다.[26]

'황은에 감읍하도록 세뇌시켜야 한다'

사이토는 9월 10일 헌병경찰제의 폐지, 조선인의 관리 임용 및 대우 개선, 언론 집회 출판의 고려, 지방자치 시행을 위한 조사 착수, 조선의 문화와 관습 존중 등을 시정방침으로 밝혔다.[27] 바로 그날 이완용이 사이토를 총독 관저로 방문해 조선통치에 관한 자신의 몇 가지 의견을 제시했는데, 13개 항목에 걸친 의견서 가운데는 일본인들의 조선인에 대한 멸시 문제를 거론한 부분도 있다.

"내지인의 조선인 멸시와 오만이야말로 조선인들이 가장 불평하는 문제이므로 이에 대해 관민이 협력하여 개선의 방도를 강구해야 한다. …… 미국인들은 마음속으로는 조선인을 개나 돼지처럼 생각하더라도 밖으로는 친절하게 대하는데 일본인은 조선인에 대한 멸시를 직접적으로 나타낸다. 그러므로 조선인이 일본을 배척하는 것이 아니라 일본인이 조선인을 무시하는 언동을 일삼고 있는 것이다. 이런 현실에서는 진정한 내선인 융화는 이루어질 수 없다."[28]

효율적인 한국통치를 위해 일본인보다 더욱 일본을 염려하고 배려한 이완용의 노고가 헛되지 않았음인지 일왕은 1920년 12월 29일 이완용의 귀족 계급을 후작으로 올려주었다. 이완용의 그런 제안이 아니

하세가와에 이어 조선 총독으로 부임한 사이토는 선임 데라우치나 하세가와가 펼쳤던 탄압적 통치방식에 약간의 변화를 주었다. 이른바 '문화통치'로 불리는 이 시기, 사이토는 철학과 종교, 교육, 문화를 앞세워 '황은에 감읍하도록' 모두를 세뇌시키고자 했다.

라 하더라도, 일본도 이미 이완용이 생각했던 방향으로의 변화를 계획하고 있었다. 1919년 9월 10일 시정 방침 발표 이후 나온 사이토의 다음과 같은 발언들은 '문화통치'의 본질이 무엇인지 잘 말해준다.

"조선의 문화와 관습을 존중하고, 문화적 제도의 혁신으로써 조선인을 유도하여 그 행복과 이익 증진을 도모할 것이다. …… 총칼로 지배하려는 것은 그 순간의 효과밖에 없다. 남을 지배하려면 철학과 종교와 교육, 그리고 문화를 앞장세워서 정신을 지배해야 한다. …… 이 땅의 어린이들을 일본인으로 교육하겠다. 황은(皇恩)에 감읍하도록 조선 민중에게 온정을 베풀어야 한다. 그들을 세뇌시켜야 한다. 이것이 나의 문화정책이다."[29]

사이토는 동화주의(同化主義)를 내세워 한일 양국민의 결혼을 장려하였고, 일인 관리들에게 한국말 습득을 장려하고 그 수당으로 월 5원

부터 20원까지 지급하여 여론을 살피게끔 하였다.[30]

일제가 만든 '조선 민족운동에 대한 대책'이라는 비밀문서는 '문화통치'의 구체적 전략과 관련해 "일본에 충성을 다하는 자로 관리를 삼고 친일 지식인을 장기적 안목에서 양성한다. 친일분자를 귀족, 양반, 부호, 실업가, 교육가, 종교가 등에 침투시켜 각종 친일단체를 조직케 한다"고 했다.[31] 일제는 실제로 많은 친일단체들을 만들어 적극 지원했다.[32]

1920년에 성안된 일제의 '종교적 사회운동'은 각 종교단체를 '일본인 유력자' 및 '민간인 유력자'로 하여금 조종하여 어용화하는 데에 목표를 두었다. '불교진흥단체'를 조직하여 불교의 어용화를 추진하였으며, 1922년에는 '중앙총무원'과 '중앙교무원', '대처승'과 '비구승'의 대립을 이용하여 분열을 조장하였다. 기독교에 대해서는 어용적 '일본 조합교회'를 확장 동원하여 민족주의자의 배제를 도모하였으며, 민족주의자가 많은 천도교에 대해선 가장 철저한 이간분열책을 썼다. 유교에 대해서는 유교의 총본산인 서울의 경학원 간부를 전원 친일파로 충원하여 어용화하였다.[33]

화류계 친일화 공작

일제의 친일파 보호 및 육성 공작은 치밀하게 전개돼 심지어 화류계까지 친일화 공작의 대상으로 삼았다. 당시 요정은 조선 엘리트들의 주요 사교·담론 공간이었기 때문이었다. 일제의 공작내용은 ①경성 시내의 기생 전부를 시내 각서에 불러 엄중히 훈계한다 ②윤치호가 회장인 교풍회와 제휴하여 시내 각 권번의 역원과 경찰 간부가 모임

지금의 서울 중구에 있던 신정 유곽. 일제에 의해 근대적 매춘문화가 유입되면서 품위와 기개를 갖췄던 조선의 기생문화는 점차 사라졌다.

을 가져 불령한 음모를 방지하도록 협의한다 ③새로이 권번을 허가하여 기생을 친일화시키도록 노력한다 ④내선(內鮮) 화류계의 융화를 촉진시킨다 등이었다.

경기도 경찰부장을 지냈던 지바(千葉了)는 "1919년 9월 우리가 처음 경성에 왔을 당시의 화류계는 …… 기생 800, 그들은 모두 살아있는 독립격문(獨立檄文)"이었다며 그런 공작을 펼친 결과 "음모의 소굴로 음부(陰府)나 다름없었던 화류계가 지금은 내선일여(內鮮一如)를 구가하는 봄날의 꽃동산이 되었다"고 자랑했다.[34]

실제로 3·1운동으로 크게 고무된 기생들은 대학생이 요정에 가면 지금이 어느 때인데 독립할 생각은 않고 유흥이냐고 타이르면서 함께 놀기를 거절하기도 했다. 또 가난한 청년 학생에게 학자금까지 제공

하면서 독립투사가 되도록 설득하기도 했다.[35]

그러나 일제의 공작 후 달라지기 시작했다. 기생은 원래 요릿집에서 숙박할 수 없도록 되어 있었지만 이후 요릿집에 상시 고용돼 성을 팔기도 했다. 1926년 『개벽』은 "과거의 기생은 귀족적이더니 현재의 기생은 평민적이다. 과거에는 비록 천한 직업이었지만 염치와 예의를 챙겼는데, 이제는 금전만을 숭배한다"고 했다.[36]

일제는 그런 공작 차원에서 성매매 산업을 육성했다. 미국에까지 소문이 날 정도였다. 『시카고 트리뷴』 1919년 12월 26일자는 "일본이 조선에서 가장 먼저 한 일 중 하나는 바로 인종차별적인 윤락가를 만든 것"이라며 "일본인들이 조선에 악(惡)의 시스템을 전달했다"고 보도했다. 이 신문은 "조선 자체에는 이러한 악의 거리가 없었다"면서 "이러한 윤락가는 조선인 남녀의 성적 타락을 위해 일본이 치밀하게 도입한 것"이라고 했다.[37]

'혼신의 힘을 다해서 정치를 사랑하라!'

일제의 친일화 공작은 여론에 영향을 미칠 수 있는 사람들만을 대상으로 삼은 것이었을 뿐이고, 인구의 절대 다수인 농민에 대해서는 계속 가혹한 착취를 일삼았다. 또한 일제는 유사시 탄압역량의 강화도 공격적으로 추진했다. 1920년과 1921년에 각각 2500명씩 5000명 늘리는 등 일본군을 대폭 증강시켰으며, 경찰 수도 종래의 6000명에서 2만 명으로, 경찰관 주재소 수도 종래의 730개소에서 2700개로 늘렸다. 경찰관서에는 특별고등부라는 비밀경찰부를 설치하고 경찰 무장을 강화했다.[38]

그래서 훗날 조선총독부는 내부적으로 "보통 문화정치라고 일컫지만 반도통치의 기본방침에 있어서는 조금도 달라진 점은 없다"며 "끝내 국헌에 반항하고 병합의 정신에 어긋나는 불령배(不逞輩)에 대해서는 추호의 가차 없이 단속하는 방침을 추진한 것이다"고 기록했다.[39]

그런 공작이 추진되면서 조선 엘리트의 삶의 행태에도 큰 변화가 일어났다. 오직 '정치'만이 살 길이었다. 윤치호는 1919년 10월 15일자 일기에서 "사람이 빵만 먹고 살 수 없듯이, 어느 민족도 정치만 하며 살 수는 없다. 하지만 조선인들의 신조는 이렇다. '혼신의 힘을 다해서 정치를 사랑하라!' 조선인들은 정치와 무관한 삶은 일고의 가치도 없는 삶이라고 여긴다. 그들이 교육을 받는 유일한 목적은 정치에 입문하는 것이다"라고 주장했다.

"일본 정권이 조선에 가져다준, 겉보기에 불행해 보이는 극소수 행복 중 하나는 조선인들을 정치에서 떼어낸 것이다. 그러나 다시 정치 열기가 고조되면서, 조선인들은 정치 이외의 다른 모든 걸 무시해버린다. 물론 그들은 이를 가리켜 정치라 부르지 않고 애국심이라고 부른다. 애국심은 많은 무뢰한들의 피난처. 서울만 해도 조선인이 운영하는 사진관이나 대중 목욕탕은 단 한 군데도 없다. 그나마 조선인들이 소신을 지켜나가고 있는 것으로 보이는 업종으로는 제화(製靴) 분야가 유일하다."[40]

그러나 일제가 조선인들을 정치에서 떼어낸 것은 '행복'이 아니라 '불행'이요 '재앙'이었다. 정치에 대한 갈증을 높이는 동시에 정치 훈련의 기회를 박탈했거니와 그로 인해 정치가 폭력으로 변질되었기에 차분하게 소신을 갖고 작은 일에만 종사하기가 어려웠기 때문이다. 세상은 바뀌어도 상처의 흔적은 남는 법. 윤치호에게 그렇게 말할 자격이 있는지는 의문이지만, "혼신의 힘을 다해서 정치를 사랑하라!"는 이후 한국을 지배하는 최상위 이념으로 위력을 발휘하게 된다.

03

『조선일보』
『동아일보』의 창간

일제가 민간신문을 허락한 이유

일제는 문화통치정책에 따라 한국인이 발행하는 민간신문을 허용하였다. 일제는 특히 3·1운동을 전후로 하여 해외에서 발행된 우리말 신문과 국내의 지하신문들이 보여준 언론항쟁에 대응해야 할 필요를 느꼈을 것이다.

사이토의 성명 가운데에는 민간신문도 허용하겠다는 뜻이 포함되어 있으므로 조선 민간 유지들은 신문·잡지의 발행 허가를 얻고자 총독부에 앞다투어 신청서를 제출했는데, 모두 수십 건에 달했다. 1920년 1월 6일 총독부는 『동아일보』『조선일보』『시사신문』 등 3개 신문만을 허가했다. 이 3개 신문을 허가한 일본의 구체적인 구상은 어떤 것이었을까?

김을한은 "민족진영을 대표하여 이상협(1893~1957), 김성수 등의

『동아일보』를 비롯하여, 친일단체인 대정친목회 예종석(1872~1955)에게 『조선일보』, 그리고 신일본주의를 표방하고 참정권운동을 하는 국민협회 민원식(1886~1921)에게 『시사신문』 등 3개의 신문을 허가했을 뿐이었다. 이것은 각 방면의 세력을 공평하게 균형시킨다는 미명하에 결국 2대 1의 비율로 친일파의 신문으로 하여금 민족진영의 신문을 견제하고 억압하려는 심모원려(深謀遠慮)에서 나온 것이었다"며 "그러므로 사이토 총독의 소위 문화정치라는 것은 허울 좋은 개살구로 무단정치보다는 약간 나을 뿐, 실상인즉 '무단정치'나 '문화정치'나 근본적으로는 변함이 없으며 일제의 식민정책은 마찬가지였던 것이다" 라고 평가했다.[41]

총독부가 발행하던 영자지 『서울프레스』의 사장을 맡았던 야마가다는 당시 일본의 유력지 『만조보(萬朝報)』의 편집국장을 역임한 언론인이었는데, 그는 나중에 『조선일보』 기자 김을한에게 일제가 민간신문을 허용한 이유를 털어놓았다.

야마가다는 "데라우치 총독의 언론정책이란 참으로 가혹한 것이었습니다. …… 조선에서 언론의 자유란 찾아볼 수가 없게 되었습니다. 그래서 언제나 조선은 태평무사로 민중은 총독정치에 만족하고 있다는 따위의 기사밖에 신문에 나지를 않았지요. 그래서 영어의 소위 '풀리쉬 파라다이스(Foolish Paradise)' 즉 '우자(愚者)의 낙원'이 되어서, 관리 만능의 시대였습니다"라면서 다음과 같이 말했다.

"조선 사람들도 적어도 표면상으로는 평온무사하였으므로 조선에 와 있던 일본 관리와 군인들은 정말로 총독정치가 성공한 것으로 알고 날마다 '화월'이나 '국수'와 같은 일류요리집으로 가서 일본에서 데려온 기생(접대부)들과 밤을 새워 가면서 술을 마시는 것으로 일과

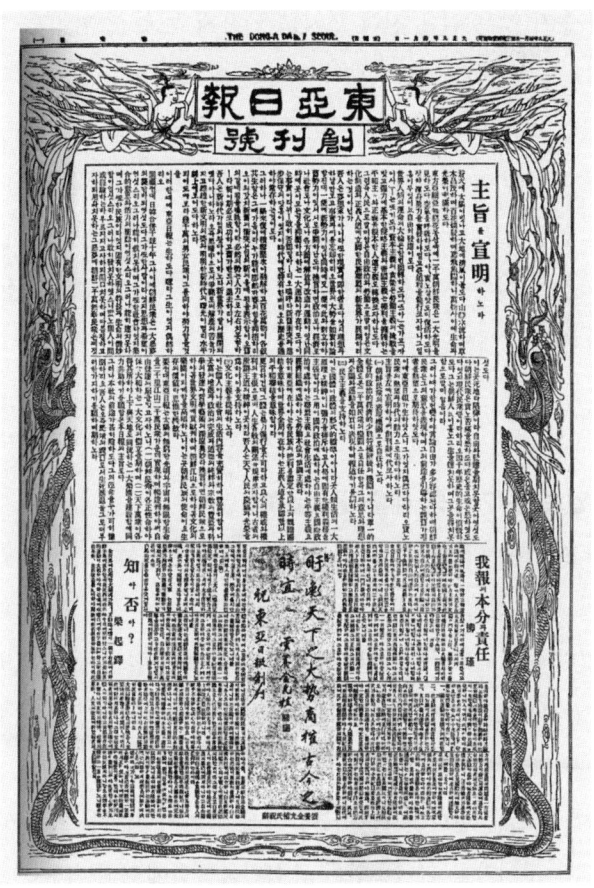

일제가 문화통치의 일환으로 민간신문의 발행을 허가하면서 1920년 4월 1일 『동아일보』 창간호가 세상에 나왔다. 그러나 민간신문의 허가는 일제의 고도화된 여론통제 전략의 일환이었다.

를 삼았었는데, 아닌 밤중에 홍두깨 격으로 별안간 '독립만세!' 소리가 터지게 되니 깊은 잠에 빠져 있던 관리와 군인들이 깜짝 놀라서 어찌할 바를 몰랐던 것이지요. 민중의 분노가 폭발된 1919년 3·1운동이 즉 그것인데, 그때까지 언론자유를 박탈하여 어두운 면이나 자기들에게 좋지 않은 일은 전혀 쓰지를 못하게 하고 '스파이'들의 말만 곧이듣고 안심을 하고 있었으니, 독립만세 소리를 청천의 벽력과 같이 알았던 것은 또한 당연한 일이라 할 것입니다. 그 후 사이토 총독이 새로 부임해 와서 문화정책을 표방하여 비로소 일부분이나마 언론자유를 인정하고『동아일보』『조선일보』등의 민간신문을 처음으로 허가한 것은 여론을 존중하여 다시는 그와 같은 실패를 되풀이하지 않도록 하기 위해서였습니다."[42]

'『동아일보』는 가스를 배출하는 굴뚝'

일제가 1920년에『동아일보』의 발행을 허가한 속셈은 무엇이었을까?『조선일보』는 친일단체에게 허가한 것이므로 굳이 그 속셈을 따질 필요가 없다 하더라도『동아일보』의 경우엔 보다 깊은 뜻이 있었을 것이다. 그 깊은 뜻은 당시 일본 고등경찰과장의 다음과 같은 술회에 적나라하게 드러나 있다.

"『동아일보』를 한다는 청년들이 장래 조선의 치안을 소란케 할 것인가 안할 것인가를 판가름하는 중심인물들임에도 틀림없습니다. 그럴수록 이런 인물들을 항상 한 자리에 모이게 하는 것은 매우 중요한 일이라고 생각합니다. 즉, 적을 알아야 이쪽의 방비책도 쓸 수 있을 줄 압니다. 저의 정보망만으로 그들의 움직임을 완전 파악할 수는 없습니다. 신문을 허가함으로써 그들의 동정을 낱낱이 알 수 있을 줄 믿습니다. 뿐만 아니라 그들을 모아 놓아야만 일조유사시에 일망타진하는 경찰행동을 취할 수 있습니다. 그리고 일단 문제가 생겼을 때는 정간이든 발행 중지든 마음대로 시킬 수도 있습니다. 이 신문을 허용하는 것은 백 가지 이득이 있을지언정 한 가지 해도 없을 줄 압니다."[43]

그러나 미처 그 백 가지 이득을 깨닫지 못한 일본인들도 있었던 것 같다. 『동아일보』가 허가된 뒤 서울 진고개(지금의 명동) 일대의 일본상인연합회 대표들이 사이토를 찾아와 항의하자 사이토는 "『동아일보』는 조선 민족의 뱃속에서 끓어오르는 가스를 배출하는 굴뚝이다. 가스는 배출하지 않으면 쌓이고 쌓여서 끝내는 폭발한다"고 대답했다.[44]

또 총독부 정무국장은 이른바 '가로수론'을 내세웠다. 그는 누군가가 "언론을 장려하는 것은 좋은 일입니다만, 부적당한 사람이 신문을 간행하는 것을 어떻게 두고 볼 수 있습니까?"라고 묻자 다음과 같이 답했다.

"옳은 말일세. 하지만 걱정하지 말게. 신문이란 가로수와 같은 것이야. '문화정치'의 명분을 위해서 한두 개 정도의 신문을 허가하는 것은 불가피한 일일세. 하지만 도로를 아름답게 꾸미는 수준을 넘어 문제를 만드는 가로수가 있다면, 그땐 가지를 잘라내야지."[45]

민간신문의 창간과정

1920년대에 3개 민간지만 존재했던 건 아니었으며, 이때에도 지하신문은 존재했다. 그렇지만 지하신문은 남아 있는 자료가 없다. 그래서 비단 1920년대뿐만 아니라 일제치하의 언론 연구는 『조선일보』 『동아일보』 중심으로 갈 수밖에 없다. 이를 염두에 두면서 『조선일보』 『동아일보』의 활동을 살펴보기로 하자.

『동아일보』는 이상협 명의로 발행 허가를 받았으나 초대 사장은 박영효, 사실상의 경영자는 호남 지주 김성수였다. 편집 감독은 구한말

언론계의 원로 유근(1861~1921), 양기탁 등이 맡았다. 이상협은 『매일신보』 편집주임으로 근무하던 중 한국인에게 신문 발행을 허용한다는 정보를 입수하자 『매일신보』를 그만두고 1919년 7월부터 신문 창간운동을 시작해 망설이는 김성수를 설득하는 데 성공했다는 주장도 있다.[46]

김성수는 1915년 4월 27일 중앙학교(1908년 설립)를 인수했다. 1917년 3월 유근이 교장직을 사임하자 김성수가 교장으로 취임했으며, 1918년 3월 송진우(1889~1945)에게 교장직을 넘겨주었다. 또한 김성수는 1917년 재정적으로 어려움을 겪고 있던 경성직뉴회사(1910년 설립)를 인수하였다. 경성직뉴는 한국 역사상 최초로 주식자본에 의해 세워진 방직회사로 사장은 윤치소(1871~1944, 윤치호의 맏조카이자 윤보선의 아버지)였다.[47]

1920년 4월 회사법 폐지는 한국 기업의 성장을 촉진하는 계기가 되었는데, 회사 수는 1920년 554개에서 1929년 1763개로 늘게 된다. 이런 흐름을 타고 경성직뉴도 1925년부터 이윤을 내기 시작한다.[48] 경성직뉴는 1920년대에 한국인 기업으로는 유일하게 종업원 200명 이상의 대기업이었다.

신문 발행 허가가 나오자 김성수는 서울 화동 중앙학교 구교사에 『동아일보』 창립 사무소의 간판을 내걸고 자본금 100만 원을 목표로 주식을 모집했다. 그는 지방을 순회하면서 창간 취지를 설명하고 주식 인수를 호소했지만, 목표액 100만 원을 기일 내에 채우지 못하고 70만 원으로 줄이게 되었다.[49]

이는 민간신문에 대한 대중의 무관심이 작용한 탓이었겠지만, 조선에 워낙 돈이 없었다는 이유도 컸다. 돈을 구할 수 없기는 『조선일보』

의 경우에도 마찬가지였다. 금융인, 변호사, 의사, 교육가, 실업인 등 39명으로 자본금 20만 원 규모의 『조선일보』 설립 발기인 조합을 조직하여 창간 준비가 진행되었지만, 실제로 불입된 금액은 5만 원에 불과했다. 그 가운데 11명이 친일경제단체 대정실업친목회 소속이었으며, 심지어 경영진 가운데 사장 조진태(1853~1933), 발행인 겸 부사장 예종석, 편집국장 최강 등이 대정실업친목회 회원이었음에도 말이다.[50]

문화주의와 문화적 민족주의

1920년 3월 6일 『조선일보』가 먼저 창간되었다. 『조선일보』는 '신문명 진보의 주의'를 사시로 내걸었는데, 이는 뒤떨어진 새 문명을 발달시켜 향상시키겠다는 것으로 일제 문화정치의 구호와 상통하는 것이었다.[51]

1920년 4월 1일에 창간된 『동아일보』는 『조선일보』와는 달리 민족지를 자처하면서 "조선 민중의 표현기관임을 자임하노라" "민주주의를 지지하노라" "문화주의를 제창하노라" 등과 같은 3대 주지(主旨)를 밝혔다. 또 전국 13도의 자산가 유지들을 발기인으로 삼는 등 제법 민족지로서의 형식도 갖추고자 하였다. 『동아일보』는 "그 주지와 전국적인 주식모집으로 해서 다른 두 민간신문을 제쳐놓고 처음부터 국민들에게 민족지로서 부각되었다."[52]

『동아(東亞)일보』라는 신문 이름은 유근의 의견을 받아들인 것인데, "우리나라가 앞으로 발전하려면 시야를 크게 잡고 동아시아 전체를 무대로 삼아 활동하지 않으면 안 된다"는 의미에서였다고 한다.[53] 반면 위기봉은 "그 시기에는 일본 제국주의의 동양 침략을 정당화하기 위한 논리로 대동아공영론이 원용되면서 동아 또는 흥아(興亞)라고 하는 단어들이 신흥 일본제국의 새 시대를 예고하는 의미로 널리 보급되었다"며 "일제치하에서 발행되던 신문·잡지에서도 흥아와 동아 두 단어는 무수히 발견할 수가 있다"고 주장했다.

"원로 언론인 유근이 지었다는 『동아일보』 제호가 반드시 그러한 의도를 감추고 있었다고 말할 수는 없겠으나 그것이 그 시기의 독자대중에게 거부감 없이 받아들여졌고 마침내 『동아일보』 제호가 항일민족지의 상징으로 인식되기에 이르렀다는 것은 주목할 만한 일이다."[54]

당시 '문화주의'는 어떻게 인식되었을까? 『개벽』 1920년 12월호에 실린 「문화주의와 인격상 평등」이라는 글에 따르면, 문화주의는 "문화로써 생활의 중심으로 하는 사상"이며 문화는 "인격 있는 사람으로의 여러 가지 자유로 발전케 하는 일"을 의미했다. 이 글은 "여하한 사람일지라도 그가 인격이 있는 이상은 모두 동등의 가치를 가질 만한 자이며 따라서 이른바 인격이라 함은 사람들이 문화에 대하여 참여할 자격으로 정한 것이니 사람들은 이른바 그 자격에 하등의 차별도 받지 않는다. …… 사람들이 이 인격을 두루 갖춘 이상에는 누구든지 동일한 평등의 자리에 설 것이 아니냐"라고 했으며 "데모크라시라 하는 것은 이 인격을 기초로 하여 성립"한다고 주장했다.[55]

'문화적 민족주의'라는 개념도 제기되었다. 마이클 로빈슨(Michael Robinson)은 온건하고 점진적인 운동의 목표를 가진 민족주의를 '문화 민족주의'라고 이름 짓고 김성수를 문화 민족주의자로 분류하였다.[56]

김현주는 "문화적 민족주의란, 자유주의 국가이론과 마찬가지로,

『조선일보』 창간 기념호. 『조선일보』의 초기 구성원은 친일단체인 대정친목회 소속 인사들을 중심으로 이루어져, 이미 시작부터 '친일지'라는 딱지를 떼기 어려웠다.

서구에서 18세기 후반부터 19세기 중반까지, 그 근대적 개념과 구조를 발전시켜온 정치적 운동(혹은 사상)이며, 이 운동을 관통하는 것은 근대적 주체성의 핵심 개념인 '자율적인 자기결정'이다"며 다음과 같이 말했다.

"문화적 민족은 문화적 차이와 자기결정이라는 이념에 기반을 두고 있으며, 자기의 독특한 정체성을 표현하기 위하여 스스로를 자율적으로 구성하고 내적인 존재의 지도를 따르기 위해 노력한다. 이 사상과 자유주의 사이의 차이는, 자유주의에 있어서는 자율성을 얻고자 하는 존재가 개인인 반면 문화적 민족주의에서는 전체 국민이라는 점이다. 넓게는 계몽기 이래 민족주의 운동을 추동해온 사상이 위에서 말한 바와 같은 문화적 민족주의였다고 할 수 있지만, 민족성 개조론은 문화적 민족주의의 가장 극단적인 형식에 속한다."[57]

『동아일보』는 '청년신문'

갑신정변의 주역이었던 박영효는 이름뿐인 사장이었다. 김성수와 대주주들은 회사를 운영하려면 그를 사장으로 추대하는 것이 여러 모로 유리하다는 판단하에 사장으로 앉혔고 59세인 박영효도 이름뿐일망정 의미있다고 판단해 사장직을 수락했다.[58]

『동아일보』로선 원로들을 모셔야 할 또 다른 이유가 있었으니, 그건 이 신문이 '청년신문' 이라고 해도 좋을 정도로 창간 주체의 나이가 어리다는 점 때문이었다. 김성수는 30세였고, 주간 장덕수 25세, 편집국장 이상협 27세, 논설위원 겸 정치부장 진학문(1894~1974)은 26세였다. 송진우가 1921년 9월 사장에 취임했을 때 그의 나이도 32세에 불과했다.[59]

『동아일보』는 유명 원로와 신진 도쿄유학파 인재들로 구성돼 전반적인 인적 구성이 『조선일보』에 비해 훨씬 화려했다. 김을한은 "창간 당시의 『동아일보』의 진용을 보면 …… 제제다사(濟濟多士)하여 그 시대의 일류 인물들은 모두 신문사로 집중되었다는 느낌을 가지게 한다"며 "후일『조선일보』가 혁신되기 전까지는 거의『동아일보』의 독천장(獨擅場, 자기 멋대로 행동하는 장소)이었다"고 했다.[60]

'청년신문'『동아일보』의 혈기왕성은 제2호(1920년 4월 2일자)의 1면 머리기사에서부터 나타났다. 이 기사는 일제에 의해 조작됐던 고종의 승하일을 1월 21일로 바로잡았다.[61] 1920년 5월 4일자부터 6회에 걸쳐 실은 논설「조선 부모에게 고함」도 혈기왕성을 잘 보여주었다. 이 논설은 가장권(家長權)의 난용(亂用)을 비난한 후 부로(父老)된 의무를 행할 것을 촉구하는 등 종래의 유교사상 인습에 사로잡혀 있는 계층을 비판한 것이었다. 또 변전(變轉)하는 시세(時勢)에 뒤진 유림들을 맹렬히 비판하기도 했다. 이에『동아일보』불매운동까지 전개할 정도로 전국 유림들이 강력 반발하였다. 이 사태에 책임을 지고 박영효가 취임 2개월 만에 사장 자리에서 물러났으며, 김성수가 제2대 사장이 되었다.[62]

『동아일보』의 혈기왕성은 1920년 9월 25일 최초의 무기 정간을 당함으로써 제동이 걸렸다. 두 가지 이유 때문이었다. 9월 24, 25일자 장덕수의 사설이 일본 천황의 상징(지혜, 자비, 용기를 대표하는 거울, 보석, 칼)을 마치 우상숭배에 자주 쓰이는 것처럼 취급했다는 것과 영국이 인도를 식민지로 만든 것을 일본이 한국을 식민지로 만든 것에 비유했다는 것이다. 무기 정간은 석 달 반이 지난 1921년 1월 10일 해제되었다.[63]

1921년 7월 김성수의 뒤를 이어 김성수의 죽마고우 송진우가 사장에 오르면서『동아일보』상층부는 일본 와세다대학파의 아성이 되었다. 주간 장덕수는 김성수의 와세다대학 후배였으며, 송진우도 와세다대학에 다닌 적이 있어『동아일보』는 와세다대학 출신 유학파들이 주축을 이뤘다.[64] 『동아일보』는 1921년 민간신문 최초로 윤전기 한 대를 도입하여 종래의 평판 인쇄에서 윤전기에 의한 대량 인쇄를 하게 되었다.

『조선일보』의 '압수당하기' 전략

『조선일보』는 『동아일보』처럼 주식회사로서 주 모집을 시도하였으나 "친일단체의 기관지라는 까닭으로 『동아일보』와 같은 인기를 끌 수는 없었다. 그러므로 주 모집뿐만 아니라, 독자 획득에도 많은 고통을 겪고 그 출발점서부터 애로에 부딪혔다."[65]

대정친목회 회원들의 도움을 기대했던 예종석의 기대마저 빗나가고 말았다. 그래서 3호를 내고는 "4월 21일 4호를 발행하겠다"는 사고를 내고 50여 일간 휴간에 들어가기도 했다. 예종석은 3개월 만에 발행인에서 물러났으며, 『조선일보』는 5개월 만에 대정친목회와도 결별했다.[66]

『조선일보』는 『동아일보』와의 경쟁을 의식해 이미 1920년 8월 27일까지 총독부에 지면을 압수당하는 기록을 23회나 세우는 등 끊임없이 '비판의 상품화'를 시도했다. 이와 관련, 주동황·김해식·박용규는 당시 『조선일보』가 이중적인 생존술을 구사했다고 보았다.

"1920년 9월 『조선일보』는 창간 직후 친일지로 지목돼 '민족지'를 표방하고 나선 『동아일보』의 위세에 눌리자 스스로 배일적인 신문임을 공언하는 내용의 사설들을 실어오다 총독부로부터 제2차 무기 정간을 받았는데, 이때 필자도 아닌 최국현(1899~1970) 등 3명의 기자를 해고했다. 한편으로 독자의 신망을 얻기 위해 배일적임을 자처하면서도 다른 한편으로는 총독부와 타협해 정간 해제의 조건으로 기자를 해고하는 양면적인 행위를 보였던 것이다."[67]

또 최준은 "1920년부터 1925년까지는 이렇게 당국에 압수당하는 일을 오히려 장하게 여겼다. 이는 신문사 측도 그랬거니와 독자인 민중 대중도 이를 크게 지지하였다. 그러므로 이 시대의 신문기자들은 경무국 도서과로부터 압수라는 통보가 오면 만세를 불렀으며 닷새만 압수가 없으면 오히려 기자들의 안색이 좋지 않았다. 그리고 하루건너 한 번씩 편집국장은 도서과장과 경무국장에 담판을 하러 갔었다"고 말했다.[68]

1920년대 초반 『조선일보』의 주된 생존 전략은 '압수당하기'였지만, 그게 큰 효과를 낼 수는 없었다. 『조선일보』는 1921년 4월 8일 친일파 송병준의 손에 넘어가 '친일'의 굴레를 벗어날 수 없었고 그 결과 경영은 계속 악화되어 갔기 때문이다.

『시사신문』과 민원식의 참정론

『동아일보』와 같이 4월 1일에 창간된 『시사신문』의 발행인은 상하이 임시정부에서 가장 악독한 친일파 중의 하나로 지목한 바 있는 민원식이었다. 민원식은 1910년 1월 1일 『시사신문』을 내다가 경영난으로 5월 8일 종간한 경험이 있었는데, 같은 이름으로 다시 신문을 낸 것이다. 민원식은 1896년경 일본에 유학하여 이토 히로부미를 만난 바 있고, 한일합방 후 군수를 지냈으며 3·1운동 후에는 중추원 부참의를 지낸 인물이었다. 그는 신일본주의를 제창하면서 일선(日鮮) 융화 운동의 선봉으로서 국민협회를 조직하였다.(1919년 8월에 만든 협성구

락부를 1920년 초에 국민협회로 개칭하였다.)[69]

민원식이 제창한 신일본주의는 "일본제국의 신민으로서 생활의 안고(安固)가 보장되어가고 있는 이 마당에서 우리들은 생활의 안고와 확충을 보장받겠다"는 내용이었다. 그는 그러한 '보장'을 위해 이른바 '참정론'을 폈는데, 이는 조선에서 선거법을 시행하여 일본의 국회에 조선의 지역대표를 선출해 보내자는 것이었다.[70]

신용하는 "일제의 '참정권 청원운동' 허용은 처음부터 한민족 분열을 목적으로 한 정치연극"이었다며 다음과 같이 말했다.

"일제의 '참정권' 허용 운운은 한국인의 항일의식을 무마하기 위해서 일제 특별고등경찰이 조종하는 친일파들을 시켜 '참정권 청원운동'을 서류상 행하게 하고 보도해서 친일파들을 계속 포용하고 한민족 분열을 노린 기만정책에 불과했던 것이다."[71]

상하이 임시정부의 『독립신문』 1920년 4월 27일자는 "『시사신문』의 기자나 판매자가 된 것은 개 같은 민원식과 동류이며, 광고를 게재하거나 구독하는 자는 이 매국노를 원조함이니 동포여 주의할지어다"고 경고했다.[72]

'아직 신문의 가치를 모르는 사람들'

윤치호가 자신의 일기에서 이 3개 신문의 창간에 대해 냉소를 보내면서도 다른 한편 기대를 거는 이중적인 모습을 보이고 있다는 게 흥미롭다.

윤치호는 1920년 4월 30일자 일기에 "지금 서울에서 조선인들이 경영하고 있는 신문은 3종이나 된다. 독립을 추구하는 『동아일보』,

동화정책을 선도하는 『시사신문』, 중도적인 견해를 대변하는 『조선일보』 말이다. 그중에서 『동아일보』가 조선인 독자들 사이에서 인기가 가장 높다. 그런데 이 조선인 신문들에게 공통적으로 드러나는 단점은, 뉴스를 제쳐두고 끊임없이 논설을 싣는다는 점이다"라고 썼다.

"또 다른 신문 하나가 도쿄에서 발행될 계획 중에 있다. 즉, 『반도신문』이 100만 원의 자본금을 가진 주식회사로 출범할 예정이다. 꿈에 부푼 몇몇 인사는 나더러 한 회사의 발기인이 되어달라고 떼를 쓰고 있다. 안동에서 신문을 발행하기 위해 50만 원의 자본금을 가진 주식회사를 설립한다면서 말이다. 그들은 조선인들이 그렇게 많은 일간지들을 후원하려 들지도 않을 것이고, 또 후원할 수도 없다는 걸 간과하고 있다."[73]

그러나 윤치호는 1920년 5월 2일자 일기에서는 "조선인들은 아직 신문의 가치를 깨닫지 못하고 있다. 난 신문구독 예약금의 일부 또는 전액을 부담해가면서 충남에 있는 4개 마을에 일간 신문을 보급하려고 애써왔다. 하지만 헛수고였다. 물론 내가 1년간 구독료 전액을 지불했다면, 주민들은 무척 기뻐했을 것이다. 읽을거리를 얻게 되어서가 아니라, 벽에 바를 종이가 생겼기 때문이다. 이처럼 그들은 신문을 읽기 위해서 단 한 푼도 내지 않았다. 내 생각엔 조선에서 신문을 구독하는 사람은 1000명당 1명꼴도 안 될 것이다"라고 말했다.[74]

『조선일보』『동아일보』의 친일논쟁

『조선일보』와 『동아일보』는 최근에 이르기까지 일제 당시 창간 배경에 있어서 누가 더 민족적인 성격이 강한 민족지였는지를 따지는 싸움을 벌이곤 했는데, 1985년 4월 싸움이 제법 크게 벌어졌다.

『동아일보』는 1985년 4월 1일 창간 65돌 기념으로 사회면 머리에 고려대 명예교수 조용만(1909~1995)의 「동아일보 민족혼을 일깨운 탄생, 본보 창간의 시대적 배경」을 실었다. 이 글은 『동아일보』와 『조선일보』의 탄생과정을 밝히면서 『조선일보』를 "실업신문임을 위장한 친일신문"으로, 『동아일보』를 "민족주의를 표방하는 신문"으로 묘사했다.

이 기사가 나간 지 보름 뒤인 4월 14일 『조선일보』는 논설고문 선우휘(1922~1986)를 통해 반격했다. 선우휘는 이 글에서 『동아일보』 사장 김성열을 향해 직설적으로 "김 사장, 제정신으로 하시는 일입니까. 정말 어쩌려고 이러십니까. 지금 신문이 이런 일로 지면과 시간을 낭비할 때입니까"라고 물었다.

"반일-친일 논쟁이 에스컬레이트하면 어디까지 갈 것인지 상상도 안하십니까. 논쟁이 격화되면, 궁극적으로 인촌 선생까지도 욕보이는 결과가 된다고 생각지 않으십니까. 그래서 두 신문사가 서로 상처를 입을 때, 이 사회에 이로운 것이 무엇일까요. 이제 변명하거나 조용히 화해하는 기회는 잃어버리고 말았고, 오직 『동아일보』가 가만히 있는 사람을 비방한 행위에 대하여 사과할 일만이 남았습니다. 그러면 나는 『조선일보』 사원들과 함께 마음을 풀겠습니다."[75]

하지만 『동아일보』는 4월 17일 지면을 통해 "『조선일보』가 친일신문으로 창간된 것은 사실 기록에서 착오가 없는 것"이라며 공격을 멈추지 않았다.[76] 『조선일보』 역시 4월 19일자를 통해 "이번 기회에 친일계보가 속속들이 파헤쳐져야 한다"며 다음과 같이 반격을 가했다.

"이중에서도 일부 토착귀족, 지주세력은 일제의 토지조사사업을 계기로 형성된 식민통치의 가장 중추적인 동맹군이었습니다. 결국, 귀족, 지주, 기성 친일언론인으로 혼성된 측에 허가된 것이 바로 『동아일보』였고, 상공인 집단에 주어진 것이 『조선일보』였습니다. 『동아일보』가 총독부 기관지 『매일신보』의 편집장이었던 이상협에게 발행 허가되었고 한일합방의 공로로 일본 후작의 작위를 받은 박영효가 초대 사장이었다는 구성을 보더라도 『동아일보』가 과연 어떤 성격이었던가는 자명한 일입니다. 『동아일보』는 또 17일자 신문의 글에서 『동아일보』 창간호와 창간특집호에 등장한 국내외 인사의 면면을 들어 『동아일보』가 민족지인 양 호도했으나 바로 그 축사의 대열에 10여 명의 총독부 관리 및 친일인사가 들어 있는 사실은 어떻게 설명되어야 하는지 알 수 없습니다."[77]

두 신문은 이 논쟁이 서로의 치부를 들춰내자 서둘러 수습해 20여 일 만에 사건을 일단락 지었다. 그렇지만 이후에도 친일논쟁은 파트너를 바꿔가며 계속되었다.

2000년 『조선일보』측은 대정친목회에 대해 "『조선일보』를 폄하하는 사람들이 '친일단체인 대정친목회가 주축이 된 『조선일보』는 풍부한 자본으로 신문을 낼 수 있다'고 말한다. 그러나 공칭 자본금이 20만 원도 채우지 못하고 5만 원의 자본금으로 창간했으며, 명목만 걸쳐두고 경영과 편집에 간여하지 못했던 대정친목회가 창간 다섯 달 후인 8월, 『조선일보』와 공식적으로 결별했다는 사실을 제대로 알지 못하고 있다"고 반박했다.[78]

이연은 "『조선일보』는 민간지로서는 최초로 '강제 정간 처분'을 당하는가 하면 압수나 삭제, 발매 금지 등 당시 국내 민간지 중에는 가장 많은 탄압을 받은 신문"이라며 "신문내용을 면밀히 분석해봐도 항일운동이나 민족투쟁을 일깨우는 기사들로 채워져 어느 신문보다도 민족투쟁의식이 강하였다는 것이 새로 밝혀지게 되었다. 단지 『조선일보』의 창간 당시 주역들이 민족진영이 아닌 친일진영이었다는 사실만으로 결코 타지에 비해서 평가절하되거나 매도되어서는 안 될 것이다"고 주장했다.[79]

사실 이런 논쟁은 두 신문이 매사에 솔직했더라면 일어날 필요조차 없는 일이었다. 양쪽 모두 어두운 쪽은 감추면서 밝은 쪽만 부각시키려는 시도를 해왔기 때문에 누적된 불신이 심각한 탓이었다고 볼 수 있다.

04

한국 최초의 여기자
이각경·최은희

『매일신보』의 최초의 여기자 공채

1910년대~1920년대에 기자직은 남성만의 영역이었다. 여기자는 그 수를 손가락으로 꼽을 수 있을 만큼 희소했다. 『매일신보』 1920년 7월 2일자에는 부인기자를 채용한다는 사고(社告)를 게재했는데, 이것이 최초의 여기자 공채였다. 이 사고는 부인기자의 채용이유를 "부인계의 해방을 위해 가정개량 및 부녀개조의 완벽을 기함에는 현숙박학(賢淑博學)한 숙녀의 책임 있는 노력이 있어야 한다는 시세의 요구" 때문이라고 밝히면서, 응시자격을 ①가장 있는 부인 ②20세 이상 30세 이하 ③고등보통학교 졸업 정도 이상으로 문필취미가 있는 부인 등으로 못 박았다.

나윤도에 따르면, "이 무렵은 『조선일보』와 『동아일보』가 창간된 지 3개월밖에 되지 않았던 때다. 그때까지 유일한 우리말 신문으로

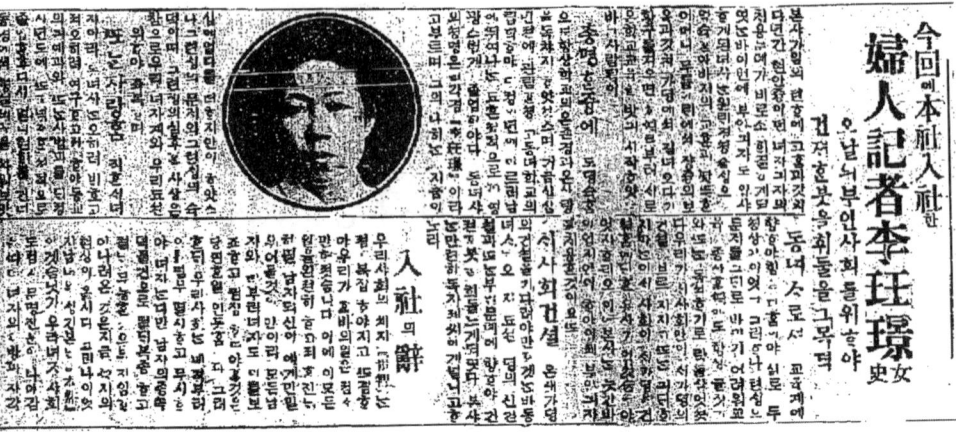

한국 최초의 여기자는 총독부 기관지였던 『매일신보』의 이각경이었다. 이각경의 입사를 알리는 기사와 사진, 그리고 이각경이 쓴 입사의 변을 담은 1920년 9월 5일자 『매일신보』.

독점적 지위를 누려왔던 『매일신보』는 경쟁상대들의 출현으로 편집국을 개편하고 그들과의 차별화와 새로운 이미지를 심기 위한 노력을 기울였다. 여기자 채용은 그 일환으로 실시된 것이지만 여자들의 문밖 출입마저 철저히 금하고 있던 당시의 사회분위기에서 여성의 기자직 진출은 획기적인 것이었다."[80]

여기자 채용 사고를 낸 지 2개월 후인 9월 5일자 『매일신보』에는 자랑스럽게 이각경(1897~?)의 입사를 알리는 기사가 실렸다. 「금회에 본사 입사한 부인기자 이각경 여사, 오늘의 부인사회를 위하야 건전한 붓을 휘두를 그 목적」이라는 제목의 기사다.

"본사가 이미 천하에 고함과 같이 다년간 현안 중이던 여자기자의 채용 문제가 비로소 해결하게 되었는 바 이번에 부인기자로 입사하게 된 여사는 원래 경성 출생으로 엄숙한 아버지의 교훈과 따뜻한 어머니의 무릎 아래서 장중의 보옥과 같이 황구(黃口)를 겨우 면한 때로부

터 새로운 학교교육을 받기 시작하였는 바 그 사람됨이 총명한 중에
도 정숙하므로 항상 학교의 온 존경과 온 사랑을 독차지하였었으며
거금 13년 전에 관립 한성고등여학교에 입학하야 대정 4년(1915년)에
이르러 남의 뛰어나는 조흔 성적으로서 영광스럽게 졸업하얏다."

이 기사는 이각경이 1915년에 한성고등여학교(경기여고의 전신)의 기예과(技藝科)와 사범과를 졸업하고 도쿄로 건너가 공부했으나 가정의 허락을 받지 못해 귀국한 뒤 교육계에서 2년 동안 종사하였다고 소개했다. 부인기자가 입사했다는 기사와 함께 『매일신보』에는 이각경이 직접 쓴 「입사의 사(辭)」가 실렸다. 이각경은 이 글에서 우리 사회는 예로부터 여자를 너무 멸시하고 무시하여 여자는 다만 남자의 종속적 물건으로 절대 복종하고 절대 무능한 것으로 생각해왔으나 이는 잘못이라고 말하고 자신이 신문사업에 나선 책임은 참으로 무겁다고 기자로서의 포부를 밝혔다.[81]

최은희는 '최초의 민간신문 여기자'

1920년 9월 5일 정식으로 발령을 받아 9월 14일자부터 기사를 쓰기 시작한 이각경은 「부인기자의 가정방문기」「축첩에 대한 이해」「위생에 대한 주의」를 비롯, 가정·여성·아동·교육 문제 등 수많은 기명 기사를 남겼다.[82]

그간 우리나라 최초의 여기자로는 1924년 10월 조선일보 학예부 기자로 입사한 최은희(1904~1984)로 알려져 왔는데, 이는 『매일신보』가 총독부 기관지인지라 『매일신보』 기자를 배제시킨 결과다. 정진석은 이각경을 최초의 여기자로 볼 것을 주장했다. 이 주장을 받아들인

허정숙. 『동아일보』에서 기자생활을 하다 사회주의운동과 관련되었고 해방 후에는 북한에서 중요 직책을 맡아 활동했다.

다면, 최은희는 최초의 민간신문 여기자로 볼 수 있겠다.

최은희는 매우 적극적으로 활동했고 화려한 경력을 쌓았다. 최은희의 활약에 자극을 받은 『동아일보』는 여기자 허정숙(1908~1991)을 채용했다. 허정숙은 최은희보다 두 달 늦게 출발했지만 오히려 그보다 더 이름을 떨쳤다. 소설가 이광수의 부인으로 의사였던 허영숙도 잠시 『동아일보』로 기자로 일한 바 있다.

반면 이각경은 활동 기간도 짧고 조심스럽게 일해 널리 알려지진 않았지만, 그녀가 쓴 기사의 논조는 제법 단호하고 적극적이었다. 기사 제목만 보더라도 「자유와 개방적 생활-오늘날 남자만 의뢰 말고, 각자 자유롭게 활동을 해야」 「부인이여 안일을 취치 말라」 「자부를 둔 시부모여, 며느리도 당신의 자식이거늘 왜 그리 노예시하는가」 등과 같이 화끈한 맛이 있다.[83]

그러나 대체적으로 보아 이각경이 '투사'일 수는 없었다. 정진석은 이각경의 여성관이 "보수를 바탕으로 한 개혁론"이었다며, 이각경이 1921년 1월 1일자에 쓴 「신년 벽두를 제하야 조선 가정의 주부께」라는 장문의 계몽적인 논설에 대해 다음과 같이 평가했다.

"구시대와 신시대가 갈라지는 변화 속에서 '신여성'이라는 말이 신선한 의미를 가지고 자주 쓰이던 사회 분위기였지만, 여성운동의 최첨단에 선 기수여야 했던 최초의 부인기자 이각경은 보수와 개혁의 조화를 강조하는 것이다. …… 우리 조선 여성이 전부터 전해오던 바와 오늘도 행하는 바 장점은 영원히 보존해야 한다고 다시 한번 강조했다. 그는 조선 여성이 지켜야 할 장점으로 가정 안의 일은 여자가 다 하지 않으면 안 되겠다는 책임관념에 투철하고 이에 대한 자신이 있는 것이 아름다운 덕이라고 말하고 있다."[84]

'화초기자'를 넘어서

일제강점기에 여기자로 활동한 이들은 위에 소개한 네 사람 외에도 김명순, 모윤숙, 노천명, 최정희, 황신덕, 김자혜, 김원경, 박승호, 조경희 등 당대의 대표적인 여류 인사들이었다. 여기자들은 주목도 받았지만 '화초기자'라는 모욕적 대우를 받기도 했다. 처음 등장할 때보다 1930년대 후반으로 가면서 그 활동범위가 오히려 좁아지고 신문사에서는 거의 사라져 잡지사에서만 겨우 명맥을 유지했다.[85]

그렇지만 여기자로서의 특권도 있기는 했다. '말괄량이' '수염 난 여자' 등의 별명이 생길 정도로 맹활약을 했던 최은희는 훗날 "여기자는 명물 중의 명물이었다"면서 "아무리 경비가 삼엄한 곳이라도 무사통과가 되었으며 외국 영사관이나 구(舊) 황실, 옛날 중신(重臣)들의 가정에서 연회가 있어 사장에게 초청장을 보낼 때에는 부인기자에게도 반드시 초청장이 왔다"고 했다. 또한 자신이야말로 "무관의 제왕 노릇을 톡톡히 했다"고 술회했다.[86]

최은희는 1930년 7월 니혼대학 법과 졸업 후 법원에서 일하던 7년 연상의 이석영과 결혼했다. 그녀는 결혼 후인 1932년 늑막염을 앓아 신문사를 그만두었는데, 1942년 남편의 갑작스런 병사(病死)로 홀로 1남 2녀의 자녀를 키워야 했다. 광복 후 활발한 여성운동을 벌였으며, 1982년 12월 병원에 입원해 1984년 8월 16일 80세로 별세했다.

최은희는 투병 중이던 1983년 5월 5000만 원을 조선일보사에 기탁했다. 이미 10년 전 그녀는 "죽은 뒤 예금액을 모두 정리해 여기자상을 제정하고 싶다"는 유서를 이태영 변호사에게 건네준 적이 있었다. 조선일보사는 이 기탁금을 바탕으로 '최은희 여기자상'을 제정해 1984년부터 매년 뛰어난 활동을 한 여기자에게 수여하고 있다.[87]

최은희의 활약상은 앞으로 더 살펴보겠지만, 그녀는 오늘날 한국 여기자들의 사표(師表)가 되고 있다. 『2006 한국신문방송연감』에 의하면 여기자 숫자는 1535명으로, 전체 기자 9000명의 17퍼센트다. 종합일간지 여기자들이 가장 많이 근무하는 부서는 편집부 26.7퍼센트, 문화부 12.2퍼센트, 사회부 10.2퍼센트, 경제부 6.4퍼센트, 정치부 4.7퍼센트, 국제부 3.6퍼센트 순이다.[88] 전체 점유비나 근무 부서에 있어서 아직 갈 길이 멀다는 걸 말해준다. 최은희의 패기가 다시 살아나야 할 이유다.

제6장

독립투쟁과 배관주의

01

'황량한 폐허의 조선'과 문학

'2인 문단시대'의 종언

신문과 더불어 문예잡지들도 창간되었다. 이미 3·1운동 전인 1919년 2월 1일 도쿄에서 김동인, 주요한, 전영택 등 유학생 중심의 문예지 『창조(創造)』가 나왔고, 국내에선 1920년 7월 25일 또 다른 문예지 『폐허(廢墟)』(김억, 남궁벽, 염상섭, 오상순, 황석우 등)가 나와 이후 문단은 '창조파'와 '폐허파'로 갈리었다.[1]

이로써 그간 춘원 이광수와 육당 최남선이 주도했던 이른바 '2인 문단시대'가 막을 내리게 되었다.[2] 2인 문단시대와 비교하여 가장 큰 변화는 구어체의 활성화였다. 조연현은 "구어체 문장의 확립은 『창조』 동인들의 가장 중요한 문학적 과제의 하나였다"며 다음과 같이 말했다.

"춘원까지에 있어서는 글투에 '이러라' '이더라' '하도다' '이도

김억, 남궁벽, 오상순 등이 모여 만든 문예지 『폐허』. 3·1운동의 좌절로 커다란 좌절감에 빠졌던 문인들은 "옛것은 멸하고 시대는 변하였다. 내 생명은 폐허로부터 온다"는 프리드리히 실러의 시구에서 잡지의 이름을 따왔다.

다' 등의 그냥 구어체를 사용하였다. 『창조』 동인들은 의논하고 이런 정도의 글까지도 모두 일축하고 '이다' '이었다' '한다' 등으로 고쳐 버렸다. 조선말에는 존재하지 않는 'HE'와 'SHE' 등 대명사를 몰아서 '그'라 하여 지금 한글로서 소설을 쓰는 사람에게 편리하게 한 것도 『창조』의 공이다."[3]

'폐허' 의식의 배경

'폐허'라는 이름은 "옛것은 멸하고 시대는 변하였다. 내 생명은 폐허로부터 온다"고 한 독일 시인 프리드리히 실러(Johann Christoph

Friedrich von Schiller, 1759~1805)의 시구에서 따온 것이다. 오상순 (1897~1963)은 『폐허』의 창간 취지를 역설한 글에서 "우리 조선은 황량한 폐허(廢墟)의 조선이요, 우리 시대는 비통한 번뇌의 시대이다"라고 했다. 또 "암흑과 사망은 그 흉악한 입을 크게 벌리고 곧 우리를 삼켜버릴 듯한 감이 있다. 과시 폐허는 멸망과 죽음이 지배하는 것 같다"고 암울하게 절규했다.[4] 김병익은 이런 '폐허' 의식의 배경을 3·1운동의 좌절에서 찾았다.

"우리 역사상 전쟁이 아닌 상태로서는 가장 많은 인명의 피해를 입었음에도, 이 독립만세의 시위가 얻어낸 것은 거의 없었다. 몇몇 외국인들의 동정은 샀겠지만 가난한 식민지에 대한 열강들의 외면은 더욱 가혹해졌고, 이 시위가 진정된 후 일본은 이른바 문화정책으로 전환을 하지만 그것은 겉으로만이었고 그나마 몇 해를 못 갔다. 독립을 향한 민족의 열정들은 이 운동의 실패에서 비롯되어 오히려 보다 깊은 좌절로 빠져들어 갔고, 일부가 대륙으로 망명하여 항전론을 부르짖으며 총을 들기는 했지만 나머지 대부분의 식민지 백성은 총독정치에 서서히 굴복하기 시작했다. 사태는 더욱 나빠졌고 의지와 자세는 더 심하게 움츠러들었다. 그 절망적인 상황에 대한 절망적인 인식의 한 표현이 당시의 퇴폐주의적 심리와 행태였을 것인데……."

이어 김병익은 "그러나, 그 퇴폐적 행태 때문에 야유를 당한 바로 그 사람들에 의해 독립에의 꿈과 그 꿈의 더없는 좌절이 우리의 의식에 각인되고 무의식 속으로 침잠하여 문화화의 옷을 입게 되었으며, 그 옷을 통해 당시의 좌절적인 내면 풍경이 표출되고 거기서 우리의 근대문학과 문화의 창조가 시작되고 있음이 환기되어야 한다"며 다음과 같이 말했다.

"그들은 3·1만세시위라는 정치사적 사건을 문화적 의식으로 환치했고 그 정치적 실패를 통해 근대적 의식을 심어놓았다. 우리의 말과 역사의 전통이 가혹한 식민통치 속에서 지탱되었던 것은 그래서 가능했던 것이며 우리의 의식이 주체성과 현대성으로 발전할 여지를 갖추게 된 것도, 좌절감과 그 좌절을 이겨내려는 싸움을 통해서였다. 그 당장에는 만세시위가 패배였고 그 패배자들의 퇴폐주의였지만, 긴 시간 후 그 퇴폐는 해방에의 치열한 긴장이며 그 패배는 역사적 의미를 실현하기 위한 희생의식이었다."[5]

창조파, 폐허파, 백조파

1921년 5월 시 전문지 『장미촌』이 발간되었다. 『장미촌』은 최초의 시 전문지로서 주로 낭만주의적 경향을 표방하였으나, 대다수의 동인들이 다시 『백조』를 창간하는 데 참가해, 『백조』의 전신으로서의 의미를 갖게 되었다.[6]

1922년 1월 9일 문예지 『백조』가 창간되었다. 박종화(1901~1981), 이상화(1901~1943) 등 휘문학교 출신과 박영희(1901~?), 김기진(1903~1985), 나도향(1902~1926) 등 배재학교 학생이 모여 창간한 『백조』는 『폐허』나 『장미촌』에 비해 좀더 이념화된 성격을 지녔다.[7]

1923년 11월엔 양주동(1903~1977)을 중심으로 시전문 동인지 『금성』이 창간되었으며, 김동인은 1924년 8월엔 『창조』의 후신으로 평양에서 편집을 한 순문학동인지 『영대(靈臺)』를 창간했다.

큰 흐름으로 보아 당시 한국 문단엔 창조파, 폐허파, 백조파 등 3개의 파가 형성되었다. 대체적으로 보아 『창조』는 자연주의, 『폐허』는

1922년 1월 창간된 문예지 『백조』. 이상화, 김기진, 나도향 등이 모여 만든 『백조』는 낭만주의적 경향의 동인지였으나 전신인 『장미촌』보다 다소 이념화된 성격을 지녔었다.

퇴폐주의, 『백조』는 낭만주의 경향을 보였다.[8] 창조파의 주동자인 김동인은 훗날(1931년) 『매일신보』에 기고한 글에서 이 3개 파에 대해 다음과 같이 말했다.

 "백조파는 보헤미안과 유사한 점이 많았다. 창조파의 밝은 면과 폐허파의 방랑면이 합친 것이 그들의 기분이었다. 게다가 거기는 아직도 학생 기질이 많이 남아 있었다. 그들은 술을 먹었다. …… 그들은 기생집에를 다녔다. 그리고 기생들(그것도 대개 어린 기생)에게 창가를 가르쳤다. 요리집에서 기생들을 앞에 놓고 문예를 논하였다. 창조파에서는 기생의 집에를 놀러 다녀도 오입장이로 자임(自任)을 하고 유흥 이외의 다른 일을 기생 앞에서 운운하는 것을 어린 것이라 하여 피하였는 데 반하여 그들은 그것을 명예로 여겼다. 말하자면 아직 학생

기분이 너무도 넘쳤던 것이다. 이것을 여(子·余, 나) 등은 불쾌히 보았
다. 어리다 보았다. 그리고 그런 가운데 웬 대기(大器)가 나오랴 하였
다. 그랬더니 거기서는 놀랄 만한 귀재가 나왔다."⁹⁾

'전인미답(前人未踏)의 땅을 가는 흥분'

당시엔 한 작가가 여러 동인지에 동시에 관여하기도 했다. 이와 관련,
윤병로는 "각 동인지가 표방한 노선이 조금씩은 달랐다는 점을 감안
하면 이 문제는 작가의식의 파행성을 의미하는 것일 수 있다"며 다음
과 같이 말했다.

"실제로 이들은 다양한 사조적 공통분모를 추출해내기 힘들다. 이
러한 작가의식의 복합성은 특히 서구문예사조에의 무비판적 경도에
서 비롯된 것이 주요 원인이랄 수 있지만, 그렇다고 이 시기의 작가들
을 어느 한 사조에 쉽게 한정시켜 바라볼 수 없으며, 또 다양한 장르
에 걸쳐 창작활동을 한 점을 감안하면 실험적 성격이 강한 작품이 많
았음을 능히 짐작할 수 있다."¹⁰⁾

동인지들은 모두 다 단명했다. 『창조』는 9호로써 1921년 5월 종간,
『폐허』는 2호로써 1921년 1월 종간, 『백조』는 3호로써 1923년 9월 종
간했다.¹¹⁾ 출발부터가 경제적 고려는 전혀 없이 문학적 낭만과 정열
일변도였기에 단명은 불가피했다. 『창조』의 경우 김동인식의 무모함
이 아니었다면 창간이 불가능했을 것이다. 강인숙은 "원래 김동인은
언제나 휘황한 각광 속에 서기를 갈망하는 의욕과잉형의 문인이다"
며 다음과 같이 말했다.

"그에게는 전인미답(前人未踏)의 땅을 가는 흥분이 노상 필요했다.

그래서 그는 사재를 털어 최초의 동인지이며, 최초의 순문예지인 『창조』를 냈고, 최초의 단편소설 작가로 등장했으며, 최초의 비평가로서 논쟁을 벌였다. 그는 최초의 리얼리스트 혹은 내추럴리스트이기도 하다. 이 많은 '최초'와 '최고'라는 수식어로도 부족해서 그는 최초의 유미주의자의 타이틀까지 내걸었다. 이것이야말로 그에게 가장 큰 만족을 주었을 가능성이 많다."[12]

『창조』에 앞선 『신청년』의 발굴

2002년 12월 국내 최초의 문예동인지로 알려진 『창조』보다 열흘 앞선 1919년 1월 20일에 창간된 문예동인지 『신청년(新靑年)』이 발굴됐다. 소파 방정환이 창간을 주도한 『신청년』은 지금까지 문인들의 회고록 등을 통해 이름만 전해지고 있었을 뿐이며 지금까지 실물은 찾을 수 없었다.

  6호까지 발간된 것으로 추정되는 『신청년』은 창간호에 만해 한용운의 글을 실은 것을 비롯해 심훈, 나도향, 유광열, 최승일, 황석우, 현진건 등 근대문학사의 주요 삭가들의 소설·시·평론·번역 등 20여 편의 글을 실었다. 이 가운데 심훈의 「찬미가에 싸인 원혼」(1920년), 나도향의 「나의 과거(1)」(1921년), 박영희의 「애화」(1921년) 등은 기존에 알려진 이들 작가의 데뷔작보다 시기적으로 앞선 것이다. 심훈은 이 작품을 '심대섭'이란 이름으로 기고하고 있다. 『신청년』은 창간 당시에는 방정환을 비롯, 유광열·김선배·이복원·이중각 등 이른바 카프(조선프롤레타리아예술가동맹, KAPF) 계열의 문인들이 주도적으로 참여한 진보적인 성격의 잡지였으나 4호부터는 박영희·나도향·

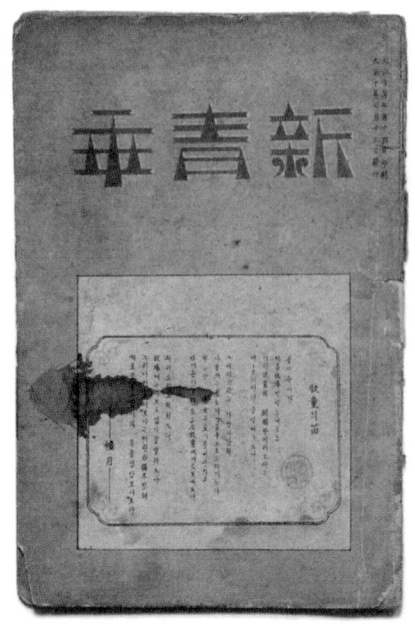

경성청년구락부에서 발간한 문예지 『신청년』. 방정환, 심훈, 한용운 등 국내파 문인들이 주도해 펴낸 자생적 성격의 문예지라는 점에서 높은 평가를 받았으며, 문인들의 회고록을 통해 이름만 전해지다 2002년 최초로 실물이 발굴되었다.

최승일 등 이른바 배재학당 출신의 백조파들이 주도하면서 순수문학지 성격으로 변하고 있다. 『창조』가 김동인, 주요한, 이광수 등 도쿄 유학생들이 순수 문예지를 표방하며 일본에서 발행된 것인데 비해 『신청년』은 국내파들이 주도한 토착적이고 자생적인 성격의 문예지라는 점에서 의의가 크다. 성균관대 동아시아학술원 교수 한기형은 "지금까지 한국근대문학사에서 『창조』를 최초의 동인지로 간주해왔으나 『신청년』의 발견으로 일제강점기 우리 문학의 모습에 대한 전면적 재조명이 불가피할 것으로 보인다"고 말했다.[13]

그러나 『신청년』을 최초의 동인지로 보기는 힘들다는 견해가 지배적이다. 명지대 석좌교수 김윤식은 "이 잡지는 『창조』『백조』『폐허』처럼 서양 근대문학의 이념과 방법론으로 무장한 본격적인 동인지라고 보기는 어렵다"고 말했다. 광운대 교수 조영복은 "『창조』 등의 동인지에 대해서는 거기에 참여했던 문인들이 지속적으로 그 잡지에 대한 회고를 남겼던 반면『신청년』에 대해서는 아주 간간이, 그것도 습작 형식의 글이 실린 정도로 회고하고 있다"며 "잡지의 두께도『창조』등과 비교할 때 너무 얇아 본격적인 동인지로 보기는 어렵고 그 중간 단계의 잡지로 볼 수 있다"고 평가했다.[14]

무엇을 최초의 동인지로 보건, 조선의 젊은 지식인들이 '황량한 폐허(廢墟)의 조선'에서 문학으로 위안을 삼을 수밖에 없었다는 게 가슴 아프게 다가온다. 그들이 기생집에 다니면서 문예를 논한 것도 자유롭게 이야기할 수 있는 청중이 그토록 제한적이었다는 걸 말해주는 걸로 보아야 하지 않을까? 그럼에도 이 시기의 문인들은 문학이 유일한 구원이었던 세상을 살았기에 먼 훗날까지 널리 읽히게 되는 보석 같은 작품들을 많이 내놓게 된다.

02

의열투쟁과 청산리 전투

김원봉의 의열단 창단

1919년 11월 9일 밤 중국 지린성(吉林省, 길림성) 밖 화성여관에서 13명의 한국 청년들에 의해 의열단(義烈團)이 창단되었다. '의열단'의 명칭은 공약 10조 중 '천하의 정의(正義)로운 일을 맹렬(猛烈)히 실행하라'는 제1조에서 '정의'의 '의'와 '맹렬'의 '렬'을 따 지은 것이다.[15]

단장에는 김원봉(1898~1958?), 부단장에는 곽재기(1893~1952)가 추대됐다. 의열단원들은 처음부터 고강도의 '암살파괴운동'을 벌여 나가기로 결의했는데, 그 표적은 총독부 일본인 고관과 친일반역자, 그리고 식민지배의 정치기관·선전기관·폭압기구·수탈기구와 부속 시설물들이었다. 우선 경성(서울)의 조선총독부, 동양척식회사, 조선은행, 매일신보사 폭파와 사이토를 비롯한 총독부 수뇌·요인들을 저격, 포살(捕殺)키로 하는 목표가 정해졌다. 김원봉은 중국에서의 제

의열단을 창단한 김원봉. 만주의 신흥무관학교에서 수학한 뒤 요인 암살과 기관 파괴를 위한 무장항일투쟁을 위해 의열단을 창단했다. 광복군 부사령관, 임시정부 군무부장을 역임했으며, 1948년 북조선을 방문한 뒤 귀환하지 않고 머물러 월북인사로 남게 됐다.

반 준비와 지원을 책임지고 국내 현지에서의 거사 추진 및 실행은 곽재기가 전담, 지휘하기로 결정하였다.[16]

의열단은 무기를 국내로 반입한 후 1920년 6월 초에 거사를 결행하기로 했다. 그러나 밀양에 숨겨둔 폭탄 3개가 밀정의 제보로 경기도 경찰부에 탐지돼 가택수색 끝에 적발, 압수되어버림으로써 거사날짜는 7월 8일로 잠정 연기되었다. 그러던 차에 서울에서 잠행하며 대기 중이던 단원 5명이 6월 20일경 조선인 경부 김태석에게 체포되었다. 이어 곽재기 등 다른 단원들과 협력자들도 속속 검거되고 창원에 은닉해뒀던 무기마저 모두 압수되었다. 결국 제1차 암살파괴계획은 실패로 돌아가고 말았다.[17]

6장_독립투쟁과 배관주의 **253**

미 의원단 방한, 부산경찰서 폭파 의거

1920년 8월 24일 미국 하원의원단이 서울에 도착했다. 일본 국제친화회의 초청을 받아 관광 목적으로 상하이를 거쳐 한국에 온 것이다. 그들이 탄 기차가 경의선을 달려오는 동안 평북 곽산과 평남 안주에서는 한국인들이 철도연변에 미국 국기를 들고 나와 독립만세를 소리쳐 불렀다. 서울 시가지의 상점은 대부분 철시한 상태에서 미의원단 일행은 남대문역에 도착하여 조선호텔로 향했는데 연도에 나와 있던 시민 1만여 명이 만세를 불렀다. 각계 인사들이 환영회를 조직했으나 총독부의 방해로 미의원단이 거절했다. 『동아일보』 1920년 8월 24일자 사설은 미 의원단의 방문을 맞는 기쁨을 "자모(慈母)를 기다리는 유아(幼兒)의 마음"이요, "애인을 고대하는 정인(情人)의 마음"으로 비유하면서 열렬한 환영의 뜻을 표했다.[18]

일부 한국인들의 그런 '미국 짝사랑'을 비웃듯, 의열단은 바로 그때에 실패로 돌아간 제1차 암살파괴계획을 되살리고자 분주하였다. 1920년 8월 상하이로 건너간 박재혁(1895~1921)은 김원봉으로부터 부산경찰서를 파괴하라는 밀명과 함께 거사 자금 300원, 폭탄 1개를 전달받았다. 박재혁은 폭탄과 거사 자금을 중국 고서적으로 위장한 채 일본의 나가사키(長崎)를 거쳐 9월 6일 부산으로 밀반입하는 데 성공하였다. 9월 14일 오후 2시경 중국인 고서적 상인으로 변장한 박재혁은 고서적 보따리로 위장한 폭탄을 짊어지고 부산경찰서장 하시모토(橋本秀平)를 찾아갔다.

서장실에서 탁자 하나를 사이에 두고 하시모토에게 고서적을 구경시켜주고 있던 박재혁은 고서적에 정신이 팔려 있던 하시모토에게 의열단의 전단, 즉 하시모토를 처단해야 하는 이유와 당위성을 적은 전

부산경찰서에 폭탄을 투척해 서장을 사살한 박재혁. 의열단이 추진한 것 중 최초로 성공한 거사였으나 박재혁은 그 자리에서 부상을 입고 체포된 뒤, 옥중에서 단식 끝에 순국하였다.

단을 내보임과 동시에 고서적 보따리에 감춘 폭탄을 터뜨렸다. 순간 굉음과 함께 하시모토와 그의 옆에 서있던 일경 두 명이 부상을 입고 쓰러졌다. 하시모토는 중상을 입고 병원으로 긴급히 호송되었으나 이송 중 절명하였다. 경찰서 건물도 대파되었다.

이 '부산경찰서 폭파 의거'는 의열단에서 추진한 거사 가운데 최초로 성공한 거사였다. 박재혁은 폭탄을 터뜨린 직후 혼란을 틈타 탈출하려 하였으나 부상을 입어 현장에서 체포되었다. 일제의 집요한 회유에도 끝내 굴하지 않고 단식을 계속하던 박재혁은 결국 1921년 5월 11일 옥중에서 최후를 맞이하였다.[19]

봉오동 전투와 훈춘 사건

일제가 한국을 강점한 1910년 이미 20만 명이 넘는 한국인이 살고 있던 만주땅에서는 무슨 일이 벌어지고 있었던가? 3·1운동이 일어나자 만주 이주민사회는 만세시위를 벌였으며, 가장 규모가 큰 독립운동 기지인 서간도의 신흥무관학교가 세 군데로 확대되었고, 서로군정서·북로군정서가 조직되었다. 홍범도(1868~1943)가 이끈 대한독립군은 1919년 8월에서 10월 사이에 여러 차례 국내 진입작전을 전개했는데, 일제자료에 따르면 1920년 1월부터 3월까지 독립군의 국내 진공작전이 24회나 있었다.[20]

나남 19사단 소속 일본군은 1920년 6월 두만강을 건너 독립군을 추격했으나 봉오동 전투에서 홍범도의 연합부대한테 참패했다. 이 전투에서 일본군은 전사 157명, 중상 200여 명, 경상 100여 명이었고, 독립군 측 피해는 전사 4명, 중상 2명이었다. 일본군은 퇴각하면서 한국인 민간인 16명을 학살하였다. 독립군은 봉오동 전투를 '독립전쟁의 제1회전'이라고 부르면서 다음 전투를 대비하였다.[21]

1920년 8월 일제는 '간도지방 불령선인 초토계획'을 세우고 직접 간도에 출병해서 독립군을 토벌하기로 했다. 중국의 주권을 침해하지 않고 간도에 침입할 구실을 찾기 위해 일제는 이른바 '훈춘 사건'을 조작했다. 일제가 매수하여 조종하는 만주 마적단으로 하여금 훈춘(琿春, 혼춘)을 습격하도록 유도한 것이다. 이 시나리오에 따라 1920년 10월 2일 약 300명의 만주 마적단이 훈춘을 습격하여 상가를 약탈함과 동시에 훈춘에 있는 일본 영사관을 습격하여 방화하고 숙직 경찰관을 살해한 다음 퇴각하였다.[22]

이를 빌미로 일본군 2만 5000명이 국경을 넘었다. 국경을 넘은 일본군 가운데 아즈마(東正彦) 소장이 거느린 5000명 내외의 병력은 김좌진(1889~1930)의 북로군정서, 홍범도의 연합부대와 청산리 백운

평·어랑촌·고동하 등지에서 격전을 벌였다.[23]

1920년 10월 21일에 벌어진 청산리 전투는 무장독립운동단체들이 완전한 통합을 이루지 못한 상태에서 일본군과 벌인 전쟁이었다. 청산리는 천지에서 북동쪽으로 180킬로미터가량 떨어진, 백두산 기슭에 자리 잡은 작은 산마을이었다. 청산리 전투에 참전한 안중근 동생 안정근(1884~1949)은 임시정부에 보낸 보고서에서 "피아 양군은 3일간 전투를 개시하여 쌍방 모두 사상자 300여 명에 이르고 아군은 모두 퇴각하여 사방에 주둔 중, 3일간 전투에서 한 끼조차도 먹지 못한 아군의 참상은 형언할 수 없다"고 썼다.[24]

청산리 전투와 경신참변

김좌진이 이끄는 북로군정서와 홍범도가 지휘하는 대한독립군 등 2000여 명은 대포와 기관총 등으로 무장한 일본군 5000명 가운데 2000여 명을 사살, 항일무장투쟁 가운데 가장 큰 전과를 올렸다. 반면 독립군의 전사자는 130여 명, 부상자는 약 220명이었다.[25] 박은식은 "우리 한국인들은 물론 중국인과 유럽인들도 환호를 보내지 않을 수 없었으니 세계에 미증유의 기묘한 전공이다"고 청산리 전투를 매우 높이 평가하였다.[26]

청산리 전투에서 패배한 일본군은 10월 5일부터 11월 23일까지 북간도 서간도에서 독립운동을 지원한 조선인촌을 찾아다니며 '경신참변(庚申慘變)'이라 불리는 집단학살을 자행했다. 일본군이 학살한 무고한 한국인은 1만 명이나 되었다. 일본군은 28명의 한인을 일렬로 세워놓고 마치 사격연습하듯 총을 쏘아대는 등 광란극을 연출하였

청산리 전투에서 승리를 거둔 북로군정서 소속의 독립군들. 맨 앞에 앉은 사람이 김좌진 장군으로 알려져 있다.

다.[27] 당시 간도에 주재한 캐나다 선교사 마틴은 다음과 같은 기록을 남겼다.

"먼동이 틀 무렵 일본군 보병이 무장하고 기독교 신자가 많은 이 마을을 포위하여, 먼저 노적가리에다 불을 질러 태웠다. 곧 이어 집안에 들어 있는 사람들을 밖으로 나오게 하여, 무릇 남자는 노인과 어린애를 막론하고 그 자리에서 총살하였다. 채 숨이 끊어지지 않았으면 섶에 불을 붙여 그 몸 위로 던지니, 숨이 넘어가려는 사람이 아픔을 못 견뎌 펄펄 뛰며 비명을 질렀다. 그리하여 숨진 뒤에는 그슬려져 누구의 시체인지 알아볼 수 없게 되었다. 그들은 이처럼 잔인하게 사람을 죽이면서도 사망자의 부모처자로 하여금 지켜보게 했다. 동시에 집에 불을 질러 온 마을이 순식간에 초토화되었다. 일병은 또 다른 마을로 가서 기독교도들을 박해하였는데, 산골짜기에서 모든 촌락들이 이러한 참변을 당했다. 일병들은 만행을 자행하고 나서 병영으로 돌아가 일본 천황의 탄생일을 축하하였다. 그러한 참변을 당한 마을은 확실히 알고 있는 것만도 36개 마을이며, 어느 마을에서는 양민 145명이 죽었다고 한다. 중국은 국력이 미약해 이에 대항할 힘은 없지만, 이러한 역사상 일찍이 없던 만행을, 대부분이 기독교국으로 구성된 국제연맹에 왜 제소하지 않는가."[28]

경신참변의 확인

2000년 8월, 경신참변이 현장조사를 통해 최초로 확인됐다. 국가보훈처는 "일본군이 1920년 12월쯤 만주 룽징(龍井, 용정)시 장암동(현 룽징시 동성룽 동명촌 사대)에서 한인 33명을 교회에 집결시킨 뒤 불을 지르고 뛰쳐나오는 사람을 죽창, 칼 등으로 찔러 몰살시킨 사실을 확인했다"고 밝혔다.

조사단에 따르면 당시 일본군 14사단 15연대 제3대대 소속의 무장군인 77명은 룽징 동북쪽 25킬로미터 지점에 위치한 한인촌 기독교마을인 장암동을 포위, 40대 이상 남자 33명을 포박한 뒤 교회당에 가둔 채 불을 질렀다. 일본군은 이어 화염을 피해 교회당을 뛰쳐나오는 한인들을 죽창이나 칼 등으로 무차별적으로 찔러 참혹하게 살해한 것으로 조사됐다. 숨진 한인 가족들이 숯덩이가 된 시체를 찾아 장사를 지냈으나, 일본군은 5일~6일 후 다시 찾아와 가족들에게 무덤을 파게 한 뒤 시체를 한 곳에 모아 태워버린 것으로 드러났다.

조사단을 이끈 박환은 "일본군에 의한 이 같은 학살은 1920년 10월에 일어난 청산리 전투에서 일본군이 패배한 것에 대한 보복의 일환으로 취해진 것으로 보인다"면서 "장암동 참상 확인은 그동안 학계에서만 나돌던 '경신년 대참변(庚申年 大慘變)'의 실상을 처음으로 확인했다는 점에서 역사적 의미가 크다"고 설명했다. 박환은 "1920년 경신년은 '3·1운동' 이후 '청산리 전투' 등 항일독립전투가 본격적으로 전개된 해로 일본은 이 같은 저항을 민간인에 대한 무참한 보복학살로 일관했다"면서 "특히 만주지역 한인들은 역사의 그늘에 묻혀 있는 항일독립운동가들로 역사적 재조명이 시급하다"고 지적했다. 그는 이와 함께 "무고하게 숨진 이들의 넋을 기리기 위해서는 일본으로부터 공식사과를 받아내는 것은 물론 추모사업 등을 전개해야 한다"고 강조했다.[29]

조선총독부의 언론조작

1920년에 이뤄진 일제의 간도출병으로 약 4000명의 조선인이 학살당했다. 이어 1932년의 간도토벌에선 약 2만 명을 학살하는 등, 일본군은 "우리 민족 최대의 해외독립운동기지인 간도를 피바다로 만들었다."[30]

1920년의 간도출병과 관련, 송우혜는 조선총독부의 언론조작을 지적했다. 일제는 중국땅인 간도에 일본군을 출병시켜 '토벌'할 여건을 만들고자 한민족 무장독립군의 존재를 되도록 크게 세상에 드러내려 했다는 것이다. 엄격한 언론통제 아래 있었던 국내 각 신문들이 보도할 수 있었던 것도 바로 그런 배경에서였다. 조선총독부는 공식발표를 통해 항일무장독립군들의 국내진공 전투 및 봉오동 전투 등의 전투 상보를 크게 자세하게 보도하도록 했을 뿐더러, 만주 독립군에 대한 비밀대책회의 관계 보도와 무장독립군들의 전력 규모에 대한 과장보도가 시리즈로 보도되는 것까지 그대로 방조했다.[31]

송우혜는 『동아일보』와 『조선일보』는 이런 상황을 그들 나름의 독립운동 기운의 활성화에 기여하는 방향으로 활용하고자 했다며 다음과 같이 말했다.

"당시 조선총독부가 채택한 이런 모습의 간도 무장독립군관계 언론정책의 방향이 시사하는 의미는 크다. 이것은 합방 이후 조선총독부의 통치방식으로는 처음 시도되는 새로운 형태의 통치기술의 발휘였다고 평가되기 때문이다. 덮어놓고 폭력과 강압으로 밀어붙이던 그때까지의 무단통치의 무도함과 단순함을 뛰어넘었을 뿐더러, 기본적으로는 조선총독부 당국이 언론을 정략에 이용하는 현대 정치기술을 식민지의 통치에 사용하기 시작하는 새로운 장을 연 것이었다."[32]

일제가 획책한 그런 언론조작 기술의 영악성은 10여 년 후 만보산 사건으로 최고조에 이르게 된다. 제암리 사건의 복사판이라 할 경신참변이 말해주는 일제의 잔혹성은 그들의 '기계적 인간성'을 말해주는 것이었을까? 과연 인간은 같은 인간에게 어디까지 잔인해질 수 있는가 하는 근원적인 의문을 제기할 만한 사건들은 이후로도 계속 일어난다.

03

사기적 지방자치 선거

부자들만 참여할 수 있는 선거

일제는 1914년 4월 1일 허울만은 지방자치제를 표방한 공법인(公法人)으로서의 부제(府制)를 실시하였다. 집행기관인 부윤(府尹)은 오늘날의 시장(市長)과 같은 것으로 총독이 임명하고, 각 부에 부윤의 자문기관인 부 협의회를 설치하였다. 부는 "일본 거류민단 소재지 또는 다수의 일본인 소재지"를 선정 기준으로 삼아 경성, 인천, 군산, 목포, 대구, 부산, 마산, 평양, 진남포, 신의주, 원산, 청진 12곳을 선정했다. 또 일제는 1917년 10월 1일부터 면제(面制)를 시행했으며, 2512면 가운데 23개 면은 특별히 지정면(指定面)으로 선정했다.[33]

12개 부 지역은 대개 일본인이 이미 다수 거주하고 있는 항만지역의 신흥도시들로서 개성, 전주, 진주, 해주, 함흥 같은 전통적인 주요 도시들은 제외되었다. 부 지역이 확장되면서 1930년 개성과 함흥,

1935년 대전·전주·광주, 1936년 나진, 1938년 해주, 1939년 진주, 1944년 성진이 각각 부로 승격되었다.[34]

일제는 부 협의회원과 지정면 협의회원은 주민의 직접선거로 선출하겠다고 했는데, 그 내용은 한 편의 사기극을 방불케 했다. 부·지정면 협의회원의 선거권자, 피선거권자의 자격요건을 부세(府稅), 면 부과금 5원 이상을 납부한 남자 가구주로 한정했기 때문이다. 1920년 쌀 10말(180리터)이 약 30원, 소 한 마리가 200원이었던 바, 그런 자격요건을 갖춘 조선인은 드물었다. 1920년 제1회 선거 부 협의회 유권자의 민족별 대비는 한인 4714명에 일인 6252명이었으며, 24개 지정면의 경우는 한인 1633명, 일인 1399명이었다. 당시 일본의 경우엔 선거권 자격요건이 납세액 3원이었음에도 조선에서는 5원으로 한 것은 일본인이 선출되게 하기 위한 것이었다. 30만 일본인의 대다수가 부와 지정면에 거주하고 있었다.[35]

1920년 11월 20일 선거가 치러졌다. 12개 부의 인구는 57만 5569명인데 유권자수는 1만 966명으로 전체 인구의 1.9퍼센트만이 투표권을 행사할 수 있었다. 24개 지정면 인구는 25만 7367명인데 유권자수는 3032명으로 전체 인구의 1.2퍼센트에 불과했다. 조선인만 따질 경우엔 각각 1.17퍼센트, 0.79퍼센트로 떨어졌다. 12개 부 당선자 190명 중 한인은 56명, 일인은 134명, 20개 군지역에서는 한인은 111명, 일인은 101명이었다.[36]

이 선거에 대한 한국인들의 반응은 어떠했을까? 구대열은 "우선 기권이 많을 것이라는 풍문에도 불구하고 유권자들은 서울과 지방에 걸쳐 전국적으로 상당한 관심을 표명한다. 노인층 지역유지들은 투표권을 행사하지만 친일분자로 낙인찍힐 것이 두려워 출마하지 않으며,

이 결과 한국인 당선자들은 대부분이 젊은 층이었다"고 했다.[37]

조선 엘리트의 배관주의(拜官主義)

선거는 깨끗했을까? 금력이 난무하는 엄청난 타락선거였다. 이런 식으로 1920년, 1923년, 1926년, 1929년 네 차례 선거가 치러졌다. 1920년 선거시엔 『조선일보』와 『동아일보』가 정간상태였기에 선거의 타락상은 다음 선거에서부터 기사로 다뤄졌다. 『동아일보』 1926년 11월 24일자에 따르면, "운동원을 40일 동안이나 두고 부리는 조선인 후보자들은 그들을 자기 사랑에다 숙박시키고 산해진미로써 대접한 것은 물론이요 이틀이나 사흘에 한번 씩은 각 요리집을 번성하게 하였다고 하며 급료로는 50원을 최저로 100원까지 받은 사람이 있었다고 한다. 다시 일본인 측을 보건대 운동원 한 사람에게 100원을 주었다하며 만약에 당선되는 날이면 보수금으로 5할을 더 주기로 한 사람도 있다고 한다."

총선거비용은 한인 후보자 평균 2000원, 일인 후보자 평균 4000원으로 밝혀졌다. 당선파티 비용도 만만치 않았다. 당선된 사람들은 20일 밤 12시부터 21일 밤까지에 걸쳐 시내 각 요리집에서 피로연을 하기 시작하였는데, 조선사람 측에서는 명월관 본점을 비롯하여 명월관 지점, 국일관, 식도원 등 각지에서 열리어 이모(李某)의 250원을 최고로 200원 이하가 없었다고 한다. 선거운동 수단으로 인력거가 호황을 누리기도 했는데, 한 후보당 평균 50대를 동원하였다.[38]

이 사기적 지방자치 선거는 일부 조선 엘리트의 배관주의(拜官主義)를 드러나게 했다. 이른바 만석꾼 유지(有志) 집단은 '로비나 진정' 과

일제는 1914년 허울만 지방자치제와 닮은 부제를 실시하고 1920년 최초로 선거를 치렀다. 그러나 이 선거는 지극히 사기적이었다. 5원 이상의 세금을 납부한 자에게만 투표권을 주었기 때문이다. 사진은 경성부협의회원 선거 모습이다.

같은 '뒷거래 정치', 혹은 각종 인허가 사항이나 금융 및 세제 특혜를 획득하는 매개로서 각종 지방자치기구를 적극 활용하고자 했다. 지수걸은 "1931년 지방제도 개혁 이후 전국의 만석꾼들이 본인이나 가까운 친척, 혹은 '꼬붕'들을 엄청난 선거비용을 소모하면서까지 지방자치기구에 진출시키려 한 것은 바로 이런 이유 때문이었다"며 다음과 같이 말했다.

"지방자치기구 이외에 군·면 단위의 각종 관변조직이나 유지단체도 '유지정치'의 매개로서 중요한 역할을 담당했다. 예를 들면, 군·면 단위의 농회와 금융조합, 학교(조합)평의회와 학무위원회, 수리조합과

산업조합, 소방조와 재향군인회, 소작위원회와 농촌진흥위원회, 적십자사와 빈민구제회, 또는 시민회나 번영회, 동창회나 학교기성회, 체육회나 친목회와 같은 단체 등이 그것이다. 특히 일제시기에는 공식부문의 정치가 별로 발달하지 않은 까닭에 앞서 언급한 단체들을 매개한 비공식 부문의 정치가 극성할 수밖에 없었다."[39]

윤치호의 배관주의 비판

윤치호는 자신의 일기에서 중앙과 지방을 막론한 유지들의 배관주의를 지적했다. 넓게 보자면 사실상 자신도 포함되는 '자기모순'이겠지만, 그의 관찰을 음미해보는 것도 그 나름의 의미는 있겠다. 그는 1920년 2월 24일자 일기에서 다음과 같이 말했다.

"서울의 부자들은 모두 다소 긴 식객 명단을 갖고 있다. 물론 나도 그중의 한 사람이다. 식객들은 일반적으로 탐욕스럽고 배은망덕하다. 그들은 지난 20년~30년 동안 우리 집 식객 노릇을 해왔다는 사실에도 아랑곳하지 않고 내가 자기들을 부양해주길 원하고 있으며, 또 그렇게 해달라고 요구한다. 남에게 의존하며 사는 게 조선인들의 제2의 본성이 되어버렸다. 그들은 자존심이 너무 세서 땅 파고 살 수 없다고 하지만, 사실은 남에게 손을 벌릴 정도로 자존심이 없는 사람들이다. 이 가증스런 습성 또는 본능은 배관열(拜官熱)에서 비롯되어 발달해왔다. 관리가 된다는 건, 고상한 직함으로 위장한 기생자가 된다는 걸 의미하기 때문이다."[40]

1921년 4월 19일자 일기다.

"조선인들의 큰 결점 중 하나는 작은 것을 경멸한다는 점이다. 조선인들에겐 자신의 재력과 능력 이상으로 뭔가를 시작하는, 매우 어리석고 유해한 결점이 있다. 단 한 그루의 과일나무도 돌볼 줄 모르면서 수천 그루의 과일나무를 가지고 과수원을 시작한다. 거창한 것, 거창한 이름, 거창한 쇼를 선호하는 것이야말로 조선의 상인들과 제조업자들이 실패를 맛본 가장 큰 원인이었다."[41]

1922년 3월 27일자 일기다.

"조선의 양반들은 돈을 몹시 경멸하는 체하곤 했다. 양반에게 돈에 대한 얘기를 꺼내는 건 모욕적인 일로 여겨졌다. 자기 주머니에 땡전 한 푼 없다는 걸 자랑스럽게 여기는 노인들도 많았다. 이 모든 게 어리석은 체면치레에 불과했다. 하지만 지금은 돈이 양반들을 경멸하고 있다. 모두가 돈을 벌려고 혈안이 되어 있다. 어디를 가나, 누구를 만나든 맨 먼저 나누는 대화는 돈에 대한 얘기다. 늙은이든 젊은이든, 초면이든 잘 아는 사람이든, 우정을 빙자해 날 찾아오는 이들이 있다. 그러나 실은 돈, 돈, 돈 때문에 오는 것이다. 이것이야말로 금전숭배임에 틀림없다."[42]

관(官)에서 금(金)이 나왔기에, 금전숭배와 배관주의는 동전의 양면 관계였다. 일제의 사기적 지방자치 선거가 조장한 이른바 '지역유지 정치'의 문제는 먼 훗날에까지 한국의 지방자치를 왜곡시키는 주범 중의 하나로 기능하게 된다.

04

백두산 민족주의

민족주의 운동으로서의 백두산 탐험

1921년 『동아일보』는 백두산 탐험대를 조직했는데, 백두산 등정에 취재기자를 파견한다는 8월 6일자 사고(社告)는 세간의 관심을 끌었다. 백두산 탐험대에 동행했던 『동아일보』 소속기자 야마하나 요시기요는 백두산을 촬영한 최초의 사진기자가 되었는데, 『동아일보』는 야마하나의 사진을 1921년 8월 21일자 신문에 게재해 큰 반향을 불러 일으켰다. 『동아일보』는 취재기자 민태원(1894~1935)의 백두산 등정기를 17회에 걸쳐 신문 1면에 연재됐고 강연회와 사진전시회도 개최해 백두산에 대한 민족 관심을 고조시켰다. 민태원이 쓴 「백두산 등정기」의 한 대목이다.

"산꼭대기에 도착하매 천지(天池)의 물빛이 쪽보다도 더욱 푸르고 거울보다도 더욱 고요하여 창공에 배회하는 백운(白雲)의 그림자와 전후좌우에 삼엄하게 버텨선 고봉준령(高峰峻嶺)의 머리가 그 속에 비치어 그 아름다운 경치는 그릴 수가 없으며 그 장엄한 풍경은 오직 감격을 일으킬 뿐이었다."[43]

최인진은 "당시 백두산이 신성시되고 특별한 관심의 대상이 됐던 것은 한 일본인 교수가 '단군 시조설'을 부인하는 논문을 발표했기 때문이다. 논문이 발표되자 민간지들은 민족정신을 말살하려는 일제의 계획적인 의도가 숨어 있음을 알고서 사설을 통해 맹렬히 비난했다. 그리고 각 사회단체와 연합해서 백두산 탐험대를 조직하는 등 대대적인 운동을 전개했다"며 다음과 같이 말했다.

"단군 시조에 대한 민족적 자긍심이 생기면서 백두산은 새로운 의미로서 국민들에게 인식되기 시작했다. 백두산은 민족의 발상지로서, 또 민족의 신화가 얽혀 있는 성산(聖山)으로 주목을 끌게 됐다. 이러한 자각은 단군을 개국시조로 재인식했고, 그것은 이러한 민족사관을 대중화하려는 운동으로 확산됐다. 많은 사진기자들이 줄을 이어 성지 순례로서의 백두산 등반에 나서게 됐으며 다양한 사진화보들이 지면에 등장했다."[44]

'일본의 후지산을 능가할 날이 오리니'

대종교로 이름을 바꾼 단군교 교주 나철도 백두산을 조선 민족과 대종교가 발생한 곳으로 신성하게 여겼다. 나철은 1914년 천산제의(天山祭儀)를 봉행하면서 다음과 같이 말했다.

"천하에 독립한 제일 큰 산은 오직 한 백두산이시니 이 산은 곧 우리 천조산(天祖山)이시며, 천산(天山)이시며 상산(上山)이시며 제석산(帝

釋山)이시며, 삼신산(三神山)이시오. 이 산 신명은 곧 한울을 열으신 큰 신령 임검이시라. 우리 천신시조도 이 산에 내려오시고 우리 천신자손도 이 산에서 발생하고 우리 천신종교도 이 산에서 발원하고 우리 천국도 이 산에 있으니 우리들이 어찌 감히 이 산을 잊으리오. 이 산을 잊으면 곧 한배검을 잊음이라. 오늘날 한 정성으로 한 마음으로 제산(祭山)합시다."[45]

당시 단군 연구사의 최고봉은 최남선이었다. 그는 1920년대 내내 다수의 단군 관련 논문을 발표했다. 단군과 백두산은 불가분의 관계였다. 1926년 『동아일보』는 다시 최남선을 백두산 참관대로 파견하고 6월 22일부터 3일에 걸쳐 「백두산의 신비 동방운명의 암시자」라는 제목의 사설을 실었다. 이 사설은 "백두산은 어떤 의미로 보든지 세계에서 가장 신령(神靈)한 산이다. …… 신화고 종교고 어느 것이든 백두산을 무대로 하지 않은 것이 없으니 조선인에게 백두산은 신(神)이다"라며 백두산을 통한 민족의식의 자각을 강조했다. 최남선은 7월 28일부터 유명한 「백두산 근참기」를 연재, 독자의 눈을 사로잡았다.[46]

최남선은 「백두산 근참기」에서 백두산은 "우리 종성(種姓)의 근본이시며, 우리 문화의 연원이시며, 우리 국토의 초석이시며, 우리 역사의 포태(胞胎)이시며, 이미 생명의 양분이다"고 주장했다. 바로 이런 배경 때문에 독립군의 군가에 "백두산아 내 말 듣거라, 이제는 곧 일본의 후지산을 능가할 날이 오리니"라는 가사도 등장하게 되었다.[47]

그밖에도 많은 이들이 백두산에 관한 민족주의적인 글을 남겼다. 『조선일보』도 1930년대 후반 산악탐방과 향토문화 조사사업을 연속적으로 전개하면서 그 출발을 1936년 8월 '백두산 탐방단'의 조직으로 삼았다. 당시 주필 서춘을 단장으로 하여 33명으로 구성된 탐방단은 8월 7일 장도에 올라 13일 전원 정상에 오른 후 18일 서울로 돌아왔다. 이들이 백두산 정상에서 비둘기 다리에 매어 보낸 기사는 130킬로미터 떨어진 함경북도 무주군의 한 지국에 도착하여 그곳에 대기하고 있던 주재기자가 전화로 본사에 송고했다. 백두산 탐방단은 8월 27일부터 일주일 동안 탐방 결과를 널리 알리기 위한 보고강연회를 열었으며 기록영화도 상영하여 큰 호응을 받았다.[48]

이영훈의 '백두산 신체론'

2006년 이영훈은 백두산을 민족의 발상지로 신성화한 나머지 백두산을 인격화하거나 국토를 인체에 비유해 백두산을 정수리로 보는 이른바 '백두산 신체론(白頭山 身體論)'을 제기했다. 백두산 신체론은 지금도 계속되고 있다는 것이다. 예컨대, 시인 고은은 1987년 창작과비평사에서 출간된 『백두산』에서 백두산을 '삼라만상의 정수리'로 노래했다. 이영훈은 고은에게 "백두산을 정수리로 하는 조선의 국토는 하나의 생명이요 신체였다"며 "최근 이 같은 국토 신체론은 독도로까지 확장되었다"고 했다.[49]

2005년 4월 독도를 찾은 고은은 독도를 '내 조상의 담낭'이라 했으며, 동행한 100여 명의 시인들도 독도를 '한반도의 오른쪽 새끼손가락'이거나 '국토의 혼백'으로 노래했다는 것이다. 이영훈은 "최남선이 어찌 상상이나 할 수 있었겠는가마는 그가 제창한 '정신적 백두산'은 오늘날 이 같은 수준의 국토 신체론으로 발전해 있다"며 "모두 느끼다시피 그것은 통일지상의 지엄한 신탁(神託)이다. 그렇지만 보기에 따라 그것은 고대인들의 집단주술과도 같은 정신세계이다"고 꼬

집었다.[50]

실제로 최남선의 경우엔 "조선 국토에 대한 나의 신앙은 일종의 '애니미즘(animism, 영혼신앙)'일지도 모릅니다"라고 말한 바 있다. 또 그는 「백두산 근참기」에선 "절대한 신념의 위에서야 주관·객관의 대립할 여지가 무엇이며, 전설과 사실의 절연한 경역이 어디 있으랴"고 했다.[51]

그러나 일제강점기의 민족주의만큼은 오늘의 기준으로 보긴 어려울 것이다. 당시에 일어났던 일들이 오늘의 기준으로 말이 안 되는데, 어찌 민족주의만 탓할 수 있으랴.

1921년 6월 1일 경성의학전문학교에서 해골을 놓고 강의하던 일본인 교수 구보다는 "조선 사람은 원래 해부학상 야만인에 가깝다"고 발언해, 200여 명의 퇴학과 무기 정학을 가져온 '항일 해골 사건'을 불러 일으켰다.[52]

현진건(1900~1943)은 『개벽』 1921년 11월호에 발표한 소설 「술 권하는 사회」에서 주인공의 입을 빌어 "이 사회란 것이 내게 술을 권한다"고 했다.

"정신이 바로 박힌 놈은 피를 토하고 죽을 수밖에 없지. 그렇지 않으면 술밖에 도무지 먹을 게 없지. …… 몸은 괴로워도 마음은 괴롭지 않으니까, 그저 이 사회에서 할 것은 주정꾼 노릇 밖에 없어."

장석주는 "일본에서 고등교육을 받고 왔는데도 사회에서 활용할 수 있는 기회를 박탈당한 식민지 지식인의 자조 섞인 한탄 속에 암담한 조국의 현실이 여지없이 드러난다"며 "식민지 지식인의 고뇌와 사회적 소외에 초점을 맞춘 「술 권하는 사회」는 한 가정을 축도로 식민지 조국이 처한 현실을 은유적으로 표현한 당대의 문제작이다"라

고 평가했다.[53]

지배자 노릇을 하는 일본인들로부터 '야만인'이라는 소리를 들어가면서 '술 권하는 사회'를 살아가야 했던 사람들에게 백두산이라는 주술적 희망조차 없다면 무엇으로 살아갈 수 있었으랴. "백두산아 내 말 듣거라, 이제는 곧 일본의 후지산을 능가할 날이 오리니"라는 독립군가의 가사가 가슴 아프게 다가온다.

제7장 임시정부와 민족개조론

01

왜 독립운동가들은 동족상잔을 벌였는가?

임시정부의 갈등

초기 임시정부를 이끈 대통령 이승만, 국무총리 이동휘, 노동국총판 안창호는 통합된 임시정부에 대한 입장을 달리했다. 비단 임시정부뿐만 아니라 전반적인 독립운동을 집중적으로 다룬 전문 역사서들을 읽다 보면 일반 독자들은 이해에 어려움을 느낄 뿐만 아니라 골치가 아파올지도 모른다. 갈등관계와 분열역학이 너무 복잡하기 때문이다.

반병률은 "안창호와 이동휘는 통합 임정을 전폭적으로 승인했지만, 이승만은 '한성정부'의 법통을 주장하며 통합 임정에 대한 전폭적인 지지를 유보하는 이중적 태도를 취했다"며 다음과 같이 말했다.

"통합 임정 출범 초기에 이동휘와 안창호는 동지적 신뢰관계를 바탕으로 정국을 주도할 수 있었다. 그러나 1919년 11월 중순 여운형의 도일(渡日) 문제를 둘러싸고 두 사람 간에 이견이 노출되기 시작했고,

1920년 무렵의 이승만. 초기 임시 정부의 대통령 자리에 오른 이승만은 1920년 무렵 임시정부의 주도권을 잡고 애국금제도를 폐지한 뒤 구미위원부가 독립공채 발행 권한을 갖도록 했다.

1920년 1월 말 한형권, 여운형, 안공근(1889~1940, 안중근의 동생)을 모스크바 특사로 선정한 것도 동상이몽(同床異夢)의 결과였다. 곧이어 이동휘와 안창호는 이승만과 이동녕·신규식·이시영 등 기호파 총장들에게 주도권을 빼앗기게 된다. 임정은 1920년 2월 26일 구미위원부가 재무부 산하의 미주지역 재무관서 기능을 갖게 하고, 그 위원인 서재필(1864~1951)을 재무관에 임명했다. 아울러 안창호가 이끄는 대한인국민회 중앙총회가 실시해온 애국금제도를 폐지함과 동시에 구미위원부가 독립공채 발행 권한을 갖도록 했다. 이는 이동휘와 안창호에 대한 이승만의 정치적 승리였다."[1]

여운형의 도일 문제는 무엇인가? 여기서 잠시 그걸 살피고 넘어갈 필요가 있겠다. 일본은 한국인들 사이에서 영향력이 있고 존경받는 인물을 친일인사로 만들고 싶어 했는데, 1순위로 꼽힌 게 바로 여운형이었다. 그가 3·1운동에 큰 영향을 미쳤다는 걸 알아낸데다 여운형의 세력 기반이 만만치 않다는 점에 주목했기 때문이다.

일본은 여운형에게 일본 방문을 권했다. 여운형의 방일은 당시 상황으로선 파격의 수준을 넘어 도무지 말이 안 되는 것이었다. 그러나 신변보장을 전제로 한다면, 적의 소굴에 뛰어들지 말란 법도 없었다. 여운형은 도일 문제를 놓고 여러 사람과 상의했다. 안창호와 이광수는 찬성하고 격려한 반면, 이동휘와 신채호는 강력 반발하고 비난했다. 반대쪽이 훨씬 많았다. 이동휘는 여운형의 방일을 민족의 수치, 독립의 독균(毒菌)이라고까지 비난했다.[2]

여운형의 도쿄 제국호텔 연설

그런 반대에도 불구하고 방일을 결심한 여운형은 1919년 11월 14일 상하이를 출발해 11월 16일 나가사키에 도착했다. 임시정부 공직을 사직하고 개인자격으로 한 방일이었다. 여운형은 신변보장 외에도 또 하나의 요구조건을 내걸어 관철시켰다. 그것은 자신의 지시로 3·1운동의 도화선을 만들기 위해 인천으로 잠입하다 체포된 뒤, 하의도에 유형돼 있던 장덕수를 석방시켜 자신의 통역으로 일본에 동행하게끔 한 것이다.[3]

여운형은 도쿄에서 하라 다카시(原敬, 1856~1921) 수상 등 일본 최고위 인사들을 만났다. 일본 측은 여운형 포섭에 어느 정도 성공했다고 생각했던 것 같다. 그러나 그건 그들의 판단 착오였다. 11월 27일 여운형은 도쿄 제국호텔에서 내외 기자, 지식인들이 모인 가운데 연설을 했다. 모인 인원은 50명에서 500여 명에 이르기까지 설이 구구하다. 여운형은 이 자리에서 독립연설을 했다. 한국에서 애국 청년들을 대상으로나 할 수 있을 법한 연설을 도쿄의 한복판에서 한 것이다. 대반전이었다. 일본 측은 여운형에 대한 배신감을 토로했지만, 한국의 독립운동가들은 속이 후련했다. 박은식은 여운형의 방일과 행동을 '도일선전(渡日宣傳)'이라고 했다.

강덕상은 "여운형의 방일은 독립운동의 빛나는 한 성과이고 민족주의 정치가인 그에게 천금의 무게를 더해주었다"며 "여운형의 이름이 민족해방투쟁사에서 찬연한 광망(光芒)에 휩싸이고 누구든 그 이름을 거론하게 된 것은 이 연설이 계기라고 할 수 있다"고 했다.[4)]

여운형의 무용담은 국내에까지 널리 알려져 그의 이름을 빛나게 했을 뿐만 아니라 부풀려져 하나의 신화를 형성했다. 강덕상에 따르면, "일반 시민들 사이에는 상해 임시정부의 외교차장 여운형이 국빈 대우를 받으며 독립교섭을 했다는 얘기가 퍼지고, 일본 정부가 개오(改悟)했으며 독립이 곧 이루어진다고 희망을 품는 사람도 나왔다. 설령 독립까지 가지 못한다 하더라도 모든 생활과 인격이 억압되어 있을 때 여운형이 도쿄에서 독립연설을 한 것은 민중의 희망이고 행동의 귀감이었다."[5)]

여운형은 12월 10일 상하이에 도착해 대대적인 환영을 받았다. 그는 1929년 국내에 강제압송당해 국내에 거주하면서 활동하게 된다. 결국 일본의 여운형 회유는 실패로 돌아갔고, 여운형이 명성을 얻은 가운데 여운형 도일 문제는 일단락됐다. 그렇지만 임시정부엔 갈등을 빚을 사안들이 아직 무궁무진했다.

파탄에 이른 3두 체제

이승만이 구미위원부의 공채 발행을 통해 미주지역의 재정권을 완전히 장악하게 되고 국내로부터의 자금도 단절되면서, 임시정부는 몇 달째 집세도 못 낼 정도의 재정난에 빠지게 되었다. 국무총리 이동휘와 6명의 국무원 비서장·차장들은 재정난과 임시정부의 활동 부진에 대한 책임이 이승만에게 있다며 대통령 이승만에 대한 불신임운동을 개시하였다.[6]

1920년 6월 22일 이동휘는 위임통치 청원을 골자로 한 이승만 불신임 이유서와 국무총리 사퇴서를 제출하고 북중국의 웨이하이웨이(威海衛, 위해위)로 떠났다. 김립(국무원 비서장) 윤현진(재무차장) 이규홍(내무차장) 김철(교통차장) 등도 동맹 사직을 시도했지만, 이승만 퇴진 불가를 주장한 안창호의 사직 위협으로 불발에 그쳤다.[7]

안창호는 자신이 이승만을 도왔다는 비난에 대해 "미국의 위임통치나 왜놈의 식민통치나 마찬가지이며 미국의 위임통치가 낫다는 것은 악독한 주인의 개보다 부자 주인의 개가 낫다는 소리와 같다"며 위임통치에 대한 자신의 입장을 밝혔다.[8]

1920년 8월 11일, 이동휘는 상하이에 온 국제공산당 파견원 보이틴스키(Grigory Voitinsky, 1983~1956)의 권고에 따라 사퇴서 제출 1개월 20일 만에 국무총리직에 복귀했다. 보이틴스키는 소련 정부와의 차관 교섭을 위해서는 임시정부 국무총리 명의가 절대적으로 필요할 것이라고 조언하였던 것이다.[9]

한편 이동휘를 따라 상하이로 이동한 한인사회당세력은 1920년 8월경 한인공산당으로 개편해 『신대한독립보』, 『공산』, 『신생활』, 『투보』 등을 발행하였다.(『투보』는 1921년 5월에 결성된 상하이 고려공산당의 기관지였다. 1930년을 전후로 상하이에서 활동하던 공산주의 계열은 『앞으로』『적기(赤旗)』『혁명지우』『반제전선』 등을 발행하였다.)[10]

1920년 가을 서·북간도 한인사회에 대한 일본군의 공격으로 발생한 경신참변(간도사변)은 임시정부 내에 치열한 논쟁을 불러 일으켰다. 이동휘는 일본에 대한 선전포고 등 급진론과 전면적인 임시정부 개혁을 주장했고, 안창호는 이에 맞서 실력준비론을 역설했다.

1921년 1월 5일 이후, 미주로부터 태평양을 건너온 대통령 이승만이 처음으로 참석한 가운데 3차례 개최된 국무회의에서 이동휘와 이승만은 격렬한 논쟁을 벌였다. 이동휘는 3·1운동 직전 국제연맹의 위임통치를 청원한 이승만의 책임을 추궁하면서 대통령제의 폐지와 내각책임제 성격의 국무위원제로의 전환을 주장했다. 이승만뿐만 아니라 안창호를 포함한 국무위원 다수가 이동휘의 제안에 반대하고 대통령제를 유지할 것을 결의하자, 1월 24일 이동휘는 국무회의를 성토하며 임시정부에서 탈퇴했다.[11]

이동휘의 사임은 참모총장 겸 총사령관 유동열(4월 15일), 학무총장 김규식, 교통총장 남형우(4월 25일)의 연속 사임으로 이어졌다. 1921년 5월 6일 서간도의 김동삼 등이 이승만의 퇴거와 임시정부의 개조를 요구하는 성명을 발표하자, 고민을 거듭하던 안창호도 이를 지지하며 임시정부를 떠났다. 개조를 요구하던 이들은 상하이파 고려공산당과 함께 '개조파'를 구성했다.[12]

자유시참변

바로 그다음 달인 1921년 6월 '독립운동사상 최악의 비극적 사건'으

중국 북만주 헤이룽장성(黑龍江省)의 아이훈에서 본 러시아. 아무르강 너머로 블라고베시첸스크가 보인다. 그 너머가 '독립운동사상 최악의 비극적 사건'으로 기록된 자유시참변의 현장 자유시다.

로 기록된 '자유시참변'이 발생했다. '아무르 사건' '흑하(黑河)사변' '흑룡주 사건' '자유시 사건' 등의 여러 명칭으로 불리는 이 사건은 흑룡주(아무르 주)의 자유시에서 이르쿠츠크(Irkutsk)파의 고려군정의 회가 상하이파의 한인군대를 무장해제하는 과정에서 많은 독립군들을 살상한 사건이다.[13] 이 사건의 배경을 살펴보자.

1920년 2월 재건을 선언한 국민의회는 4월 일본군의 연해주 출병을 피해 아무르주로 근거지를 옮기고, 바이칼호 서쪽의 이르쿠츠크에 자리를 잡은 전로(全露)고려공산단체와 결합해 이르쿠츠크파 고려공산당을 형성했다. 러시아 공산당 지부인 이르쿠츠크위원회 내의 한인들로 별도의 공산당 조직을 꾸린 형식이었다. 새 터전을 만든 국민의회그룹은 하와이에서부터 이승만과 반목하던 박용만, 임시정부의 외교노선을 비판하던 신숙과 신채호 등 북경세력과 제휴하여 북경군사통일회의를 구성해 '창조파' 연합 조직을 출범시켰다.[14]

상하이의 이동휘 등은 이르쿠츠크파에 대항하여 1920년 6월 국내에서 조직된 사회혁명당과 연합하여 1921년 5월 상하이에서 별도의 고려공산당을 창립했다. 이로써 상하이파 고려공산당과 이르쿠츠크파 고려공산당이 병립하게 된 것이다.

당시 시베리아 사정은 어떠했던가? 신용하에 따르면, "볼셰비키파, 멘셰비키파, 시베리아 자치파, 적위군, 백군의 난투장으로 변하여 갈등과 혼란이 극심하였다. 볼셰비키파 레닌 정권은 바이칼호 이서지방의 지배세력을 장악하고 있었고, 극동 연해주에는 일본군 3개 사단이 상륙하여 백군을 지원 점령하고 있었기 때문에 사실상 백군의 지배하에 있었다."[15]

다만 아무르주의 경우엔 레닌파의 세력이 가장 컸다. 레닌 정부는 차르 체제 잔당의 백군(白軍)과 일본군의 공격을 막아낼 전략적 완충지대가 필요하다고 보고 1920년 4월 6일 완충 부르주아 공화국으로 극동공화국(極東共和國, The Far Eastern Republic)을 수립했다. 극동공화국 대통령 알렉산더 크라스노체코프(Alexander Krasnoshchyokov, 1880~1937)는 온건 볼셰비키로 레닌의 신임이 두터운 인물이었다.[16]

연해주와 블라디보스토크는 사실상 백군과 일본군의 지배하에 있었으므로 독립군은 아무르주의 자유시(自由市, 알렉세예프스크, 지금의 스보보드니)로 집결하였다. 자유시에 한국인 빨치산 부대의 군영이 설치될 것이라는 소문을 듣고 빨치산 부대들도 자유시에 모여들었다.

두 개의 고려공산당이 병립된 가운데 1921년 6월 28일 자유시에서 이르쿠츠크파의 고려혁명군정의회 군대와 이를 지원하는 극동공화국제2군단 제29연대가 한인 군대를 통일하기 위하여 한인독립군(대한의용군)과 빨치산을 무장해제하는 과정에서 자유시참변이 발생하게 된 것이다.[17]

600여 명을 죽인 동족상잔

6월 28일 아침 6시에 시작된 전투는 저녁 6시까지 계속되었다. 무기와 화력에서 워낙 큰 차이가 났기 때문에 싸움은 하나 마나 한 것이었다. 전투라기보다는 일방적인 사냥, 처절한 동족상잔(同族相殘)이었다. 혁명동료들에게 총을 맞아 죽느니 차라리 물에 빠져 죽겠다고 해 익사한 사람들도 많았다.[18]

일방적으로 당할 줄 뻔히 알면서도 대한의용군 병사가 목숨을 걸고 무기를 놓지 않은 이유는 무엇일까? 뒷날 상하이파 인사가 작성한 한 문서에는 대한의용군 병사들의 의식상태가 이렇게 묘사되었다.

"그 무기는 일본군과의 전투 속에서 획득했거나 우리 노동자, 농민의 피땀 어린 푼돈을 모아 장만한 것이었다. 몸속에 피가 흐르는 동안에는 어떤 경우에도 넘겨줄 수가 없었다. 무기를 넘겨주느니 차라리 죽는 것이 낫다고 결심했다. 우리는 우리의 무기를 뺏으려는 자들은 일본 제국주의와 같은 편에 선 것과 다름없다고 생각했다."[19]

사건 발생 3개월 후, 동족살해에 분노한 재북간도 반일단체들이 연명으로 발표한 성토문에 따르면, "적탄에 맞아 사망한 자 72명, 익사자 37명, 기병의 추격을 받아 산중에서 힘이 다하여 사망한 자 200여 명, 행방불명인 자 250여 명"이었다. 사망자는 대략 600여 명, 포로로 체포된 자는 917명으로 집계되었다. 대한의용군 전체 인원 1500명

가운데 40퍼센트가 사망하고 60퍼센트가 체포된 셈이었다.[20]

11개 반일단체가 서명한 이 성토문은 이르쿠츠크파 공산당과 고려혁명군정의회를 궁지로 몰았다. 이르쿠츠크파는 자유시참변이 오래된 병폐에서 나온 것이라고 주장했다. '상하이 임시정부와 대한국민의회' 의 양분, '상하이 공산당과 이르쿠츠크 공산당' 의 대립 모순이 폭발한 것이므로, 책임은 각 정치세력의 지도부에 있다는 논리였다. 지위를 보존하고 자파의 세력 확장을 꾀한 데에 비극의 원인이 있다는 것이다. 자유시참변에 긍정적인 측면도 있다고 했다. 비극적 과정을 거치긴 했지만 그를 통해 한인 무장부대가 통일되는 성과를 거두었다는 것이다.[21]

반면 상하이파는 군권쟁탈에 나선 것은 대한국민의회와 이르쿠츠크 공산당일 뿐이라고 주장했다. 성토문은 수백 명의 생명을 상실케 한 것, 1000명의 장병을 감옥에 가두고 1년 넘게 옥고를 치르게 한 것, 중국령과 노령으로 탈출하여 길에서 방황하며 몸 둘 곳을 찾지 못해 고통받는 사람들을 다수 만들어낸 것 등의 피해를 지적하면서 대한국민의회를 강력 비난했다. 대한국민의회는 대한의용군을 자기 수중에 넣기 위해 "한인 군대를 러시아군의 일부로 편입하는 조건"으로 코민테른 극동 비서부 휘하에 들어가 갖은 음모를 꾸몄다는 것이다.(코민테른은 1919년 레닌의 지도하에 모스크바에서 창립된 국제공산주의 인터내셔널로 각국 공산당이 그 지부였다.) 대부분 실패로 돌아가긴 했지만, 일부 상하이파 인사들은 학살 책임자들을 징벌하기 위한 수단으로 테러를 감행하기도 했다.[22]

신용하는 "코민테른 동양비서부 · 고려공산당 이르쿠츠크파와 상하이 임시정부 · 고려공산당 상하이파 이동휘 계통의 군권쟁탈전으로 말미암아, 조국의 자유해방을 위해 헌신하겠다고 자원한 수백 명의 독립군 전사들이 참혹하게 희생당한 것이었다"고 했다.[23]

반면 권희영은 한인 무장부대 내의 혹은 한인 사회주의운동 내의 파벌투쟁이라는 관점에서 자유시참변을 보는 것에 대해 이의를 제기하면서 러시아 공산당에게 화살을 돌렸다.

"자유시참변의 본질은 한인 사회주의그룹 양 파의 대립이라기보다는 한국혁명을 목표로 하는 이동휘계의 고려공산당과 러시아의 국익을 우선시하는 러시아 공산당 사이의 대립이었다고 볼 수가 있다. 이르쿠츠크파는 이 국면에서 러시아 공산당의 하수인에 불과했던 것이다. 한인 독립운동가들이 비난의 화살을 이르쿠츠크파에 퍼부은 것은 일리가 있다. 그러나 그 이면에는 러시아 공산당 정책의 본질적인 모습을 파악하지 못했던 점도 지적할 수밖에 없다."[24]

분열은 '자유에 대한 굶주림'?

상하이파와 이르쿠츠크파는 같은 공산주의자라고 하기 어려울 정도로 서로 생각을 달리 했다. 상하이 임시정부에 대한 태도부터가 달랐다. 상하이파는 나중엔 결별했을망정 처음엔 지지하고 참가했다. 반면 이르쿠츠크파는 일관되게 반대했는데, 임시정부가 부르주아 민주주의 유형의 국가라는 이유 때문이었다.[25]

이르쿠츠크파 공산주의자들은 민족관념 자체를 부르주아적인 것으로 인식해 식민지 민족의 민족주의마저 극단적으로 부정하는 경향이 강했다. 반면 상하이파는 민족혁명 단계를 선행시키는 연속혁명론을 주장했다. 이르쿠츠크파는 상하이파를 본질적으로 민족주의자이면서

김산. 일제시대 활동한 사회주의 독립운동가. 1938년 중국 공산당에 의해 반역자로 몰려 비밀리에 처형당했으나 덩샤오핑 등장 이후 복권되었다. 그는 한국 독립운동진영 내부의 갈등에 대해 "우리들 사이에는 민주주의가 남아돌 정도로 많았다. 하지만 규율은 거의 없었다"고 말하기도 했다.

도 모스크바의 재정원조를 탐내 사회주의의 가면을 쓴 자들로 간주했다. 이런 차이가 분열의 최대 원인이었다.[26]

종교에 대해서도 상하이파가 더 유연했다. 이르쿠츠크파는 전면 부정을 한 반면, 상하이파는 '종교의 미신적 굴레'로부터의 해방을 주장하면서도 "신자의 신앙심을 모욕하는 행동은 일체 회피"해야 한다고 했다. "종교적 맹신을 오히려 독실하게 할 우려가 있기 때문"이라는 것이다.[27]

이처럼 독립운동세력 내의 갈등은 치열했고 분열은 극심했다. 자유시참변은 '독립운동사상 최악의 비극적 사건'이었지만, 작은 유혈사태들도 그치지 않았다. 이런 갈등과 분열을 김산은 자유에 대한 굶주림으로 해석했다.

김산이 1921년 베이징에 도착했을 때 300명의 조선 학생은 민족주의자가 통제하는 '조선학생회'와 공산주의자가 지도하는 '조선인학생동맹'으로 나뉘어 서로 지배권을 장악하기 위해 싸우고 있었다고 한다. 또 베이징에 있는 전체 한인은 800명이었지만 잡지를 7종이나 발간하면서 이론과 전술 문제에 대해 맹렬히 투쟁하였다고 한다.

김산은 "비록 달성하려는 방법은 달랐지만, 모든 조선인들은 오로지 두 가지를 열망하고 있었다. 독립과 민주주의. 실제로 그것은 오직 한 가지만을 원하는 것이었다"며 다음과 같이 말했다.

"자유. 자유란 말은 자유를 알지 못하는 사람들한테는 금덩어리처럼 생각되는 것이다. 어떤 종류의 자유든 조선인들에게는 신성한 것으로 보였던 것이다. 그들은 일제의 압제로부터의 자유, 결혼과 연애의 자유, 정상적이고 행복한 삶을 살아갈 자유, 자기 삶을 스스로 규정할 자유를 원했다. 무정부주의가 그토록 호소력을 가질 수 있었던 것은 이 때문이다. 광범위한 민주주의를 향한 충동은 조선에서는 그야말로 강렬한 것이었다. 우리가 여러 정당의 강력한 중앙집권 조직을 발전시키지 못한 이유의 하나가 바로 이것이다. 각 정파가 각각 자기가 존재할 권리와 자유로운 정견 발표의 권리를 고수하였다. 또한 각 개인도 자기 신념의 자유를 지키기 위해 끝까지 싸웠던 것이다. 우리들 사이에는 민주주의가 남아돌 정도로 많았다. 하지만 규율은 거의 없었다."[28]

'규율 없는 민주주의'는 민주주의를 알게 된 이후로 자신의 국가를 갖지 못한 민족의 비극이었을까? 자유를 박탈한 자들과의 투쟁에서조차 분열을 거듭했던 것은 '자유에 대한 굶주림'이 워낙 심했기 때문이었을까? 아니면 우리 인간은 자유를 부르짖는 순간에도 자유만으로 사는 건 아니며 빵과 힘을 갖기 위한 투쟁을 병행할 수밖에 없는 원초적 한계 때문이었을까?

02

왜 김구는 '김립 암살'을 통쾌하게 생각했는가?

임시정부 분열을 촉진한 160만 루블

임시정부가 민족해방운동의 지도부 역할을 할 수 없는 곤경에 처하자, 1921년 2월부터 곳곳에서 국민대표회 소집 요구가 터져 나왔다. 이승만 옹호파 등 일부 단체의 반대에도 불구하고 국민대표회 소집 논의는 진전되어 1921년 5월에 국민대표회주비회가 성립되었다.[29]

1921년 9월, 이동휘가 모스크바에 파견한 한형권이 3차로 소련 정부 외무인민위원장 치체린(Georgiy Vasilyevich Chicherin, 1872~1936)과의 교섭을 통해 임시정부의 '내부정리'를 위한 운동비로 20만 루블을 받아냈다. 김광호는 "이어 여러 세력이 이를 차지하느라 밀고 당겼다. 그러나 자금은 임시정부가 아닌 국민대표회의 주비위원회로 넘겨졌다"며 "이는 소비에트 자금을 놓고 여러 세력들이 각축을 벌여 임시정부를 약화시키는 역효과를 냈다"고 했다.[30]

이동휘는 모스크바로부터 어느 정도의 지원을 받았을까? 이를 알려주는 구체적 사실이 소련 측 공식문서로 1999년 4월에 처음 확인됐다. 반병률은 '대한민국 임시정부와 독립운동' 학술토론회에서 "러시아 국립문서보관소에 보관돼 있는 당시 국제공산당 조직 코민테른 자료를 조사한 결과 소비에트 측의 지원규모는 모두 160만 루블로 확인됐다"고 밝혔다.

자료에 따르면 볼셰비키 정부가 지원한 자금 160만 루블은 3차례로 나뉘어 전달됐다. 이 자금들은 이동휘가 이끌던 사회주의 계열 한인사회당 간부를 통해 상하이로 반입됐다. 1차 자금 100만 루블은 1920년 3월 한인사회당 대표로 국제공산당에 파견됐던 박애(?~1927)와 이한영을 통해 '선전자금' 명목으로 지원됐다.

반병률에 따르면, 같은 해 9월 40만 루블어치 금괴로 지원된 2차 자금은 당시 내부개혁 문제로 임시정부 탈퇴 직전이던 이동휘의 사정과 맞물려 독립운동사에 커다란 파장을 남겼다. 자금을 운반한 이동휘 계열의 한형권, 박진순 등 한인사회당 간부들이 자금을 임시정부에 전달하지 않고 고려공산당의 조직과 활동비로 쓰기로 결정했는데, 이것이 임시정부 내 좌·우파의 대립을 결정적으로 고착화시키는 역할을 했다는 것이다.[31]

임시정부의 김립 암살 사건

레닌의 지원금이 차라리 없느니만 못하다는 생각이 들 정도로, 각 정파 간 돈을 둘러싼 암투는 치열했다. 임시정부의 김립(1880~1922) 암살 사건이 그 좋은 예다.

김립은 이동휘의 최측근 참모이자 한인사회당의 최고 책략가였다. 1919년에 작성된 일제 첩보문서엔 "배일선인(排日鮮人) 가운데 능력과 지식이 가장 뛰어난 인물"로 기록돼 있다고 한다.[32] 1922년 1월 상하이 임시정부가 김립을 "레닌이 보낸 독립운동 자금을 유용했다"고 성토한 데 이어, 김구의 부하인 오면직(1894~1938), 노종균(1894~1939) 두 청년이 1922년 2월 11일 상하이의 거리에서 김립을 사살했다.

박노자는 "이 암살을 '정당한 응징'으로 묘사한 『백범일지』의 권위가 절대적이기에 김립이 '응분의 대가를 받았다'는 통설을 의심한 이들이 여태까지 거의 없었지만, 한국외대 반병률 교수의 연구에 의하면 김립의 '횡령행위'가 사실이라기보다는 정적이 유포한 뜬소문이었다"며 다음과 같이 주장했다.

"레닌 정부의 바람대로 김립과 그 동지들이 세 차례에 걸쳐 수만 루블의 자금을 한인사회당에 어렵게 운반해주어 한·중·일 좌파 혁명가들의 사업비로 쓰게 했지만, 그 자금이 김구 등 임시정부의 우파적 지도자들의 손에 들어가지 않았던 것이 화근이 됐다. 자금 문제를 놓고 그 뒤에도 우파 민족주의자들에게 '동족 테러'가 빈번히 이용됐다는 사실은 우리가 잊지 말아야 할 무장독립운동의 비극적인 이면이다."[33]

김구는 『백범일지』에서 무어라고 했던가? 김구는 김립뿐만 아니라 이동휘도 대단히 부정적으로 묘사했다. 그는 러시아로부터의 지원금과 관련, 다음과 같이 주장했다.

"이동휘는 비서장인 김립을 밀파해 한형권을 종용하여 금괴를 임시정부에 바치지 않고 중간에서 빼돌렸다. 김립은 이 금괴로 북간도 자기 식구들을 위하여 토지를 매입하였고, 이른바 공산주의자라는 한인·중국인·인도인에게 얼마씩 지급하였다. 그러고서 자기는 상하이에 비밀리에 잠복하여 광둥 여자를 첩으로 삼아 향락하는 것이었다. 이 사건으로 인하여 임시정부에서 이동휘에게 죄를 물으니, 이씨는 총리직을 사직하고 러시아로 도주하였다. …… 정부의 공금횡령범 김립은 오면직, 노종균 등 청년들에게 총살을 당하니 사람들이 통쾌하게 생각하였다."[34]

그러나 반병률은 『성재 이동휘 일대기』에서 "한형권은 고창일(1892~1950, 납북)과 함께 1921년 말~1922년 초에 상하이에 도착하여 임시정부, 김구·이시영·신익희·이동녕 등 간부들에게 40만 루블에 대한 보고를 하였는데, 이를 계기로 모스크바 자금 주체를 둘러싼 분란이 일어났다"며 다음과 같이 주장했다.

"상하이 임정은 1922년 1월 26일자로 이동휘와 김립에 대한 성토문을 냈다. 한형권은 결국 40만 루블에 이어 소련 외무위원회로부터 추가로 20만 루블을 확보하였으나, 한인사회당 측에 내놓지 않았다. 그리하여 상하이파 고려공산당이 자신을 제명하자, 한형권은 윤해(1888~?), 고창일의 국민의회 계열 인사들과 손을 잡았다. 임정 측은 이 20만 루블을 노리고 김상옥(1890~1923)을 시켜, 윤해를 총으로 쏘아 폐를 관통하는 중상을 입혔고, 1922년 2월 초에는 상하이 임정의 골수옹호파인 김구가 자객을 시켜 김립을 암살했다. 이 모두가 임정 측이 한형권으로 하여금 위협을 느끼게 하여 20만 루블의 자금을 임정에 내놓게 하려는 의도였다."[35]

권희영도 "결국 김립이 테러의 희생이 되었다"고 보았다.[36] 과연 진실은 무엇인가? 이걸 다루는 연구자들은 매우 드물다. 독립운동의 명예에 누가 될 수 있는 성격의 연구라고 보기 때문일까?

1921년 한국의 독립 문제를 제기하기 위해 워싱턴회의에 참석하려는 이승만(왼쪽)과 서재필. 그러나 워싱턴회의에선 한국인들의 독립 요구가 거론조차 되지 않았다.

국민대표회의 소집

1922년 2월엔 또 다른 실망이 기다리고 있었다. 독립운동가들이 기대를 걸었던 워싱턴회의(1921년 11월~1922년 2월)에선 한국인들의 독립 요구가 거론조차 되지 않은 채 묵살되었다. 코민테른은 1920년 9월에 개최된 제1회 동양제민족대회에서 한국의 독립운동에 대해 적극적인 관심과 지지를 천명하였고, 극동인민대표대회(1922년 1월~2월)에서 코민테른 집행위원이자 극동지부 창설 담당자인 사하로프는 조선 민족해방운동을 계속 지원한다는 원칙적인 입장을 밝혔다. 그러나

이 대회에서도 독립운동가들이 기대했던 구체적인 지원방안은 제시되지 않았다.[37]

이 실망은 국민대표회 소집 요구를 더욱 왕성하게 만들었고, 활동을 재개한 국민대표회주비위는 1922년 5월 10일 소집선언서를 발표하고 국민대표회를 9월 1일에 개최한다는 것을 각 지역 독립운동단체에 알리면서 초청장을 발송했다. 그러나 임시정부는 『독립신문』 1922년 6월 1일자 사설을 통해 국민대표회 소집을 반대하는 입장을 밝혔고, 김구 등은 한국노병회(韓國勞兵會)를 결성하여 임시정부 쪽의 입장을 지지했다. 일부 임시정부 옹호파의 반대와 대회경비 자금난 등으로 결국 대회 개최일은 연기되었다.[38]

한편 안창호는 임시정부를 탈퇴한 다음 날부터 국민대표회의 소집을 위한 일에 몰두하고 있었다. 대회 경비는 한형권이 모스크바에서 가져온 20만 달러로 충당되었다.[39] 당시 임시정부는 옹호파 이외의 세력도 창조파와 개조파로 분열돼 있었다. 창조파는 임시정부를 완전히 해체하고 새로운 정당단체를 만들어야 한다는 주장을 폈고, 개조파는 잘못을 시정하고 임시정부를 유지해야 한다는 주장을 폈던 바, 국민대표회의는 이들 사이의 치열한 논쟁을 예고하고 있었다. 국민대표회의에서 개조파와 창조파가 합의하여 독립운동의 통일적 지도기관을 구성한다는 목표를 내세웠지만, 그건 아무래도 기대하기 어려운 꿈이었다.[40]

국민대표회의 무산, 임시정부의 대변화

1923년 1월 3일 국민대표회의가 개최되었으며, 예비회의를 거쳐 1월

31일 본회의가 열렸다. 여기엔 135개의 단체가 참가했고, 158명의 대표가 파견됐으며, 이 중에서 자격심사를 거쳐 최종적으로 125명이 대표로 최종 확정됐다. 이현주는 "회의에서는 처음 상하이파의 참여를 저지하고 극동민족대회를 주도한 뒤 상하이에 먼저 도착한 이르쿠츠크파가 이니셔티브(initiative, 주도권)를 잡았다"며 다음과 같이 말했다.

"이들은 1922년 10월 베르흐네우진스크(지금의 울란우데)의 고려공산당 통합대회에 참석했던 상하이파와 장덕수 등 상하이파 국내대표단의 참석이 늦어지면서 대회가 연기되자 상하이파가 국민대표회의에 대한 지연 전술을 펴고 있다고 비난했다. 이르쿠츠크파와 상하이파 양 공산당이 창조파와 개조파의 대리전을 펴는 형국이었다."[41]

신숙·문창범·윤해 등의 창조파 인사들은 무장투쟁 노선을 갖고 있는 반면, 여운형·안창호·김동삼 등의 개조파 인사들은 운동 노선보다는 오히려 '정부'라는 명분을 중시했다.[42] 여기서부터 갈라졌으니 합의점을 찾기는 애초부터 어려운 일이었다. 이현주는 "양측의 대립이 심화되면서 상하이에는 삼엄한 기운마저 감돌았다"며 "회의장 주변에는 개조파와 창조파가 분쟁 끝에 살상을 볼지도 모른다는 소문이 돌았다"고 했다.[43]

살상까지 가진 않았지만, 국민대표회의의 결과로 얻은 건 없었다. 극심한 분열상만 재확인했을 뿐이었다. 이이화는 "창조파와 개조파 두 계열은 타협점을 찾지 못하고 뿔뿔이 헤어졌다"며 다음과 같이 말했다.

"이럴 때 중간세력은 대통령제를 국무령제로 바꾸고 임시정부 고수를 선언했다. 고수파는 이동녕, 이시영, 김구, 조완구, 엄항섭, 차이석 등이었다. 고수파들은 산하의 하부조직도 없이 고군분투하면서 임시정부를 지켰다. 임시정부가 하나의 독립단체 수준으로 전락한 것이다. 하지만 프랑스 조계 마당로에 청사를 마련하여 간판을 내걸고 태극기를 휘날리면서 임시정부의 정통성을 유지하려 무진 노력을 기울였다. 그리하여 상하이 교민 2000여 명은 단비를 꼬박꼬박 냈다."[44]

이현주는 "국민대표회의는 전체 독립운동진영에 큰 관심과 기대를 불러일으킨 대사건이었다. 임시정부 운영에 대한 진지한 숙의 속에서 독립운동 전략에 대한 백가쟁명의 논쟁이 펼쳐졌으며 독립운동이 좌·우로 분화되는 초기에 민족통일전선의 형성을 촉진시켰다"며 다음과 같이 말했다.

"국민대표회의는 또 회오리의 한복판에 섰던 임시정부에도 큰 영향을 미쳤다. 국민대표회의가 결렬된 뒤 이승만, 이동휘, 안창호 등 초기 임시정부를 삼분하던 정치적 거두들의 퇴진으로 무주공산이 된 임시정부는 김구 등 이론보다는 투쟁으로 임시정부를 지킬 인물을 기다리고 있었다."[45]

그러나 이론과 투쟁은 별개의 것이 아니었다. 문제는 늘 일제를 상대로 해야 할 투쟁의 에너지가 내부이론을 정립하기 위한 투쟁에 소모되는 경우가 많았다는 점이다. 그 진실이 무엇이건 김립 암살 사건은 별개의 고립된 예외적 사건이 아니었다. 독립운동을 비장한 어조로 신비화하기보다는, 독립운동에 대한 이해의 방향을 '사람 사는 세상'이라고 하는 눈높이와 '주어진 조건'에 맞추어 잡는 것이 좋지 않을까? 그럴 때에 분열의 원인을 '민족성'에서 찾으려고 하는 극단적 반작용도 막을 수 있었으련만, 당시의 상황은 그렇지 못했던 것 같다.

03

이광수의 '민족개조론' 논쟁

'여자냐 임시정부냐, 사랑이냐 민족이냐'

1921년~1922년경 조선 지식계에 큰 변화가 일어났으니, 그건 바로 이광수, 최남선, 최린 등의 등장이다. 1921년 4월 상하이 임시정부의 기관지인 『독립신문』의 주필 이광수가 일제의 회유에 의해 귀국하고, 이어 3·1운동에서 중요한 역할을 수행한 당대의 문장가 최남선과 '33인' 중의 한 명이었던 최린이 가출옥을 했다.

이광수의 귀국은 어떻게 해서 이루어졌던가? 이광수의 애인 허영숙은 1921년 2월 16일 상하이로 건너가 이광수를 만났다. 당시 이광수는 『독립신문』의 자금난으로 압박을 받고, 과로로 육신이 피폐해진 상태였다. 이광수는 안창호의 강력한 반대에도 불구하고 허영숙과 더불어 귀국을 택했다.[46)]

귀국 후 이광수가 체포되지 않은 게 의혹을 샀다. 그의 귀국은 '여

1919년 임시정부 사료조사 편찬부. 앞줄 중앙이 춘원 이광수다. 그는 상하이 임시정부의 기관지 『독립신문』에서 주필로 있다가 1921년 4월 일제의 회유로 귀국했다.

자냐 임시정부냐, 사랑이냐 민족이냐 의 갈림길에서 여자와 사랑을 택한 것으로 여겨졌다. 가람 이병기(1891~1968)는 1921년 4월 4일자 일기에 이렇게 썼다.

"『조선일보』에 춘원이 돌아왔다는 말이 났다. 허영숙하고 상사병이 나서 왔단다. 세상에서 무엇이 사랑스러우니 해도 춘원에게는 허영숙보다 더 사랑스러운 것이 없다. 이천만 동포니 삼천리 강산이니 하고 남보다 더 떠들고 사랑하는 체한 이가 겨우 한 허영숙에게 바쳤다."[47]

허영숙은 일본에서 의과대학을 졸업하여 한국 최초의 여성 개업의

사가 된 인물이다. 그녀는 의사로 개업했다가 『동아일보』의 여기자가 되기도 한다. 허영숙과 결혼하기 위해 이광수는 이혼까지 한 처지였는데, 두 사람의 정식 결혼은 귀국 한 달 뒤인 1921년 5월에 이뤄졌다. 6살 차이였지만 이광수가 허영숙에게 일방적으로 끌려 다녔고, 결혼 후에도 허영숙이 항상 명령하는 위치에 있었다고 한다.[48]

'가장 인망이 있는 인물' 1위 최린, 2위 최남선

이광수가 귀국한 지 6개월 후인 1921년 10월 19일엔 최남선이 가출옥했고, 또 2개월 후인 1921년 12월 22일엔 최린이 가출옥했다. 이들의 가출옥 배경에는 사이토 총독의 정치참모인 아베(阿部充家, 『경성일보』 사장 역임)의 공작이 있었다. 최남선은 아베에게 보낸 편지(1921년 12월 25일자)에서 "이번에 최린 군을 비롯하여 제군의 출감을 보면서 백열(柏悅)의 정을 금할 길 없었습니다. 특히 당사자들도 선생에 대해 깊이 감사드리고 있습니다"라고 말했다. 최린의 가출옥 직후 아베는 사이토에게 보낸 편지(1921년 12월 29일자)에서 "오늘날의 형세로 보아 민원식, 선우순(1891~1933) 따위의 운동으로는 도저히 일대 세력을 이룩하기는 어렵고, 간접사격으로 …… 일을 꾸미자면 …… 여기에는 이번에 가출옥한 위인들 중 최린이 안성맞춤의 친구입니다"라고 말했다.[49]

사이토는 '문화정치'의 전위대로 최린과 최남선을 이용할 작정이었다. 이와 관련, 김민철은 "이것은 일제가 자치운동이라는 부도수표를 발행하여 동요하고 있던 '민족주의 우파'를 민족운동진영에서 이탈시키려는 공작이었다. 이 전환과정에 미끼로 던져진 것이 '자치운동'이다"라고 주장했다.[50]

왜 하필 최린과 최남선이었을까? 그 이유는 1923년 5월 『동아일보』가 지령 1000호 기념행사로 '가장 인망(人望)이 있는 현대 인물'에 대해 벌인 지상투표 결과가 시사해준다. 이는 사실상 민족지도자에 대한 인기투표인 셈이었기 때문에 조선 민중의 관심은 뜨거웠다. 신문이 전하는 당시 분위기에 따르면, "도무지 없던 일이고 흥미가 극히 많은 새 시험이어서 일반 사회의 기대가 심히 간절하다. 요사이 어느 곳에 가든지 이 인물투표가 반드시 이야깃거리"가 되었다. 일제 당국이 '치안에 방해된다'며 관련기사를 삭제해버려 발표되진 않았지만, 집계 결과에서 최린과 최남선은 각각 2위와 4위, 국내 인물로는 1위와 2위를 차지했다.

구체적 결과는 이승만(李承晩) 49표, 최린(崔麟) 25표, 안창호(安昌浩) 22표, 최남선(崔南善) 18표, 서재필(徐載弼) 17표, 이춘재(李春載) 12표, 이상재(李商在) 10표, 이동휘(李東輝) 7표, 여운형(呂運亨)·강일성(康一成) 각 6표, 이승훈(李昇薰)·김원봉(金元鳳) 등 각 4표, 김좌진(金佐鎭) 3표 등이었다.[51]

'김윤식 사회장' 파동

그러나 1922년 1월 21일 운양 김윤식이 88세로 병사한 이후 벌어진 이른바 '김윤식 사회장' 파동은 최린·최남선·이광수의 앞날이 순탄치만은 않을 것임을 예고했다. 이 파동을 통해 국내 사회주의세력의 영향력이 만만치 않음이 입증되었기 때문이다.

김윤식은 합방 후 중추원 부의장으로 자작 작위를 수여받았지만, 3·1운동으로 징역을 언도받으면서 작위를 박탈당한 인물이었다.

『동아일보』는 김윤식을 "우리 민족과 사회의 원로"라면서 그의 죽음에 애도를 표할 것을 주장하였고, 동아일보사 간부들을 중심으로 '김윤식 사회장'을 발기하였다. 이에 노동·학생단체들이 격렬히 반대하고 나섰으며, 사회주의그룹이 반대운동을 주도했다. 사회주의자들은 반대운동을 하면서 "귀족적 사회를 파괴하고 자본주의적 계급을 타파하고, 명사벌(名士閥)을 박멸하고 사회개량가를 매장하라"는 표어를 내걸었다.[52] 결국 김윤식 사회장은 2월 3일 취소되었다.

박종린은 "'김윤식 사회장' 찬반논쟁은 한국 민족해방운동에서 독자적인 정치세력으로 활동을 전개하던 사회주의세력과 민족주의세력이 최초로 정면충돌했다는 점에서 매우 주목되는 사건이다"며 "특히 이 사건은 공산주의그룹들 사이에서 존재하던 운동론과 대응방식의 차이를 가시화하여 사회주의세력이 국내 상하이파·신생활사그룹·중립당으로 재편되는 계기로 작용했다"고 평가했다.[53]

『동아일보』 기사에 따르면, 결국 김윤식의 장례는 "사회장이 거론됐으나 격렬한 반대에 부딪쳐서 취소되고 최남선의 제문이 낭독되고 몇몇 지우만 참석한 가운데 질소(質素)하고 장엄하게 거행되었다."[54] 김윤식의 일생은 오락가락이었는데, 정옥자는 "조선 선비로서의 지조를 쉽게 버릴 수 없었는지 망국 후 그의 행적은 갈등의 연속이었다"고 했다.[55]

임경석은 이 사건을 "국내 상하이파의 계급연합정책에 반대하는 신흥 사회주의자들의 반상하이파운동이었으며, 또한 반민족주의운동이었다"고 평가했다. 상하이파 공산당 국내지부는 그간 『동아일보』를 활용할 수 있었으나 이제 전 분야에서 반상하이파 운동이 벌어지게 되었다. 1922년 6월 장덕수 등 5명은 상하이파 계열이라는 이유로 서울청년회에서 제명되었다. 상하이파 공산당은 국내 신흥 사회주의자들에 의해 모스크바 자금 유용 혐의와 『동아일보』와의 제휴 등으로 '사기 공산당'으로 규정되고 있었다. 이르쿠츠크파 공산당은 자유시참변으로 동족상잔의 추악한 범죄자들로 지목되었다. 이로써 사회주의운동의 중심은 해외로부터 국내로 이동되었다.[56]

'민족개조론'의 구조

이광수는 글, 최남선은 잡지 창간, 최린은 천도교활동 등을 통해 자신들의 뜻을 펴고자 했다. 당시 이광수는 변절자로 낙인 찍혀 '왕따'를 당하고 있는 상태였다. 누구도 그에게 지면을 주려하지 않았다. 이광수는 1922년 3월 최린의 배려로 천도교 종학원 감사가 되는 등 천도교와 맺은 인연으로 귀국 후 초기의 글을 모두 천도교계 잡지인 『개벽』을 통해 발표했다.

이때 발표한 글 중 가장 큰 논란을 빚은 게 바로 『개벽』 1922년 5월호에 발표한 「민족개조론」이다. 처음엔 익명으로 썼다. 그러나 연재가 시작된 후, 그 필자가 이광수라는 사실이 알려지자 세상이 발칵 뒤집혔다. 그냥 넘어갈 수도 있는 일이었지만, 그 이름이 문제였다.[57]

30쪽이 넘는 장문의 「민족개조론」은 "나는 많은 희망과 끓는 정성으로, 이 글을 조선 민족의 장래가 어떠할까, 어찌하면 이 민족을 현재의 쇠퇴(衰頹)에서 건져 행복과 번영의 장래에 인도할까 하는 것을 생각하는 형제와 자매에게 드립니다"라는 문장으로 시작해 "그래서 이것이 실현될 날이 멀지 아니할 것을 확신하매 넘치는 기쁨으로 내 작은 생명을 이 고귀한 사업의 기초에 한 줌의 흙이 되어지라고 바침

니다"는 문장으로 끝을 맺고 있다.[58]

그러나 그의 '희망적인 확신'과 '넘치는 기쁨'은 곧 정반대의 것으로 나타난다. 너무도 비장했던 탓이 아닐까? 자신의 '생명'까지 운운하는 비장미로 인해 '조선 민족의 장래'에 관한 자신의 발언권에 너무 큰 의미를 부여했던 것은 아니었을까?

이광수는 이 글에서 '조선의 개조운동의 역사'를 개괄하면서, 1910년대에 서북학회, 기호학회 등을 중심으로 한 개조운동의 가장 큰 문제점으로 "민족의 개조에서 도덕적·정신적 개조가 가장 근본이 되는 것이라는 점을 자각하지 못한 것"이라 지적하며, 이에 의해 "지식만 중시 여기고 도덕을 경시하는 폐습이 생겼다"고 비판했다.[59]

이광수는 당시 지식인의 허위, 비사회적 이기심, 실행정신의 박약, 실행의 용기 및 사회성의 결핍, 그리고 무소신 등의 문제를 지적했다. 그는 이런 문제를 후손들에게 물려주지 않기 위해 도덕적·정신적 개조를 하자고 역설했다. 그는 독립협회가 정치에 대하여 아무 간섭이 없이 오직 "교육의 진흥, 산업의 발전, 민기(民氣)의 진작 등만을 몰두했다면, 당시의 집권자의 증오를 받을 것 없이 효과를 거둘 수 있었다"며, 일본 법률이 허용하는 범위 내에서 비정치적 운동을 벌여야 한다고 주장하고, 비타협적 항일투사들을 '절대주의자'라고 비판했다.[60]

서중석은 「민족개조론」의 구조를 4가지로 나누었다. ①3·1운동 이후 조선총독부에 의해 크게 선전된 독립불능론의 근거로, 한국 민족의 성격의 결함, 인종적 열악·저능을 '과학' 등을 동원하여 제시하고, 한국 민족이 식민지민으로 전락하고, 또 못사는 것은 한국 민족의 잘못이라고 지적함으로써 민족해방운동의 근거를 제거하고자 하였다, ②민족해방투쟁을 부정하고 독립운동가를 비난하고 독립운동의 무위를 강조함으로써 민족해방투쟁을 포기하도록 설득하였다, ③모든 활동은 비정치적이어야 한다고 못 박음으로써 일제의 후견 아래서 문화운동을 전개할 것을 주장하였다, ④앞의 것들과 연결되지만, 민족성 개조는 가능한가를 여러 가지로 따지고 수양동맹회를 만들 필요성을 역설하여 작게는 수양동맹회, 크게는 부르주아지(중추 계급)의 헤게모니를 확립하고자 하였다 등이다.[61]

'민족개조론' 찬반논쟁

이광수와 개벽사는 이 글로 인해 곤욕을 당했다. 이광수는 훗날 『나의 고백』에서 "「민족개조론」이 민족을 모욕한 것이라 하여 일부 독자의 분격을 산 모양이어서 칼을 가진 오륙인 청년의 일단이 밤중에 내 처소를 찾아 와서 내가 상해에서 돌아온 것과 「민족개조론」에서 민족을 모욕한 죄를 묻고, 나를 죽인다고 위협하였으나 폭행은 없었고 그 길로 개벽사를 습격하여 기물을 파괴하였다. 그러고는 나를 종학원의 교수로 고빙(雇聘)하였다 하여 최린의 집을 습격하였다. 이 글들 때문에 이광수 매장론은 글로 말로 여러 곳에 나타났다"고 회고했다.[62]

송건호는 「민족개조론」에서 특히 다음 부분을 문제 삼았다.

"나는 조선 민족의 운명을 비관하는 자입니다. …… 우리 민족의 성질은 열악합니다. 그러므로 이러한 민족의 장래는 오직 쇠퇴로 점점 떨어져가다가 마침내 멸망에 빠질 길이 있을 뿐입니다. …… 민족개조를 목적으로 한다면 정치적 색채를 띠어서는 아니 됩니다. 민족개조의 사업은 적어도 50년이나 100년을 소기로 하여야 할 사업입니다."[63]

김민철은 이광수가 "조선인의 민족성이 열등하여 일제의 식민지로 될 수밖에 없었다는 이른바 '조선인 열등론'을 제시하여 일제의 식민지배를 합리화시켰"으며 '자치운동'이라는 "미끼에 매달려 자신의 동족을 버리는 길로 가고 말았다"고 비판했다.[64]

반면 조맹기는 "당시 민족개조론은 설득력이 있었다"며 다음과 같이 주장했다.

"민족개조론은 평등사상에 기초를 두고, 이광수는 현재 문제되는 악습관, 문맹 타파, 농촌 개발, 경제적·사회개량적 각종 조직운동이나 민중교화 설치 등을 개혁의 내용에 포함시켰다. 그러나 그는 외국에서의 독립운동 등 조직적 행동에 대해 비관적이었다. 이광수는 이를 민족적 손실이자 독립운동의 명분으로 타국에서 남의 머슴살이로 공연히 시간을 보낸다고 봤다. 그는 지금 현 상태에서 운동자 간에 도무지 통일이 되지 아니하고 서로 압력하고 비난하는 것을 한탄했다. 이광수는 각 개인이 자신을 개조할 때까지, 조선으로 돌아가 공부하거나, 농사를 짓거나, 장사를 하거나, 아이들 야학을 가르치도록 권장했다."[65]

정수복도 "「민족개조론」은 객관적 자아비판의 요소를 담고 있음에도 불구하고 친일적인 글로 평가되었다"며 다음과 같이 주장했다.

"사실 이광수가 훗날 친일적 행동을 했지만 그렇다고 그가 쓴 모든 글이 친일적 관점에서 씌었다고 볼 수는 없다. 일제하에서 한글운동을 한 최현배(1894~1970)도 『조선 민족 갱생의 도』(1930)라는 이광수의 「민족개조론」과 비슷한 결의 책을 출판하였다. 그렇다고 그의 글이 친일적 관점이라고 이야기하는 사람은 없다."[66]

이광수만 민족개조론을 외쳤나?

적극 활동에 나서진 않았지만 당시 윤치호도 「민족개조론」에 심취한 인물 중 한 사람이었다. 그는 거짓말을 "조선인에게 가장 널리 퍼져 있는, 깊게 뿌리내린 악"으로 간주했다. 그는 서구 자유주의 국가에서 가장 중요한 덕목인 사람 간의 계약도 거짓말이 난무한 문화에선 가능하지 않다며 정치적 독립 이전에 도덕적 독립을 역설하면서 민족성 개조론까지 나아갔다.[67] 예컨대, 그는 1920년 4월 29일자 일기에 다음과 같이 썼다.

"조선인들은 애국심이 많은 범죄의 면죄부라도 되는 것처럼 생각하고 행동한다. 궁극적으로 애국심은 확대된 이기심에 다름 아니다. 다른 덕목들처럼 애국심이란 것도 오용될 수 있다. 그래서 애국심의 목적이나 정수라 할 수 있는, 국민의 진정한 행복을 도리어 깨뜨릴 수도 있다. 조선인들에겐 단순한 정치적 독립보다는 경제적·도덕적 독립과 자기 신뢰가 훨씬 더 중요하다. 경제적·도덕적 독립과 자기 신뢰를 이루지 못한다면, 정치적 독립은 아무짝에도 쓸모가 없을 것이다."[68]

그런데 논자에 따라 정도의 차이는 있었을망정, 민족성 개조론은 당시 천도교 문화운동의 핵심이었다. 이미 1920년부터 이돈화(1884~?) 등 여러 논객들이 『개벽』지를 통해 민족성 개조론을 역설하였다.[69] 이광수의 경우 그의 지명도와 더불어 전향 의혹 때문에 논란이 증폭되었다고 볼 수 있다.

김현주는 "이광수를 비롯하여 『개벽』의 주요 필진들이 가장 심각한 문제로 지목하고 있는 것은 사회주의 사상이 유입되어 하층 계급을 선동하고 있는 것이며, 이로써 민족의 분열이 획책되고 있다는 사실

천도교계 잡지 『개벽』. 민족성 개조론과 관련된 글이 많이 실렸다. 이광수도 귀국 이후 최린의 주선으로 『개벽』에 글을 썼는데, 1922년 5월 그가 익명으로 발표했던 「민족개조론」은 이후 필자의 이름이 알려지며 많은 질타를 받았다.

이다"며 다음과 같이 말했다.

"이들이 정작 두려워하는 것은 '유달리 총명하지 못한 우리 민중이 이러한 가짜 지사, 가짜 주의자들의 책론에 현혹' 될 때 초래될지도 모르는 '절제 없이 행해지는 파괴와 조직 없이 행해지는 건설'이다. 이광수가 「민족개조론」에서 1884년 이래 민족운동의 역사를 개괄하면서 갑오농민운동을 거론하지 않은 것이나, 심지어 3·1운동의 전개과정을 '무지몽매한 야만인종이 자각 없이 추이하여 가는 변화'라고 매도한 것은 이러한 의식의 연장인 바, 이는 대중의 정치적 세력화에 대한 불안과 위기의식에 말미암은 것이다."[70]

'이광수는 점진적 개량주의자'

김현은 "이광수의 민족개조는 과거의 것은 모조리 나쁜 것이다, 라는 과거 혐오증과 새로운 것은 무조건 좋은 것이다, 라는 새것 콤플렉스에 그 기반을 두고 있다"고 했다.[71] '새것 콤플렉스'는 제국주의 이론의 수입에까지 연결된 걸까?

김윤식은 "춘원은 '민족개조론'에서 프랑스의 제국주의 학자 르봉(Gustave Le Bon, 1841~1931)의 학설에 기대었다. 한국 민족의 민족성의 못남을 낱낱이 들추어내어 이를 개조해야 된다는 논법이 제국주의 학자들의 민족이론임을 그가 알아차릴 능력까지 없었음은 새삼 이 자리에서 말할 것도 못 된다"며 다음과 같이 말했다.

"영국, 프랑스, 일본 등의 우수 민족은 한국, 중국 같은 저능한 민족들을 지배할 수 있다는 논리를 춘원은 자신도 모르게 받아들이게 된 것이다. 제국주의 학자들이 식민지 지배방식을 논리화한 민족이론을 춘원은 겁도 없이 그대로 수용하여, 한국민족의 저능성을 논증하기에 신바람이 났던 꼴이었다. 단재 신채호의 초기 이론인 아와 비아의 투쟁 이론도 이와 궤도가 같음은 새삼 말할 것도 없다. 단재가 이 한계를 극복한 것은 그가 무정부주의의 세례를 받은 뒤였다. 춘원은 단재처럼 자기를 개혁하지 않았다."[72]

이에 대해 이중오는 "과연 「민족개조론」을 독해하는 데에 오직 이런 시각만 가능한가"라는 물음을 던졌다. 그는 "춘원이 진통하는 아픔과 열정으로 진지하게 쓴 글을 '자기민족의 저능성을 논증하기에 신바람이 났던 꼴'로 표현하는 김윤식의 어휘는 우리를 슬프게 한다"며 다음과 같이 말했다.

"내가 보기에 이광수는 결코 한국 민족의 저능성을 논증하기에 신

바람을 내지 않는다. 그는 우리 민족성의 긍정적 측면과 부정적 측면을 여과 없이 드러내줌으로써 왜 우리가 부정적인 성격에서 벗어나야 하는지 보여주려 했을 뿐이다. 그가 많은 고서의 인용과 현실에 대한 반성을 토대로 제시한 한국 민족의 근본적 성격은 '관대, 박애, 예의, 염결, 자존, 무용, 쾌활'이며, 이러한 성격이 잘못 발휘되어 나타나는 결점으로 '허식, 나태, 비사회성, 경제적 쇠약, 과학의 부진' 등을 들고 있다."[73]

이중오는 "「민족개조론」은 그 자체로서는 하자가 없는 논문이다. 진정 조국을 사랑하는 우국지사라면 응당 쓸 수 있는 그런 내용으로 일관되어 있다. 가령 이광수라는 이름 대신 도산 안창호라는 이름으로 출간되었더라면 그 논문은 지금 다른 운명을 맞고 있었을 것이다"며 다음과 같이 주장했다.

"이데올로기에 관한 한 우리가 이광수에 대해 내릴 수 있는 평가는 점진적 개량주의자라는 것이다. 그리고 이것은 그에 대해 아무런 새로울 것 없는 타이틀이다. 이미 그는 흥사단의 창단 회원으로 그러한 타이틀을 전면에 내걸고 있었기 때문이다. …… 나는 이광수의 「민족개조론」이 식민지 땅의 지성인으로서 자신에게 가장 합당하고, 자기 체질에 맞는 안창호류의 온건 개량주의를 동포에게 천명하는 하나의 의식이라고 믿는다."[74]

이광수의 민족개조론, 안창호의 민족개조론

민족개조론에 대해 비판적 자세를 취한 김윤식도 "도산 사상은 춘원의 「민족개조론」에서 가장 잘 드러나 있다. 이 대논설이 표현의 과장이나 자극적인 면의 드러냄 때문에 다소 오해를 샀지만 도산 사상의 요점이 잘 담겨 있다"고 평가했다.[75]

권희영도 "후에 이광수가 친일파로 변절한 것은 사실이지만 그렇다고 해서 그의 이론 모두가 일거에 폐기되거나 혹은 민족운동의 논리에 있어서 중요한 부분을 차지했다고 하는 사실까지 부정되기는 어렵다"며 "중요한 것은 이광수의 논리는 안창호의 논리의 연장선상에 있었다는 것이고 그것을 더 구체화시켰다는 데에 있다"고 했다.[76]

그러나 안창호의 민족개조론은 이광수의 민족개조론과는 다르다는 점을 강조하고 나선 이들도 많다. 행여 안창호가 이광수에 의해 '오염'되는 걸 막고자 하는 시도라고나 할까.

임종국은 "도산에 의해서 개조되는 사람은 '민족에 봉사함으로써 자신에 대한 의미와 인류에 대한 의무를 완수'라는 지사적 인물이었다. 반면에 이광수에 의해서 개조되는 사람은 통치에 만족하면서 일상성에 안주하는 평범한 소시민이었다"고 주장했다.[77]

신용하는 "이광수는 '민족개조'라고 하여 도산 안창호가 구한말에 쓰던 용어를 사용함으로써 마치 그가 안창호를 계승한 것처럼 위장했으나, 안창호는 '국권회복 완전독립'을 쟁취하기 위한 '민족의 개조(개혁, 혁명)'를 주장했던 것이므로, 도산의 주장은 이광수의 '완전 독립'을 포기하고 식민지상태의 원인을 한국 민족성에 돌린 주장과는 내용이 전혀 다른 것이었다"고 주장했다.[78]

이명화도 안창호의 '민족개조'는 이광수의 그것과는 다르다며 다음과 같이 주장했다.

"중요한 것은 안창호는 한 번도 독립운동을 방기한 적이 없으며 끊임없이 투쟁했다는 사실이다. 그런 안창호를 식민통치 당국자들의 요구를 수용해 식민통치의 합법 공간 안에서 타협해간 이광수의 민족개조론과 차별성 없이 인식한다는 것은 문제가 있다."[79]

이광수의 민족개조론을 어떻게 평가하건, 당시 총독이 이 글에 '감탄'을 하는 동시에 스스로 '민족개조' 사업에 지원을 약속하였던 바, 이후 '친일'의 굴레를 벗어나긴 어려웠다.[80] 또 이광수는 실제로 친일에 발 벗고 나섬으로써 스스로 그 굴레를 자신의 것으로 삼기도 했다. 그럼에도 민족개조론이 '텍스트'와 '콘텍스트'의 갈등이라는 문제를 보여준 사례일 수도 있다는 의문은 여전히 남는다 하겠다. 즉 이광수가 「민족개조론」을 발표한 직후 어떤 애국적인 행위와 관련해 일찍 죽어 친일의 치욕을 남기지 않았다면 그의 민족개조론은 달리 해석되었을 수도 있다는 것이다.

제8장

물산장려운동 · 형평운동 · 어린이운동

01

"쳐다보니 안창남, 굽어보니 엄복동"

'떴다 비행기 보아라 안창남'

1922년 12월, 조선에 때 아닌 '비행기 열풍'이 불었다. 『동아일보』가 우리나라 최초의 비행사인 안창남(1901~1930)을 초청하여 비행 묘기를 선사케 하고 이를 대서특필하는 등 신문 홍보에 적극 이용하였기 때문이다. 안창남은 12월 5일 『동아일보』 초청으로 귀국해 12월 10일, 14일 두 차례 서울 상공을 비행하였다.

안창남이 탄 비행기 금강호는 일본의 오쿠리 비행학교에 버려져 있다시피 했던 것을 안창남이 부품을 모아 다시 수리한 것이다. 그는 1922년 2월 금강호를 배편으로 인천까지 옮긴 뒤 다시 기차로 노량진까지 수송한 후, 여의도 육군항공대 비행장 격납고에서 사흘에 걸쳐 다시 조립했다. 동체의 길이는 6.1미터, 날개는 8.1미터, 80마력 엔진으로 최고속도 175킬로미터의 비행기였다.[1]

1922년 12월 한국에는 때 아닌 '비행기 열풍'이 불었다. 동아일보사가 한국인 최초의 비행사 안창남을 초청, 서울 상공 비행을 두 차례 실시했고, 이로 인해 전국이 떠들썩해졌다. 사진은 귀국한 안창남의 서울 도착 모습을 보도한 『동아일보』 기사다.

『동아일보』의 취지는 무엇이었을까? 안창남의 서울 상공 비행을 알리는 『동아일보』 1922년 12월 10일자를 보자. "삼십만 경성 시민이 손을 꼽아 기다리던 조선 비행가 안창남 군이 하늘에서 나는 날이다. …… 여러 일본 비행가들을 맞을 때마다 우리 조선사람도 언제나 한번 저렇게 날아보나 하던 가슴에 사무치는 섭섭함을 마음껏 풀어보려는 날이 오늘이요, 조선 사람도 하면 된다는 굳세인 믿음과 넘치는 기쁨으로 우리의 앞길을 축복하는 만세를 불러볼 날도 오늘이다."[2]

실제로 12월 10일 여의도에서 벌어진 안창남의 모국 방문 비행은 전국을 떠들썩하게 만들었고, 아이들은 '안창남 노래'를 합창하면서 하늘을 날아가는 시늉을 하곤 했다.

"떴다 비행기 보아라 안창남/ 장하다 안창남 조선의 건아/ 청년들아 본받자 저 높은 기상/ 장하다 안창남 조선의 건아"[3]

최준은 "『동아일보』는 안창남 비행사의 조국방문을 계획하여 민족의 과학열에 자극을 주어 커다란 공헌을 하였다"고 했는데, 실제로 이후 이에 자극받은 각종 과학단체들이 전국 각지를 순회하며 과학강연회를 개최하기도 하였다.[4]

안창남과 박경원

그러나 모두가 안창남 비행 쇼를 반긴 건 아니었다. 비판도 제기되었다.

윤치호는 1922년 12월 9일자 일기에 "안창남이라는 청년이 일본에서 비행기 조종술을 배웠다. 매우 장한 일이다. 그러나 그렇다고 해서 그렇게 엄청난 일은 아니다. 안군이 새로운 형태를 비행기를 발명했거나 1만 명 중에 1명 나올까 말끼 한 출중한 비행사가 되었다면, 우리 조선인들은 그를 자랑스럽게 여길 만하다. 그러나 안군은 그저 다른 사람이 발명한 비행기의 조종술을 배운 1000명 중의 1명일 뿐이다"고 썼다.

"따라서 호들갑을 떨 만한 일은 아니다. 그러나 『동아일보』는 지난 몇 주 동안 많은 지면을 할애해 그를 치켜세웠다. 안군이 비행기를 몰고 조국을 방문하는 걸 도우려는 단체가 결성되었다. 성금이 걷혔다. 멍청이들 같으니! 이건 조선인들의 유치함을 세계만방에 알리는 행위일 뿐이다. 안군이 오늘 비행기를 몰고 날아오기로 되어 있다. 이 비행사에게 비행기 한 대를 사주려고 4만 원을 모았다고 한다."[5]

『개벽』도 『동아일보』가 『조선일보』와의 과다 경쟁으로 손해까지 보아가며 자사(自社) 선전을 위해 안창남 비행을 후원하였으며 그로 인한 결손 500원을 일반 주주에게 떠넘겼고, 신문 전면을 안창남 기사로 메꾸었는데 그의 소년시대로부터 "어떤 요리집에서 기생에게 귀염밧든 일까지 역력히 기록하기를 2주간이나 하였다"고 신랄하게 비판하였다. 이에 대해 유선영은 "정치의 부재, 일제의 검열, 협소한 시장을 놓고 경쟁해야 한다는 신문 외적 조건은 결국 민간지들로 하여금 상업주의로 흐르게 했고 이것이 1924년도 이후 본격적으로 가시화되면서 지면에 반영되기 시작했다"고 평가했다.[6]

안창남은 1924년 12월 고국으로 돌아와 여운형의 소개로 중국 산시성(陝西省) 옌시산(閻錫山, 1883~1960) 군벌 휘하에서 비행학교 교관으로 독립운동에 참여했으나, 1930년 4월 5일 고장난 비행기를 고치려고 시험비행을 하다가 추락해 사망했다.[7]

최초의 여류 비행사인 박경원(1901~1933)은 안창남에 비해 불운했다. 1933년 8월 7일 아침. 한국 최초의 여성비행사 박경원이 자신의 애기(愛機) 청연(靑燕)을 타고 일본을 출발했다는 소식이 알려지자 사람들은 일제히 '우리 조선만세'를 외치며 좋아했다. 그러나 아무리 시간이 지나도 청연은 나타나지 않았고, 이튿날 신문에는 다음과 같은 비보가 게재되었다.

"현악산중에 추락 참사한 여류비행사 박경원 양은 경상북도 대구 덕산 출생으로 조선이 가지고 있는 유일한 여류 비행사였다. 1924년 12월 뜻을 가지고 도쿄 일본비행학교에 입학하여 1926년 1월에 졸업,

한국 최초의 여류 비행사 박경원(왼쪽). 그녀는 1933년 8월 7일 아침, 만주 비행을 위해 애기(愛機) 청연을 몰고 일본을 출발했으나 그것이 마지막 비행이었다. 일본 시즈오카현 상공 산악지대에서 악천후를 만난 그녀는 해발 799미터의 구로다케 산악을 분간하지 못해 25도 경사면에 충돌, 사망하였다.

같은 달 28일에 3등 비행사가 되고 7월 13일에 2등 비행사가 되었다. 박양은 외국에서 여류 비행사가 올 때마다 출영을 하였으며 자기도 한 번은 구미 비행을 하겠다고 희망을 가졌었다. 그런데 이번에 구미 비행 계획에 앞서 만주비행을 시도하다가 추락 참사를 당하고 말았다."[8]

엄복동이 일으킨 '자전거 민족주의'

1907년 이후 해마다 자전거 상인들의 후원으로 한일 선수들 간의 경주회가 용산, 평양, 인천 등지를 순회하며 성황을 이루었다. 특히 1913년 4월 서울 용산 연병장에서 열린 자전거경주회에서는 10만 관중이 열광하는 가운데 엄복동(1892~1951)과 17세 난 어린 황수복이 우승하여 일제에 억눌린 울분을 풀어주었다. 바로 이해에 인천에서 개최된 자전거경주대회 사진이 신문 스포츠사진의 효시가 되었다.[9]

엄복동은 1920년 '경성시민운동대회' 자전거 경주에서 우승하면서 본격적으로 이름을 떨치기 시작했다. 당시의 자전거 선수는 거의 자전거 점포 직원들이었는데, 엄복동도 평택 출신으로 평택-서울 간을 다니며 자전거 행상을 했다. 당시에는 자전거 선수를 일류, 이류, 삼류로 구분하여 등급을 정하였는데, 한일 간 경쟁이 치열하였다.

엄복동이 '조일 일류 선수권대회' '조선 일류 선두 책임 경주대회' '일류 20바퀴 경주' 등에서 연승하자, 일본인 심판들의 견제가 심해졌다. 한번은 일본인 심판들이 엄복동에게 우승을 주지 않기 위해서 일몰을 구실로 경주를 중단시킨 적도 있었는데, 이에 불만은 품은 엄복동은 격분한 나머지 우승기를 꺾어 버려 일본인들로부터 몰매를 맞기도 했다. 이후 엄복동이 대회에 출전한다는 소문만 돌아도 관중이 모여들 정도로 엄복동은 조선인의 영웅이 되었다.[10] 이는 '자전거 민족주의' 라 부를 만한 것이었다.

자전거 경주는 최고의 인기스포츠

앞서 말했듯이, 1922년 한국 최초의 비행사 안창남은 조국의 하늘을 처녀비행함으로써 폭발적인 인기를 누렸다. 같은 해 엄복동은 평양에서 열린 전국대회에서 일본선수들을 제치고 우승을 차지했다. 이 두 가지 사건 이후 세간에는 한동안 "쳐다보니 안창남, 굽어보니 엄복동"이라는 말이 유행했으며, 노래로 울려 퍼졌다. 두 사람 모두 민족의 자존심을 세워준 영웅으로 여겨진 것이다.[11]

1923년 전조선자전거대회에서 우승한 후 우승기를 안고 있는 엄복동. 1920년 경성시민운동대회 자전거 경주에서 우승하면서 이름을 떨치기 시작한 그는 이후 각종 대회를 석권하면서 일제에 억눌린 민중들의 울분을 풀어주었다.

『동아일보』는 "1920년대 엄복동은 자전거 한 대로 식민지 시절 우리 민족의 한과 울분을 달래주었다"며 다음과 같이 말했다.

"그 무렵 최고의 인기 스포츠는 자전거 경주였다. 해마다 봄·가을 두 번씩 지금의 서울 장충체육관 자리에서 열린 대회에는 구름 같은 인파가 몰려들었다. 빨간 유니폼을 입고 달렸기 때문에 멀리서도 돋보였던 엄복동은 일본 선수들을 제치고 늘 우승을 차지했다. 그의 경주법은 당시로선 아주 특이했다. 그는 중간그룹에 끼여 달리다 마지막 한 바퀴를 알리는 종소리가 울리면 갑자기 엉덩이를 치켜 올린 뒤 빠른 발놀림으로 선두그룹을 제치고 결승선을 통과했다. 이를 익히 알고 있는 우리 관중석에서는 그가 마지막 스퍼트를 위해 엉덩이를 세우면 '올라간다'는 함성과 함께 환호가 터져 나왔다. 일본 측은 그를 누르기 위해 여러 방법을 동원했지만 뜻을 이루지는 못했다."[12]

엄복동은 1920년대의 모든 자전거 경주대회를 휩쓸었지만, 일본에서 열리는 대회엔 나가지 않았다. 1930년 일본 명치신궁대회에 나갈 것을 총독부가 권유했으나 그는 이마저 거절했다. 일제는 엄복동을 치안유지법 위반이란 죄명으로 함흥형무소에 잠시 수감하기도 했다. 엄복동의 꿈은 한국인이 주최하는 경기에서 우승하는 것이었다. 1932년 4월 20일 한국 최초로 한국인이 주최한 전조선남녀자전거대회에서 엄복동은 48세의 나이로 1만 미터 경주에서 우승함으로써 자신의 꿈을 이루었다. 당시 신문들은 「비장 엄복동 선수 노익장」이라며 대서특필했다.[13]

비행기와 자전거뿐만이 아니었다. 당시 일제의 지배에 신음하던 조선 민중은 기록과 승패(勝敗)와 관련된 것이라면 그 어느 것에서건 조선인의 자존심을 확인하고 만끽하려는 '신드롬'을 보이게 된다. 그건 처절한 몸부림인 동시에 훗날을 기약하고자 하는 미래지향적인 자기정체성 확인의 의식(儀式)이기도 했다.

02

물산장려운동,
금주·금연운동

'내 살림 내 것으로' '조선 사람 조선 것'

1919년 가을 최진(1897~1965)을 비롯한 몇몇 사람들이 서울에서 물산장려주식회사를 설립했다. 평양에서는 조만식(1883~1950), 김동원(1883~1951) 등 기독교인이 중심이 된 50명이 1920년 7월 물산장려회를 설립했다. 조선 상품을 구입하자는 운동이었다. 이 운동이 소기의 성과를 거두지 못하자 『동아일보』는 1922년 11월 1일, 12일, 13일자 사설을 통해 운동의 불씨를 다시 지피고 본격적인 캠페인에 착수했다.[14]

1923년 1월 9일 지식인, 학생, 사업가, 언론인을 포함한 20개 조직의 연합체가 조선물산장려회 발기준비회를 조직하고, 1월 20일 창립총회를 개최했다. 조만식도 전 민족적인 물산운동 조직에 합류했다. 조선물산장려회는 자급자족, 국산장려, 소비절약, 금주, 금연 등의 강령을 채택하고, 설이었던 1923년 2월 16일을 물산장려일로 지정했다. 이 운동은 1923년 여름에 절정에 달했다.[15]

『동아일보』는 '내 살림 내 것으로' '조선 사람 조선 것' 등의 표어 현상모집으로 대중들의 관심을 고취하는 조선청년연합회의 계몽활동을 비롯하여 조선물산장려회의 활동에 대해 적극 보도함으로써 사실상의 물산장려운동 주체로 활약하였다.[16]

사회주의자들은 물산장려운동이 '중산 계급의 이기적 운동'이라며 비판적 자세를 취했다.[17] 이에 『동아일보』는 사설을 통해 계급적 분열보다 민족적 단결을 촉구하고 나섰다. 이승렬은 이 신문이 1923년 1월에서 3월 사이에 여러 차례 내보낸 사설의 주장은 크게 보아 다섯 갈래로 분류될 수 있다고 했다.

그것은 "①일본 사람의 자본주의하에서 조선 사람의 생산력이 발달하기 위해서는 조선 사람은 유산 무산을 막론하고 대동단결하여 조선 사람이 제작하는 물품을 사용하자 ②가격이 싼 외국산 상품 대신 당장은 값이 비싸더라도 '우리 형제'를 먹여 살린다는 의미로 조선 사람이 만든 상품을 구입하라 ③국가가 없는 조선 사람은 민족적 민중적으로 이 일에 대처해야 한다 ④세계는 민족 대 민족, 국가 대 국가의 대립과 투쟁이 제1의 문제이지, 계급분열투쟁이 급한 것은 아니다 ⑤물산장려운동의 결과 그 이윤의 대부분이 일부 유산 계급에 농단(壟斷)된다 가정하더라도 조선인의 부력(富力)이 집중되면 혁명계단의 대세를 촉진할 수 있다"였다.[18]

신문광고의 70퍼센트가 일본 상품

그러나 물산장려운동에 앞장서는 신문이 일본 상품 광고로 먹고 살 수밖에 없는 현실은 이 운동이 갖는 근원적인 한계를 시사했다. 『동아일보』의 경우, 1923년부터 일본 상품의 광고가 조선 상품의 광고보다 많아졌고, 1924년에 전체 광고의 64.2퍼센트로 증가하면서 그 이후에는 약 70퍼센트를 차지하였다.[19] 임옥희는 "물산장려운동을 시작한 해부터 『동아일보』에 일본 상품 광고가 더 많이 실렸다는 것은 아이러니가 아닐 수 없다"며 다음과 같이 말했다.

"물론 일본 자본가들이 위기의식으로 인해 더 많은 광고를 실었다고도 할 수 있지만 그보다는 『동아일보』가 더욱 적극적으로 일본 광고를 유치했다. 일본 독점자본은 판매전략으로 조선 신문을 이용했고 『동아일보』는 광고수입을 위해 일본 상품 광고를 게재했다. 그러면서도 『동아일보』는 조선인 고객이 종로 근처는 돌아다보지 않는다고 우려했다. 일본 상품을 사라는 광고로 조선인들을 실컷 유혹해놓고서는 그 조선인들이 종로에 등을 돌린다고 우려하는 『동아일보』의 태도 자체는 대단히 양가적이다. 그러니 물산장려운동은 시작부터 실패할 수밖에 없었다. 그렇다면 그것이 물건에 현혹된 일부 여성들의 탓이라고 돌릴 수 있을까?"[20]

조선물산장려운동은 1923년 1년간은 활동이 활발했지만, 일제의 탄압으로 1924년 이후 활동이 거의 없다가 1929년부터 다시 활성화되었다. 그러나 다시 일제의 탄압으로 1934년부터 명맥만 유지하다가 1940년 8월엔 일제의 강압으로 완전히 해산되고 말았다.[21]

중간에서 폭리를 취하는 중간상인에 의한 시장질서의 왜곡도 물산장려운동의 열기를 식게 만든 이유 중의 하나였다. 물산장려운동 주

물산장려운동을 전하는 1932년 2월의 『동아일보』 기사. '내 살림 내 것으로' '조선 사람 조선 것' 등을 기치로 '우리 것'을 사 쓰자는 물산장려 캠페인에 앞장선 『동아일보』에는 그러나 일본 상품 광고가 더 많이 실렸다.

도세력은 민족적 명분만을 민중에게 강요하고 '우리 것'을 '사라'고 외쳐댈 뿐이었지 민중의 신뢰를 얻기 위한 노력을 하지 않았다.[22]

운동 지도부는 영국 상품의 불매운동을 편 인도의 스와데시운동을 물산장려운동으로 해석하면서 주목하기도 했다. 『조선일보』 1923년 2월 1일자 사설은 "본국 산물을 장려하고 영국의 상품을 배척하여 독립을 성취할 수 있을지 의문"이라면서도 "경제적 자립을 완전히 기망(期望)할 수 있으면 동시에 정치적 독립도 이를 토대로 이룰 수 있으리라"고 전망하면서 "그 목적을 관철하여 조속히 평화로운 낙원에서 춤추고 노래하라"고 했다.[23]

조선과 인도의 이런 유사성 때문에 일제는 그런 비교 자체를 못마땅하게 여겼다. 『동아일보』 1927년 12월 4일자에 따르면, 한 공립보통학교의 학생이 지리시간에 "인도는 조선과 같습니까?"라고 질문을 던졌다가 수업을 진행하던 일본인 교장으로부터 무수한 구타를 당하는 일까지 벌어지기도 했다.[24]

기독교의 금주 · 금연 · 절제운동

조선물산장려운동에 이어 기독교의 금주 · 금연 · 절제운동이 벌어졌다. 1924년 8월 28일 이화학당에서 조선여자기독교절제회연합회가 창설되었는데, 1928년에 이르러 여자절제회는 전국에 52개 지회에 3217명의 회원이 참여하는 여성운동단체로 성장했다. 이들은 금주운동을 '조선을 살리는 운동'으로 보고 맹렬히 추진하였다. 1932년엔 2000여 명이 참여한 가운데 금주를 외치는 가두 군중시위를 벌이기도 했다. 금주운동과 더불어 기독교의 교세를 나타내기 위한 시위였다.[25] 서중석은 "기독교단체의 금주 · 금연, 농촌진흥운동은 1930년대에 교세 확장의 일환으로 크게 전개되었다"고 했다.[26]

망국의 설움 때문이었을까? 『기독신보』 1927년 11월 16일자가 보도한 것처럼 조선의 술 소비량은 나라살림을 거덜낼 지경이었다. 전체 조세액에서 주세액이 차지하는 비중이 1910년만 해도 1.8퍼센트이던 것이 1935년에는 30.2퍼센트로 늘어 조세 항목 중 가장 큰 비중을 차지했다. 1921년~1930년 사이에 등록된 한국의 제조업체는 657개사였는데 그중 양조업체가 154개를 차지해 가장 많았다. 1930년 주류 생산액은 전 공산액의 15퍼센트에 이르렀다.[27]

1931년 조만식은 농민을 빈궁케 하며 농촌을 피폐케 함에는 술 이상이 없다고 주장하였다. 반면 『신계단』 1933년 3월호에 실린 「기독교의 금주단연 운동에 관하여」라는 글은 "하루 밥 한 끼를 얻기가 곤란한 수많은 실업자가 있고, 담배가 없어서 풀잎을 말아 피우는 불쌍한 빈농이 있음을 생각하자"며 "식전에 선술 한 잔을 마시고 술국에 밥을 말아 조반에 대신하는 노동자에게 향하여, 그들의 절약을 강요하여 퇴폐를 운위한 터인가?"라고 반문하였다.[28]

그러나 조만식의 운동은 실업자·빈농·노동자의 그런 절박한 사정을 겨냥한 것이 아니었으며, '술 권하는 사회'의 심리적 자포자기에서 벗어나자는 취지였으리라. 다만 이 또한 물산장려운동에 앞장선 『동아일보』가 안고 있는 본원적인 딜레마로부터 자유로울 순 없었다.

사실 일제강점기에 조선인들 사이에서 벌어진 모든 논쟁의 한 축은 바로 희망의 멀고 가까움이라는 시간적 제약에 관한 것이었다. 희망이 가깝다면 고통을 인내하겠지만, 그게 멀다고 판단되면 인내의 가치는 사라지고 만다. 일제강점기의 '집단 심리'가 중요한 이유도 바로 여기에 있다.

03

한 맺힌 백정의 형평운동

족보 발간 붐과 김구의 족보 자랑

1920년대 한반도를 휩쓴 신드롬 중 대표적인 것은 족보 편찬과 발간 붐이었다. 종류를 기준으로 하면 1920년대에 가장 많이 출판된 책은 족보였다. 지나치다고 사회적 개탄이 쏟아질 정도였다.[29] 족보 발간에 퍼부을 돈으로 '조선 역사'를 편찬·간행하자는 주장도 나왔지만, 족보 발간은 '불가사의(不可思議)'라는 말을 들을 정도로 계속 호황을 누렸다.[30]

천정환은 "당시 조선의 신세대는 사회주의와 여성주의 같은 급진 사상에 물들고 감성적으로는 할리우드 키드가 되어가고 있었지만, 기성세대의 일부는 여전히 유교적 습속과 의식에 젖어 있었던 것이다"며 다음과 같이 말했다.

"그래서 지식인들은 족보 발간 붐을 신랄하게 비판했다. 자유주의적 관점에서 족보 발간 붐은 근대사회에 맞지 않는 유교적 구도덕을 온존시켜 자유로운 '개인'의 형성을 저해하는 일이었고, '양반-상놈' 계급이 변형·재생산되는 '병리적' 사회현상의 지표였다. 민족주의자나 사회주의자들도 족보 발간 열풍을 싫어했다. 문벌과 촌수를 따지는 족벌주의가 족보 발간 붐에 내재해 있었던 바, 그것은 민족적 단결을 저해하고 민중적 전진을 가로막는 퇴행이라는 관점에서였다. 그런데 족보 발간 붐에는 실제적인 이유가 있었다. 우선은 몰락한 양반 중의 일부, 또는 양반 행세를 하고 싶었던 '상놈'이 족보 발간을 돈벌이에 이용했다. …… 족보 발간 붐에는 사회적인 혼란과 가치관의 혼돈도 배경으로 작용하고 있다. 족보 편찬에 여념이 없던 사람들은 당시 사회를 극히 혼란스럽다고 진단하고, 족보 발간을 이러한 혼란에 대한 나름의 대응으로 생각했다."[31]

어려서부터 자기 집안이 '상놈'이라는 사실에 대해 심한 콤플렉스를 느끼면서 성장한 백범 김구가 나중에 자신이 양반의 후손임을 알게 된 후에 보인 행태는 당시 족보 발간 붐에 숨은 또다른 이유를 시사한다. 그는 훗날 『백범일지』의 국내판(국사원본)을 낼 때에 원문에 없던 다음과 같은 문장을 서두에 첨가했다.

"우리는 안동 김씨 경순왕의 자손이다. 신라의 마지막 임금 경순왕이 어떻게 고려 왕건 태조의 따님 낙랑공주의 부마가 되셔서 우리들의 조상이 되셨는지는 『삼국사기』나 안동 김씨 족보를 보면 알 것이다. 경순왕의 8대손이 충렬공이고, 충렬공의 현손이 익원공인데, 이 어른이 우리의 시조요, 나는 익원공에서 21대 손이다. 충렬공과 익원공은 다 고려조의 공신이거니와 이조에 들어와서도 우리 조상은 대대로 서울에 살아서 글과 벼슬로 가업을 삼고 있었다."

그리고 이 책의 본문 앞에 있는 화보에는 김구가 귀국한 뒤에 경순왕릉을 참배하는 사진이 실려 있고, "내 시조 경순왕릉에 제를 드렸다"는 설명이 붙어 있다. 이에 대해 손세일은 "이는 김구가 경순왕릉을 참배한 행동 그 자체와 함께 한국사회의 권위주의적 가치관을 반영한 것이라고 할 수 있을 것이다"며 "이 글 이후로 김구의 가계와 관련된 모든 기록은 그가 '경순왕의 후손' 임을 강조하고 있다"고 했다.[32]

존경받는 독립지사마저 해방된 후에도 그렇게 양반 족보를 끔찍하게 챙길 정도였으니, 일제강점기인 1920년대에 족보 발간 신드롬이 일어난 건 당연한 일이 아니었을까? 하긴 21세기에도 대통령 후보들은 민중을 외치는 자건 그 누구건 종친회 행사에 적극 참여해 자기 족보 뼈대 있다고 뻐기는 데에 심혈을 기울이고 있지 아니한가. 그럼에도 1920년대의 그런 신드롬에 결과적으로나마 정면 도전한 운동이 하나 있었으니, 그게 바로 백정들의 형평운동이다.

인간 대접을 받지 못한 40만 백정

기미독립만세시위 이후 어느 날 진주공원에서 청년들에 의해 백정이 살해당하는 사건이 일어났다. 청년들은 백정마을에 사는 백정을 강제로 데려와 개를 잡으라고 강요하였는데, 그 백정이 청년들의 요구를 완강하게 거절하자 청년들이 매질로 백정을 죽인 것이다. 이후 백정들이 청년들을 고소하였지만 죽은 백정은 호적이 없으므로 그를 죽인 청년들에게 살인죄를 적용할 수 없다는 일본 경찰의 판결이 내려졌다.

이 사건에 충격을 받은 강상호(1887~1957)는 이후 백정해방운동에

일제시대 진주의 대표적인 지식인 중의 한 사람이었던 강상호. 그는 백정들의 실상을 접하고 백정해방운동에 뛰어들었다.

적극 뛰어들게 되었다. 강상호는 당시 진주사회의 대표적인 지성인 중 한 사람으로 양반 신분이며 부유한 집안의 큰아들이었다. 그는 직접 기미년 만세시위운동에 참여하여 옥고를 치렀으며, 애국계몽운동의 일환으로 『동아일보』 창간에 주주로 참여하기도 했다.

진주엔 대물림한 백정집안 후손인 장지필(1898~?)이라는 사람이 있었다. 장지필의 아버지 장덕찬은 백정 출신 부호였지만, 당시에는 재력가라 하여도 백정신분으로 서당이나 향교 같은 교육기관에 나가 공부할 수 없었다. 장덕찬은 집에 독선생을 초빙해 자식들에게 공부를 시켰는데, 장지필은 요즘식 가정교사 밑에서 공부하여 일본 메이지대학까지 유학하였다. 정동주는 "장지필과 강상호가 지향하는 백정해방운동의 목표는 서로 달랐다"며 다음과 같이 말했다.

"강상호는 민족운동과 사회주의운동이 미분화된 상태에서 순진하다 할 수 있는 민족운동 노선을 따른 데 반하여, 장지필은 백정 고유의 산업에 일반인들이 진출하지 못하게 하여 백정 계급의 경제적 토대를 지키고 장차 백정들의 삶을 향상시키고자 하였다. 관념적인 백정해방운동은 성공할 수 없으며, 중요한 것은 한국사회에서 가장 천한 신분인 백정들이 경제적으로 자립하는 것뿐이라고 믿었다. 경제적 자신감이 있어야만 백정해방이 가능하다는 것이었다. 이처럼 두 사람이 믿는 바는 달랐지만, 1923년이라는 시대상황은 한국역사상 최초의 인권해방운동이라는 이름으로 장지필과 강상호가 함께 움직일 수 있게 하였다."[33]

1923년 당시 한국에는 40만 명의 백정들이 살고 있었는데, 이때까지도 백정은 인간 대접을 받지 못하고 있었다. 그 실상에 대해 정동주는 다음과 같이 말했다.

"당시에 백정들은 갓 대신 패랭이를 써야 했고, 상투머리엔 반드시 검은 띠를 둘러 백정임을 표시해야 했다. 백정 여자들은 언제나 검정색 물들인 치마를 입어야 했고, 비단옷이나 양반들이 입는 두루마기며 도포를 입어서는 안 되었다. 기와집에 살 수 없었으며 세 칸 이상의 넓은 집은 갖지 못했다. 또, 백정들끼리만 결혼할 수 있었고, 혼인할 때 신부는 가마를 타지 못하고 신랑은 말을 탈 수 없었다. 서당이나 향교에서 일반인들과 함께 글을 배워서도 안 되었다. 죽은 뒤에도 상여에 관을 얹지 못하며, 거적때기에 말아 매장하되 일반인 무덤보다 높은 곳에는 봉분을 짓지 못했다. 아무리 나이가 많아도 일반인 소년이나 아이에게 백정은 존댓말을 써야 했고 공공장소를 지날 때는 허리를 숙인 채 빠르게 뜀박질하여 지나가야 했다. 이러한 법이나 관습을 어길 경우에는 때와 장소와 상관없이 일반인으로부터 처벌받아야 하고, 같은 죄를 다시 범한 백정은 중형에 처해졌다. 심지어 일반인들의 생활 언어를 사용하는 것까지 금했다. 백정들의 삶은 온갖 금지와 차별의 울타리 안에 구금되어 있었다."[34]

'계급타파를 절규하는 백정사회'

1923년 4월 24일 진주에서 백정 차별에 반대하면서 평등사회를 염원하는 사람 70여 명이 진주청년회관에 모여 형평사(衡平社) 기성회를 조직했다. 백정들이 장사할 때 저울을 쓴다는 사실에 착안하여 단체 이름에 저울 형(衡)자를 넣었다고 한다.[35]

선출된 형평사 임원 중엔 백정 출신이 아닌 강상호, 신현수, 천석구가 포함되었다. 신현수는『조선일보』진주지국장이었으며, 천석구는 진주저축계, 진주금주단연회, 진주부업장려회 등에 참여한 사회운동가였다. 형평사는 다음과 같은 주지(主旨)를 선언하였다.

"오늘 조선의 우리 백정은 어떠한 지위와 어떠한 압박에 처하였는가! 과거를 회상하면 종일 통곡의 피눈물을 멈추지 못할 바라, 이에 지위와 조건 문제 등을 제기할 틈도 없이 눈앞의 압박을 절규함이 우리의 실정이요, 이 문제를 먼저 해결함이 우리의 급선무로 인정하는 것이 가장 바른 것이라. 낮으며 가난하며 열등하며 약하며 천하며 굴종하는 자 누구인가? 슬프다! 우리 백정이 아닌가! 그런데 이와 같은 비극에 대한 이 사회의 태도는 어떠한가? 소위 지식 계급에서 압박과 멸시만 하였도다. …… 본사는 시대의 요구보다도 사회의 실정에 응하여 창립되었을 뿐 아니라 우리 조선 민족 이천만 중의 한 사람으로 …… 애정으로서 단결하여 서로 부조(扶助)하여 생활의 안정을 꾀하며 공동의 존립방법을 꾀하고자 이에 사십여 만이 단결하여 본사의 목적을 설정하고 그 주지를 천명해 널리 알리고자 하노라."[36]

『조선일보』 1923년 4월 30일자는 「진주에 형평사 발기」라는 큰 제목 아래, "계급타파를 절규하는 백정사회, 우리도 이 세상 사람의 일분자이니 압박 멸시 계급을 타파하자는 운동"이라는 작은 제목으로 형평사의 창립과정을 상세하게 보도하였다.[37]

『조선일보』는 1923년 5월 3일자 사설 「형평사의 분기」에선 "하늘에서 내린 인류의 권리는 모두 똑같은데 어찌하여 가축 고기를 먹는 사람들은 존귀한 대우를 받으면서, 가축을 잡아 먹을 재료로 제공해주는 사람들은 비천한 대우를 받으니 얼마나 잘못된 일인가를 깨닫고 형평사의 취지가 성공해야 할 것"이라고 했다.[38]

형평사가 창립한 지 3주일 만인 1923년 5월 13일, 전국의 백정 지도자 400여 명이 진주에 모여 대대적인 형평운동을 벌일 것을 결의하였다. 이에 형평운동을 반대하는 진주사람들은 ①형평사에 관계하는 자는 백정과 동일한 대우를 할 것 ②쇠고기를 절대 사먹지 않을 것을 동맹할 것 ③진주청년회에 형평사와 관계 맺지 못하게 할 것 ④노동단체에 형평사와 관계 맺지 못하게 할 것 ⑤형평사를 배척할 것 등을 결의했다. 그러나 『조선일보』와 『동아일보』 등 전국의 언론은 형평운동에 우호적 반응을 보였다.[39]

전국의 백정들은 형평운동을 일제히 환영하면서 대대적인 집회를 열기 시작했다. 강상호·장지필 등 형평사 본부 임원들은 각각 순회 지역을 나누어 돌면서 각 지역에서 벌어지는 백정들의 군중집회에 참석해 축사를 하거나 앞으로의 진행방향에 대하여 토론을 벌였다. 백정들은 철저한 온건 노선을 지키면서 모든 조선인들의 양심에 호소하는 눈물겨운 장면을 만들어냈기에 일본 경찰도 적극 단속할 수는 없었다. 형평운동이 반대하는 세력이 형평사 모임을 습격해 폭력을 행

사하는 사건이 여러 건 발생한 가운데 1923년 말 형평사는 전국에 80개의 조직체를 갖게 되었다.[40]

'일본이 양반의 반(反)형평운동을 진압했다'

형평사 조직체는 1931년 166개로 최고에 이르지만, 매년 반(反)형평운동세력과의 충돌 사건은 끊이지 않고 일어났다. 각 연도별 사건 건수를 보면 1923년 17건, 1924년 10건, 1925년 14건, 1926년 14건, 1927년 44건, 1928년 60건, 1929년 68건, 1930년 67건, 1931년 52건, 1932년 31건, 1933년 26건, 1934년 27건, 1935년 27건 등이었다.[41]

이와 관련, 신용하는 "이것은 '백정' 계급에 대한 일반 백성의 편견이 얼마나 뿌리 깊은 것이었으며, 왜 형평운동이 반드시 필요했는가를 잘 증명해주는 것이기도 하였다"고 했다.[42]

형평운동은 일제에 대항하여 민족해방운동에 참가하기도 했다. 1926년 4월 만주 지린에서 양기탁을 중심으로 고려혁명당이 창당되었는데, 국내에선 천도교와 형평사가 창당세력으로 참여하였다. 1926년 12월 8일 고려혁명당 책임비서로 선임된 형평사 중앙집행위원 이동구(1886~1933)가 검거돼 형평사와의 연락관계 명단이 발각되면서 형평사의 독립운동은 더 이상 발전하지 못하였다. 일제의 탄압이 가중되자 형평사는 1935년 대동사(大同社)로 명칭을 바꾸면서 이익단체로 변신하고 말았다.[43]

이영훈은 형평운동에 대한 일제의 본의 아닌 기여를 언급했다. 그는 "일제는 1909년 호적을 만들면서 백정에게도 등록을 강제했습니다. 그 통에 백정들은 성도 갖고 본관도 갖게 되었습니다. 드디어 백

제6회 형평사정기대회 포스터. 차별철폐와 백정 계급의 단결을 호소하고 있다. 당시 백정은 가장 가난하고 천대받던, 사회의 하층민이었다. 그들은 온갖 금지와 구금, 열악한 환경 속에서 제대로 된 사람 대접을 받지 못했고 이것이 전국적 형평운동의 배경이 되었다.

정의 자녀가 학교에 다니게 되었습니다. 형평사운동 당시의 일이지요. 그러자 양반들이 들고 일어났습니다"라면서 다음과 같이 말했다.

"조선시대에는 양반을 국가의 간성(干城)이라 하여 양반들에 데모를 하면 국왕도 함부로 하지 못했습니다. 그러나 전통과 무관한 외래 권력자들은 그렇지 않았습니다. 양반의 데모대는 총독부의 경찰에 의해 간단히 진압되었습니다. 얼마 되지 않아 백정 신분은 죄다 사라지고 보통사람의 대열에 합류하고 말았습니다."[44]

그러나 백정에 관한 인간적 차별은 일본인들이 더하면 더했지 덜하진 않았던 것 같다. 3·1운동 당시 진주에서 일어난 사건이 그걸 말해준다. 기생들의 시위에 감동한 백정 아낙네들이 고깃간에서 쓰던 칼을 든 채로 나와 만세를 불렀는데, 일본 경찰은 이들을 체포한 다음 이마에 칼로 '에다(천민·백정)' 라 새기는 만행을 서슴지 않았다고 한다.[45]

'강상호의 무덤에 술 한잔 올리자'

일제의 본의 아닌 기여가 어떠했건, 형평운동이 한국 인권운동사의 위대한 사건이라는 건 분명하다. 특히 강상호의 활약이 돋보였다. 정동주는 "형평운동이 본궤도에 올라 백정들의 생활 개선과 교육 문제가 제기되었을 때 가장 먼저 나타난 차별의 벽은 백정들이 일반인 학교에 입학할 수 없다는 것이었다. 만약 백정들이 학교에 입학하면 일반인들이 모두 동맹 휴학을 하겠다는 선언을 했다. 강상호는 그때 두 명의 백정 자식을 양자로 들여 직접 아이들 손을 잡고 학교까지 데려다 주는 등 일반 지식인들이 먼저 백정 차별을 극복할 것을 주장했다"며 다음과 같이 말했다.

"강상호는 장지필과의 계속되는 갈등에도 불구하고 백정도 떳떳한 조선인으로 대우받는 것이 어쩌면 민족해방보다 값진 일일지도 모른다는 생각으로 형평운동에 자신과 전 재산을 아낌없이 던져 넣었다. 국가나 사회보다 인간이 소중하다는 그의 사상을 그는 의심하지 않았다. 해방과 한국전쟁 이후 그는 심한 가난과 외로움 속에서 죽었다. 굳이 형평운동이 아니더라도 인간평등을 생각하는 사람이라면 진주 촉석공원 앞 그의 작고 외로운 무덤 앞에 술 한잔을 올리고 강상호란 이름을 불러 보면 어떨까."[46]

1993년 해방 후 처음으로 진주에서 형평운동 70주년 기념사업회가 결성되었다. 형평운동 70주년 국제행사 이후 한 해에 두 차례씩 일본의 백정에 해당하는 부락민(部落民)들이 강상호의 무덤을 참배하는 행사가 계속되고 있다. 일본 부락민들의 강상호 무덤 참배 때마다 안내자로 참석해온 정동주는 2004년 다음과 같이 말했다.

"올봄 그의 아들 강인수 씨와 둘이서만 참배를 했다. 참배할 때마다 느끼는 것이지만 한국 최초의 인권해방운동 선구자는 차도 옆에 누워서 자동차 굉음과 흙먼지, 행인들이 내던지는 오물, 그보다 더 심한 무관심 속에서 초라하게 삭아가고 있었다. 아들은 여유 없는 그의 노년을 부끄러워할 뿐 말이 없었다. 한국의 백정 후예들이 강상호 무덤을 공식적으로 참배했다는 이야기도 아직 듣지 못하였는데, 이 역시 안타깝다."[47]

정동주의 안타까움에 더하여 역사란 참 묘하다는 생각을 떨칠 길이 없다. 역사적 기념의 단위가 중요하다는 생각이 든다. 독립운동은 국가 차원에서 기념하기에 늘 조명을 받지만, 인권운동은 기념의 주체가 없거나 약하다. 백정 후예들이 강상호 무덤을 찾지 않는 건 몰라서 그런 것도 있겠지만 자신들의 뿌리를 들춰내고 싶지 않기 때문일 것이다. 아직도 족보를 빼기고 그걸 사회적으로 받아주는 게 우리의 현실 아닌가.

04

방정환의 '어린이날' 제정

방정환이 발명한 '어린이'

"어린이를 내려다보지 마시고 치어다보아(쳐다봐)주시오."

소파 방정환(1899~1931)은 1920년 천도교에서 발행하는 잡지 『개벽』의 도쿄특파원으로 있으면서 번역 동시 「어린이 노래: 불 켜는 이」를 발표했다. 방정환은 바로 이 동시에서 '어린이' 라는 말을 처음 썼다. 그는 "아해들을 반사람으로 보지 말기"를 호소하며 어린 사람이라는 뜻으로 '어린이' 라는 말을 쓴 것이다. 어린이는 그 이전까지는 동몽(童蒙), 아동, 소년, 아이 등으로만 불려졌다. '애들' '애놈' 등으로도 불린 아동들을 '늙은이' '젊은이' 처럼 인격을 부여한 '어린이' 라고 부르자는 게 방정환의 취지였다.[48]

김기훈에 따르면, "방정환 이전에도 최남선의 글 등에서 '어린이' 라는 표현이 보이고, 그 이전에도 어린이라는 말이 등장한다고 하지

소파 방정환. 기존에 있던 '어린 이'라는 말에 '천진난만'이라는 의미를 더해 고유명사로서의 '어린이' 개념을 발명했다. 33세를 일기로 세상을 떠나면서 그가 남긴 유언은 "어린이를 두고 가니 잘 부탁한다"는 말이었다.

만, '어린'(형용사) + '이'(명사)의 경우가 대부분이다. 방정환은 '어린이'라는 말에 '천진난만'의 의미를 부여하여 이를 중심으로 하는 개념체계를 구성했다는 점에서, 그가 '어린이'를 발명했다고 해도 좋을 것이다."[49]

보성전문학교를 중퇴한 소파는 일본 동양대학 문과에 들어가 아동문학에 전심, 1921년 귀국했다. 1922년 방정환은 외국동화를 번안한 것을 모아 『사랑의 선물』이라는 동화집을 출간하고 어린이에 대한 존댓말 쓰기운동을 벌였다. 『사랑의 선물』은 번안물이긴 하지만 어린이를 위한 한국 최초의 단행본이었다.[50]

방정환은 『사랑의 선물』 머리글에 "학대받고 짓밟히고 차고 어두운 속에서 자라는 불쌍한 어린 영혼들을 위하여, 그윽이 동정하고 아끼는 사랑의 첫 선물로 나는 이 책을 짰습니다"라고 썼다. 이 책은 10여 년 동안 20판을 발행할 정도로 '조선 천하에서 제일 잘 팔리는 책'이 되었다.[51]

월간 『어린이』 창간

1923년 3월 1일 방정환은 개벽사를 통해 어린이운동과 아동문학의 결정체인 월간 『어린이』를 창간했다. 『어린이』는 고한승(1902~1950), 마해송(1905~1966), 윤극영(1903~1988), 이원수(1911~1981)와 같은 1세대 아동문학가들이 참여한 가운데 동요 '고향의 봄'과 동화 『호랑이 곶감』, 동시 「까치까치 설날」을 세상에 내보내는 등 근대 아동문학의 요람이 되었다.[52]

우리나라 최초의 창작 동요는 1920년 박태준이 작곡한 '가을밤' 등 13편인데, 『어린이』의 발간을 계기로 동요가 많이 만들어졌다. 1924년에 나온 윤극영의 '설날'과 '반달'에 이어 홍난파 등이 동요 만들기에 적극 뛰어들었다. 홍난파는 1928년 6월 『동아일보』 지상을 빌어 동요를 위한 시를 모집하고 동시에 아동문학가의 작품을 모아 곡을 붙이는 작업을 시작했다. 특히 윤석중(1911~2003)의 시가 많이 채택되었다. 1929년 홍난파가 출간한 『조선 동요 100곡집』에는 '낮에 나온 반달' '퐁당퐁당' '달맞이' '고향의 봄' 등 불후의 동요 명곡들이 실렸다.[53]

『어린이』는 1934년 7월까지 10여 년 동안 122호를 발간하게 되며, 호응이 높을 때는 월 3만 부까지 발행했다.[54] 그런데 당시 『어린이』의 독자층은 연령상으로 애매했다. 방정환 자신도 어린이의 연령대를 규정한 적은 없었다. 1925년 18세의 독자가 『어린이』지 담당자에게 과연 소년은 몇 살까지를 말하는지, 자신은 이 잡지에 투고할 수 있는지를 질문했고, 담당자는 소년을 20세까지로 정의한다면서 투고가 가능하다고 답했다. 『어린이』 독자의 평균 연령도 17.7세였다. 이와 관련, 이기훈은 "그러나 당시의 '어린이'가 사춘기 청소년까지의 미성

년 일반을 모두 포괄하는 말이라고 바로 정의해버릴 수는 없다"며 다음과 같이 말했다.

"비록 『어린이』를 읽는 독자층의 연령대가 상당히 넓었다 하더라도 잡지에 실린 글들은 대부분 보통학교 학생 정도의 아동을 대상으로 하고 있었고, 또 지식인이나 소년운동가들이 '어린이'라고 했을 때는 보통학교 재학 이하의 아동을 지칭하는 경우가 많았기 때문이다. …… 이런 혼란이 초래된 까닭은 무엇보다 '어린이'가 발명된, 근대적 말이기 때문이었다. 오늘날 우리에게 익숙해진 어린이의 이미지는 당대인들에게 아직 낯선 것이었다. 발명된 말로서 '어린이'에게는 애당초 상정된 이미지가 있었지만, 그것이 바로 사회적으로 정착되지는 못했다. '어린이'의 이미지, 또 그것이 지칭하는 연령층은 이후의 역사적 과정 속에서 대중 속으로 확산되어왔다고 봐야 한다."[55]

세계 최초의 '어린이날' 선포

방정환은 1923년 5월 1일 세계 최초로 '어린이날'을 선포했다. 천도교소년회를 이끈 방정환은 불교소년회 한영석(1879~?), 조선소년군 조철호(1890~1941) 등과 함께 '조선소년운동협회'를 만들고 어린이날 공동기념행사를 열었다. 이들은 "씩씩하고 참된 소년이 됩시다. 그리고 늘 서로 사랑하며 도와갑시다"라는 구호를 외치면서 10만 장이 넘는 전단를 뿌리며 시가행진을 했다.[56]

어린이날의 제정은 1년 전인 1922년 5월 1일이었지만, 이 선포와 더불어 열린 기념행사로 어린이날이 만천하에 그 모습을 드러내게 된 것이다. 이상기는 그날 낮 서울 종로 수운회관에서 열렸던 어린이날

방정환에 의해 세계 최초로 선포된 '어린이날'을 보도하는 『동아일보』 1923년 5월 1일 기사. 방정환은 이날 기념연설을 통해 "복된 내일을 맞이하기 위해 무엇보다 어린이 양성이 앞서야 한다"고 주장했다.

선포식을 다음과 같이 재구성했다.

서울 종로 일대에 몰려 있는 어린이들 사이로 방정환이 이들의 머리를 쓰다듬으며 무대 위로 오른다.

"여러분! 신나는 소식입니다. 지금부터 우리들의 어린이날 잔치를 열겠습니다."

마해송, 윤극영 등 아동문학가들의 모습도 보인다. 이어지는 방정환의 연설.

"총칼 아래 신음하는 어른들의 생활이 비참하면 할수록 복된 내일을 맞기 위해선 무엇보다도 우리 어린이들 양성이 앞서야 합니다. 온 나라 안에 '어린이날'을 알려야 합니다."

이때 '날 저무는 하늘에 별이 삼형제' 가사의 '형제별'이 합창되고 방정환의 연설이 이어진다.

"우리들의 희망은 오직 한 가지 어린이들을 잘 키우는 데 있을 뿐입니다. 내 아들놈 내 딸년들을 자기의 물건 같이 여기지 말고 자기보다 한결 더 새로운 시대의 인물인 것을 알아야 합니다. 어린이를 어른보다 더 높게 대접해주십시오. 어린이를 결코 윽박지르지 마십시오. 어린이는 항상 칭찬해가며 기르십시오."

방정환의 연설이 끝나자 참석한 천도교·기독교·불교단체의 소년회장과 조선소년단장 등이 어린이, 어른들에게 당부하는 말씀을 계속한다.

"돋는 해와 지는 해를 반드시 보기로 합시다."

"어린이를 책망할 때는 성만 내지 말고 자세하게 타일러주십시오."

연설이 10여 분 계속된 뒤 방정환의 제의에 따라 참석 어린이와 단체들은 10명씩 5줄로 줄지어 걸어가며 어린이날 선포를 알리는 전단을 뿌린다. 이때 수운회관 정문 앞에선 일본 기마대와 순사들이 이들을 막고 나선다. 그러나 이에 굴하지 않는 어린이들의 늠름한 걸음걸이가 씩씩하기만 하다.[57]

'어린이는 어른의 아버지'

방정환이 기념식에서 발표한 '어린이날의 약속'은 ▲어린이는 어른보다 더 새로운 사람입니다 ▲어린이를 어른보다 더 높게 대접하십시오 ▲어린이를 결코 윽박지르지 마십시오 ▲어린이의 생활을 항상 즐겁게 해주십시오 ▲어린이는 항상 칭찬해가며 기르십시오 ▲어린이의 몸을 자주 주의해 보십시오 ▲어린이에게 잡지를 자주 읽히십시오 등이었다.[58]

어린이날 선언은 3대 조건으로 ①어린이를 종래의 윤리적 압박으로부터 해방하야 그들에게 대한 완전한 인격적 예우를 허(許)하게 할 것 ②어린이를 재래의 경제적 압박으로부터 해방하야 만 14세 이하의 그들에게 대한 무상(無償)의 노동을 폐(廢)하게 할 것 ③어린이 그들이 고요히 배우고 즐거이 놀기에 족할 각양(各樣)의 가장 또는 사회적 시설을 행하게 할 것을 내세웠다. 국제연맹은 이보다 1년 후인 1924년 제네바에서 어린이권리선언을 제정 공포하게 된다.[59]

이날 서울거리에는 어린이들의 행렬이 이어졌고 골목마다 '오늘은 어린이날'이라는 전단 수만 장이 뿌려졌다. 이 전단에 방정환은 "어린이를 내려다보지 마시고, 쳐다보아주십시오"라고 썼다. 또 "어린이에게 경어를 쓰되, 보드랍게 해주십시오"라는 간곡한 당부도 곁들였다.[60]

그런 당부를 해야 할 만큼 당시 아이들에 대한 푸대접은 심했다. 오죽하면 "욕하지 말고, 때리지 말고, 부리지 말자"고 했겠는가. 윤석중에 따르면, "욕만 해도 그렇다. 내 아이, 남의 아이 가리지 않고, 놈이니 년이니 자식이니 새끼니 하는 말을 예사로 썼었다. 그런데 '이놈의 새끼'니 '이년의 새끼'니 하는 욕들은 '누워서 침 뱉기'나 다름없었으니, 이놈이나 이년은 어미 아비 바로 자신을 가리키는 말이 되기 때문이다. 어린이에게 존댓말을 쓰자는 운동을 벌인 것만으로도 소파 방정환이 얼마나 어린이를 깊이 생각하고 사랑했는지 알 것 같다."[61]

당시 『조선일보』는 「전 조선(全 朝鮮)에 대선전(大宣傳)」이라는 제목으로 "가급적 일을 시키지 말고 새 옷을 입히며 …… 서양 사람의 크리스마스처럼 선물을 주자"는 기사를 실어 '어린이날'의 의미를 부각시켰다.[62]

방정환은 "어린이는 사람의 한몫으로 이 세상에 태어나기 위해서 한 부부의 몸을 거쳐 나왔지 결코 부모의 마음대로 이러고저러고 할 소유물이 아니다"고 했다. 그는 "어린이는 어른의 아버지"라고도 했으며, 33세 때 "어린이를 두고 가니 잘 부탁한다"는 말을 남기고 생애를 마쳤다.[63]

어린이날 제정의 정치적 의미

방정환의 아동 문제에 대한 관심은 그가 천도교 3대 교주인 손병희의 사위라는 사실과 관련이 있다. 천도교는 인내천 사상을 바탕으로 어린이의 인격을 존중하는 종교적 노선을 취했는데, 천도교의 전신인 동학의 제2대 교주 해월 최시형은 "어린이를 때리는 것은 하늘님을 때리는 것이다"라고 말하기도 했다. 천도교는 그런 정신을 이어받아 1920년대 어린이운동, 소년회운동에서 중요한 역할을 하였다.[64]

김혜경은 방정환의 아동관은 어린이에 대한 일종의 '천사주의적 태도'라고 평가했다. 어린이를 어른과는 전혀 다른 순결한 영혼을 지닌 무구한 존재로 보는 시각이었다는 것이다. 또 김혜경은 "1920년대 한국사회에서 나타난 어린이에 대한 담론상 특기할 만한 점은 서구 어느 나라에서도 볼 수 없을 정도로 강력하게 일어났던 어린이의 인권에 대한 옹호이다"라며 다음과 같이 말했다.

"'어린 사람'에 불과했던 존재에 대해 '어린이'라는 독자적인 말을 만들어 그들의 인권과 생활상의 권리를 주장했던 어린이운동은 단지 민족주의적 관심만으로는 설명되기 어려운 현상이었다. 특히 한울사상을 바탕으로 어린이와 여자와 같은 약자에 대한 존중사상을 가졌던

천도교의 요람인 중앙대교당. 1921년 2월에 준공된 이후 굴곡진 천도교의 역사를 간직해오고 있다. 어린이날 제정도 천도교 인사의 주도로 이루어진 일이었다.

천도교를 중심으로 한 어린이운동과 김기전(1894~1948), 방정환 등의 천도교 계열의 어린이운동가들은 가히 혁명적으로 어린이의 권리를 주장했다. 이것은 동학과 같은 약자를 위한 혁명적인 사회사상이 20세기 초의 자유주의 사조와 접촉하여 발생한 현상으로 해석될 수 있으리라 보인다."[65]

한영혜는 어린이날 제정의 정치적 의미에 주목했다. 한영혜는 어린이날 제정은 소파 방정환보다는 천도교소년회 회원이던 소춘 김기전이 주도했으며 창립기념 선언문도 김기전이 기초했다고 주장했다. 당시 천도교소년회는 회원 자격을 만 7세부터 만 16세로 규정, 어린이의 범주에 오늘날 청소년에 해당하는 층까지 포괄하고 있었다. 어린이날 제정은 일제하 천도교소년회가 중심이 된 소년운동의 일환으로 이뤄졌다는 것이다. 한영혜는 "당시 어린이날을 1일로 정한 것은 메이데이(노동절)처럼 압박받던 자의 해방과 생명이라는 차원이었다"고 설명했다. 메이데이를 제정하지 못하는 대신 어린이날을 통해 그 뜻을 살리자는 취지였으며, 일각에서 어린이날을 '소년 메이데이'라고 부른 것은 이 때문이라는 것이다.[66]

'너희들이나 이다음에 잘 돼라'

1923년 3월 일본 도쿄에서도 유학생들에 의한 어린이운동이 동시에 펼쳐졌는데, 아동문예연구회인 색동회의 창립이 바로 그것이다. 손진태, 윤극영, 정순철, 고한승, 신장섭, 조재호, 정병기, 김기전, 정인섭, 이헌구, 마해송, 최진순, 최영주 등이 참여했다. 방정환도 색동회의 멤버였다.[67]

2년 후인 1925년 5월에 결성된 오월회, 그 뒤를 이어 1928년 2월 16일에 창립된 경성소년연맹은 사회주의적 성격을 표방하면서 무산아동의 해방에 더욱 관심을 기울였다.[68] 어린이운동은 1925년에 절정기에 달해 그해 5월에는 전국의 소년단체 수가 220개에 이르렀다. 또 이때의 어린이날 행사에는 전국에서 무려 30만 명이 참가해 대성황

을 이루었다.[69]

메이데이에 대한 일제의 탄압이 심해지면서 1928년에는 어린이날 기념일도 5월 첫째 일요일로 변경된다. 학생들의 행사참여를 쉽게 하자는 취지였지만 일제 탄압이 가중되면서 1937년을 기해 어린이날은 역사 속으로 사라졌다.[70]

윤석중은 "어린이날은 우리가 일본 제국주의의 손아귀에 들어 신음하던 8·15해방 전에는 뜻깊은 행사였다. 3·1운동 정신을 자라나는 어린이에게 이어주는 민족운동이요 애국운동이었다"며 다음과 같이 말했다.

"'내일의 주인공'이니 '겨레의 새싹'이니 하는 헝겊 기를 앞세우고 어린이들이 손에 손에 어린이날 종이기를 휘두르며 거리를 누빌 때, 어른들이 길가에 늘어서서 힘찬 박수를 보냈다. '우리 어른들은 못나서 나라를 빼앗겨 이 지경이 되었지마는, 너희들이나 이다음에 잘 돼라'는 무언의 격려가 거리에 넘쳤던 것이다. 그런 것을 눈치 못 챌 일본 경찰이 아니었다. 5월 1일 메이데이임을 핑계로 기념식도 시가행진도 못하게 말려서 하는 수 없이 5월 첫 공일로 다시 날을 받았지만 태평양전쟁의 검은 구름이 우리나라까지 덮쳐 젊은이들이 대포밥으로 끌려 나가자 '어린이 없는 어린이날'이 되어버려 생일잔치가 초상집 제사로 변한 거나 다름없었다. 우리 어린이들은 이토록 불운에 불운을 거듭했던 것이다."[71]

우량아선발대회와 유치원 확산

어린이운동은 보건위생 강조와 맞물려 이루어지기도 했다. 이미 1916

년에 세브란스병원 주최로 한국 최초의 우량아선발대회가 열린 바 있었는데, 1926년 아동심사대회에는 어린이 150명이 참가해 97명이 A급의 건강 판정을 받았다. 이 행사가 호응을 얻자 1928년부터는 나흘로 확대된 아동주간 행사가 진행되었다. 이 행사는 1930년대 내내 '경성연합영아보건회의'를 통해 지속되어 '법규대로 길러 표준 건강이 되는 아이'를 홍보하는 중요한 계기가 되었다.[72]

『동아일보』 1929년 5월 12일자 기사 「아이에게 정성을 다하라」는 "아이가 병 없어 잘 자랄 때에도 한 주일 또는 한 달에 한 번씩 혹은 두 번씩 나이에 따라서 몸의 근량을 달아보며, 키를 재보는 것이 좋습니다. 이렇게 조사하는 것에 재미를 붙이는 것이 무엇보다도 필요하며, 또 보호자의 책임이겠습니다"라고 했다.[73]

또 어린이운동과 더불어 유치원도 확산되었다. 조선 어린이를 대상으로 한 최초의 유치원인 이화유치원이 개원한 건 1914년이었다. 1913년에 설립된 경성유치원은 고급관리들의 자녀만을 교육대상으로 삼았고, 한국인을 일본인에 동화시키기 위한 시범유치원의 성격을 띠고 있었다.[74]

최초로 유치원을 창설한 유아교육이론가인 프뢰벨(Friedrich Wilhelm August Fröbel, 1782~1852)의 대표 저서인 『인간의 교육』(1826)은 1923년 이화유치원의 교사인 부래운에 의해 『인지교육』으로 조선야소교서회에서 출판되었는데, 인간은 본성적으로 타락되어 있다는 전통적인 주장에 반대하고 성선설을 주장했다. 1925년~1930년 사이 작게는 122개부터 많게는 310개까지의 기독교계 유치원이 존재했으며, 학생 수는 5000명 정도에서 1만 3000명에 이르렀다.[75]

어린이운동의 일환으로 '보이스카우트운동'도 도입되었다. 중앙기독교청년회 소년부 간부였던 정성채(1890~1941)는 1922년 9월 31일 보이스카우트를 도입해 '소년척후대' 제1호대를 조직했으며, 이는 곧 전국으로 퍼져 나갔다.[76]

'겨레의 새싹'에서 '가족의 제왕'으로

그런데 한 가지 흥미로운 사실은 당시 서양 선교사들이 한국 가정의 문제점으로 지적했던 것 중의 하나가 어린이에 대한 지나친 애정이었다는 점이다. 1920년대~1930년대 전국 100여 개의 감리교계 유치원의 감독을 맡으며 유치원사업, 부모교화사업을 벌인 미국 선교사 클라라 하워드(Clara Howard, 한국명 허길래, 1895~1995)는 조선에서는 "가정생활의 중심을 어린이로 삼아 음식물도 어린이가 싫어하는 것은 식탁에 두지도 않고" "어린이가 심술 한번 부리고 몸부림 한번 하면 가족은 까닭 없이 항복하며" "어른들이 어린이 시하에 살고 있다"고 지적했다. 1927년 1월 『동아일보』의 여학교 교사 좌담회에서도 가정교육의 문제점으로 부모들의 지나친 애정이나 관대함이 지적되었다.[77]

이는 어린이에 대한 인식의 변화과정에서 나타난 계급적 차이에 따른 부분적인 현상이었을까? 어린이에 대한 지나친 애정이 자녀를 유치원에 보낼 수 있는 수준의 계급에서만 나타난 것인지 아니면 계급을 초월해 전반적으로 나타난 현상인지에 대해선 좀더 연구해볼 필요가 있겠다.

다만 한 가지 분명한 건 어린이가 '겨레의 새싹'으로 호명되던 시절에도 어린이는 '가족의 제왕'은 아니었을망정 '희망'인 건 분명했다는 사실이다. 앞서 지적했듯이, 1920년대의 유행이자 신드롬 중 대

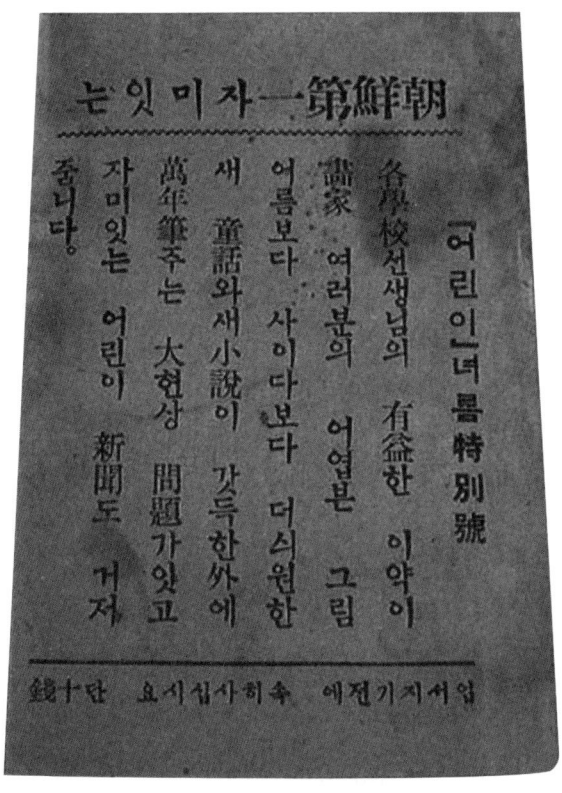

잡지 『어린이』의 여름특별호 발간을 알리는 광고문. 방정환이 만든 월간 『어린이』는 당대 어린이운동과 아동문학의 결정체였다. 10여 년간 122호를 발간한 『어린이』에는 수많은 아동문학가들이 참여하여 근대 아동문학의 요람이 되었다.

표적인 것은 족보 편찬과 발간 붐이었으며, 사회적 상승 수단인 교육에 대한 욕망의 열기는 오늘날 이상으로 뜨거웠다.[78]

이제 이야기를 정리해보자. 서양에서 '어린이'는 17세기경 가족의식의 발달과 학교의 교육기능 확대로 '발명'되었으며,[79] 일제치하의 한국에서도 신여성의 등장으로 핵가족의 가치가 확산되고 학교의 교육 기능이 확대되면서 어린이의 위상 변화가 있었다. 무엇보다도

1920년도에 4.4퍼센트에 불과하던 보통학교 취학률이 1929년에는 17.4퍼센트까지 증가했다.[80] 여기에 대가족 해체가 가세했다. 조형근은 일제시대라고 하는 제약은 있었지만 "전통적 가족의 해체와 근대적 가족의 등장은 거스를 수 없는 대세"였다며 다음과 같이 말했다.

"교육기능이 학교로 이전되어갔던 것에서 볼 수 있는 것처럼 전통적 가족의 많은 기능들이 축소되기 시작했고, 대신 가족 내부의 정서적 기능은 지속적으로 강화되어 갔습니다. 일제가 물러나자 가족과 국가를 유기체적 관점에서 일치시킬 필요도 사라졌습니다. 이제는 오직 내 가족만을 위해서 살 수 있는 시대가 온 것입니다. …… '내 아이만큼은 특별하게 키우기 위해서 삶의 모든 것을 바치겠다'는 심성의 시대가 열린 것이지요."[81]

한국에서 어린이의 발명은 민족주의적 독립정신과도 관련되었다. 첫 어린이날을 맞았을 때 내건 구호도 "항상 10년 후의 조선을 생각하자"는 것이었다. 이는 당시 3·1운동을 치른 뒤 탄압에 못 이겨 의기소침해 있던 우리 민족이 희망을 잃지 말고 자라나는 어린이를 잘 키워야 한다는 뜻이었다.[82]

이는 1920년대가 적어도 담론상 '청년'과 '청춘'의 전성시대였다는 것과 맥을 같이한다. 나라를 빼앗긴 기성세대에게 무엇을 기대할 수 있었으랴. 이제 희망은 청년과 어린이에게 걸 수밖에 없게 되었다. 이렇듯 '겨레의 새싹'으로 등장한 어린이는 훗날 '가족의 제왕'으로 군림하게 된다.

| 주석 |

머리말

1) 김남중, 「'1930년 京城 대체 무슨 일이 있었기에 …… 시대배경 드라마 · 영화 · 연극 봇물」, 『국민일보』, 2007년 7월 2일자.
2) 키스 젠킨스, 최용찬 옮김, 『누구를 위한 역사인가』, 혜안, 2002, 155쪽.
3) 김응종, 『아날학파의 역사세계』, 아르케, 2001, 10쪽.
4) 양종구, 「"손기정 선생님, 빛 낯이 없습니다"」, 『동아일보』, 2006년 9월 7일, A34면.
5) 김정인, 「왜정시대, 일제식민지시대, 일제강점기: 역사용어 바로쓰기」, 『역사비평』, 통권 73호(2005년 겨울), 46쪽.
6) 스티븐 컨, 박성관 옮김, 『시간과 공간의 문화사 1880~1918』, 휴머니스트, 2004, 375~379쪽.

제1장

1) 배경식, 「보릿고개를 넘어서」, 한국역사연구회, 『우리는 지난 100년 동안 어떻게 살았을까 3』, 한국역사연구회, 1999, 222~223쪽.
2) 손세일, 「[연재] 손세일의 비교 전기 - 한국 민족주의의 두 유형: 이승만과 김구」, 『월간조선』, 2003년 5월호.
3) 윤경로, 「1910년대 민족해방운동과 3 · 1운동」, 강만길 외, 『통일지향 우리민족해방운동사』, 역사비평사, 2000, 51~52쪽.
4) 그레고리 헨더슨, 박행웅 · 이종삼 옮김, 『소용돌이의 한국정치』, 한울아카데미, 2000, 172쪽; 김운태, 『일본제국주의의 한국통치』, 박영사, 1998, 200쪽.
5) 수요역사연구회 편, 『일제의 식민지 지배정책과 매일신보 1910년대』, 두리미디어, 2005, 34~52, 196~197쪽.
6) 김삼웅, 『친일정치 100년사』, 동풍, 1995, 83쪽.

7) 박찬승, 『한국근대 정치사상사연구: 민족주의 우파의 실력양성운동론』, 역사비평사, 1992, 131~133쪽.
8) 손세일, 「[연재] 손세일의 비교 전기-한국 민족주의의 두 유형: 이승만과 김구」, 『월간조선』, 2003년 5월호.
9) 박성수, 『이야기 독립운동사: 121 가지 사건으로 보는 한국근대사』, 교문사, 1996, 152~154쪽.
10) 이승원, 「식민지 역사의 '뼈아픈 기록'」, 『교수신문』, 2007년 4월 30일, 5면.
11) 원준상, 『한국의 세계화와 미국 이민사』, 삶과꿈, 1997, 113~114쪽.
12) 박석분·박은봉, 『여성인물사: 한국편』, 새날, 1994, 49쪽.
13) 웨인 패터슨, 정대화 옮김, 『하와이 한인 이민 1세: 그들 삶의 애환과 승리(1903~1973)』, 들녘, 2003, 62~63쪽.
14) 한윤정, 「다시 쓰는 한반도 100년 (9) 하와이 이민과 한·일 갈등」, 『경향신문』, 2001년 10월 13일, 7면; 웨인 패터슨, 정대화 옮김, 『하와이 한인 이민 1세: 그들 삶의 애환과 승리(1903~1973)』, 들녘, 2003, 143~144쪽.
15) 유민영, 「신파극시대의 희곡」, 김윤식·김우종 외, 『한국현대문학사』, 현대문학, 2005, 120~121쪽; 정미옥, 「식민지 여성과 이산의 공간」, 태혜숙 외, 『한국의 식민지 근대와 여성공간』, 여이연, 2004, 355쪽.
16) 조정래, 『아리랑 4: 조정래 대하소설』, 해냄, 2001, 322~323쪽.
17) 웨인 패터슨, 정대화 옮김, 『하와이 한인 이민 1세: 그들 삶의 애환과 승리(1903~1973)』, 들녘, 2003, 159~160쪽.
18) 웨인 패터슨, 정대화 옮김, 『하와이 한인 이민 1세: 그들 삶의 애환과 승리(1903~1973)』, 들녘, 2003, 167~168쪽.
19) 이경민, 「사진신부, 결혼에 올인하다 2: 하와이 이민과 사진결혼의 탄생」, 『황해문화』, 제57호(2007년 겨울), 406~407쪽.
20) 유민영, 「신파극시대의 희곡」, 김윤식·김우종 외, 『한국현대문학사』, 현대문학, 2005, 120~121쪽; 이경민, 「사진신부, 결혼에 올인하다 2: 하와이 이민과 사진결혼의 탄생」, 『황해문화』, 제57호(2007년 겨울), 411쪽.
21) 신영숙, 「사진신부는 미국 한인의 뿌리」, 이배용 외, 『우리나라 여성들은 어떻게 살았을까 2: 개화기부터 해방까지』, 청년사, 1999, 107쪽.
22) 송건호, 『송건호 전집 3』, 한길사, 2002, 103쪽.
23) 신용하, 『일제강점기 한국민족사(상)』, 서울대학교출판부, 2002, 78쪽.
24) 신용하, 『일제강점기 한국민족사(중)』, 서울대학교출판부, 2002, 99쪽.
25) 최유리, 「제1장 일제 식민지통치의 실상」, 한국근현대사학회 엮음, 『한국독립운동사강의』, 한울아카데미, 1998, 40~41쪽.
26) 이덕주, 『식민지 조선은 어떻게 해방되었는가』, 에디터, 2003, 40쪽.
27) 전춘길, 「일제하 토지조사사업을 통한 소농생산과 지세의 근대화」, 김호일 편저, 『한국근현대이행기 사회연구』, 신서원, 2000, 301~302쪽.

28) 배경식, 「보릿고개를 넘어서」, 한국역사연구회, 『우리는 지난 100년 동안 어떻게 살았을까 3』, 한국역사연구회, 1999, 222~223쪽.
29) 전재우, 「신 한국교회사 (14) 한일합방과 105인 사건: "오호 통재라 …… 동포여 살았는가 죽었는가"」, 『국민일보』, 1998년 11월 12일, 20면; 장규식, 『일제하 한국 기독교민족주의 연구』, 혜안, 2001, 104~105쪽.
30) 손세일, 「[연재] 손세일의 비교 전기-한국 민족주의의 두 유형: 이승만과 김구」, 『월간조선』, 2003년 5월호.
31) 신용하, 『일제강점기 한국민족사(상)』, 서울대학교출판부, 2002, 37~40쪽; 손세일, 「[연재] 손세일의 비교 전기-한국 민족주의의 두 유형: 이승만과 김구」, 『월간조선』, 2003년 5월호.
32) 손세일, 「[연재] 손세일의 비교 전기-한국 민족주의의 두 유형: 이승만과 김구」, 『월간조선』, 2003년 5월호.
33) 전재우, 「신 한국교회사 (14) 한일합방과 105인 사건: "오호 통재라 …… 동포여 살았는가 죽었는가"」, 『국민일보』, 1998년 11월 12일, 20면; 손세일, 「[연재] 손세일의 비교 전기: 한국 민족주의의 두 유형: 이승만과 김구」, 『월간조선』, 2003년 5월호.
34) 강덕상, 김광열 옮김, 『여운형 평전 1: 중국·일본에서 펼친 독립운동』, 역사비평사, 2007, 83쪽; 손세일, 「[연재] 손세일의 비교 전기-한국 민족주의의 두 유형: 이승만과 김구」, 『월간조선』, 2003년 5월호.
35) 강덕상, 김광열 옮김, 『여운형 평전 1: 중국·일본에서 펼친 독립운동』, 역사비평사, 2007, 83쪽.
36) 강덕상, 김광열 옮김, 『여운형 평전 1: 중국·일본에서 펼친 독립운동』, 역사비평사, 2007, 83~87쪽.
37) 유영렬, 『개화기의 윤치호연구』, 한길사, 1985, 152쪽.
38) 양현혜, 『윤치호와 김교신: 근대조선에 있어서 민족적 아이덴티티와 기독교』, 한울, 1994, 76~78쪽.
39) 양현혜, 『윤치호와 김교신: 근대조선에 있어서 민족적 아이덴티티와 기독교』, 한울, 1994, 76~78쪽.
40) 장규식, 『일제하 한국 기독교민족주의 연구』, 혜안, 2001, 115쪽.
41) 정운현, 「정직한 역사 되찾기: 親日의 군상 (7-2) 尹致暎家의 빛과 그림자」, 『서울신문』, 1998년 9월 21일, 9면.
42) 양현혜, 『윤치호와 김교신: 근대조선에 있어서 민족적 아이덴티티와 기독교』, 한울, 1994, 77쪽에서 재인용.
43) 유영렬, 『개화기의 윤치호연구』, 한길사, 1985, 170쪽.
44) 양현혜, 『윤치호와 김교신: 근대조선에 있어서 민족적 아이덴티티와 기독교』, 한울, 1994, 80쪽.
45) 이영훈, 『대한민국 이야기: '해방전후사의 재인식' 강의』, 기파랑, 2007, 84쪽.
46) 유해정, 「일제 식민지하의 여성정책」, 한국여성연구소 여성사연구실, 『우리 여성의 역사』,

청년사, 1999, 276쪽.
47) 정근식, 「시간 체제의 근대화와 식민화」, 공제욱·정근식 편, 『식민지의 일상, 지배와 균열』, 문화학사, 2006, 124쪽; 김태웅, 『우리 학생들이 나아가누나: 소학교 풍경, 조선 후기에서 3·1운동까지』, 서해문집, 2006, 138쪽.
48) 유선영, 「극장구경과 활동사진 보기: 충격의 근대 그리고 즐거움의 훈육」, 『역사비평』, 통권 64호(2003년 가을), 366쪽; 이기백, 『한국사신론』, 일조각, 1977, 401쪽.
49) 김정형, 「역사 속의 오늘: 국내 일제가 집착해온 태형, 1920년 돼서야 폐지」, 『조선일보』, 2003년 3월 31일자.
50) 이종민, 「1910년대 근대감옥의 도입 연구」, 『정신문화연구』, 통권75호(1999년 여름), 195쪽.
51) 이종민, 「1910년대 근대감옥의 도입 연구」, 『정신문화연구』, 통권75호(1999년 여름), 195쪽.
52) 권보드래, 『1910년대, 풍문의 시대를 읽다 : 『매일신보』를 통해 본 한국 근대의 사회·문화 키워드』, 동국대학교출판부, 2008, 365~369쪽
53) 이종민, 「1910년대 근대감옥의 도입 연구」, 『정신문화연구』, 통권75호(1999년 여름), 200쪽; 손정목, 『한국지방제도·자치사연구(상): 갑오경장~일제강점기』, 일지사, 1992, 105~106쪽.
54) 송건호, 『송건호 전집 3』, 한길사, 2002, 96쪽.
55) 이종민, 「1910년대 근대감옥의 도입 연구」, 『정신문화연구』, 통권75호(1999년 여름), 201~202쪽.
56) 신용하, 『일제강점기 한국민족사(상)』, 서울대학교출판부, 2002, 31쪽.
57) F. A. 맥켄지, 신복룡 역주, 『한국의 독립운동: 한말 외국인 기록 7』, 집문당, 1999, 12쪽.
58) 이종민, 「식민지시기 형사 처벌의 근대화에 관한 연구: 근대 감옥의 이식·확장을 중심으로」, 한국사회사학회, 『사회와 역사』, 통권 제55집(1999), 15쪽.
59) 김삼웅, 『사료로 보는 20세기 한국사』, 가람기획, 1997, 43~44쪽.
60) 박지향, 『제국주의: 신화와 현실』, 서울대학교출판부, 2000, 117쪽.
61) 폴 존슨, 이희구·배상준 옮김, 『세계현대사 I: 상대주의 비판의 관점에서 본 1920~1990』, 한마음사, 1993, 317~319쪽; 추헌수, 『한민족의 독립운동과 임시정부의 위상』, 연세대학교 출판부, 1995, 249쪽; 한국사사전편찬회 편, 『한국근현대사사전 1860~1990』, 가람기획, 1990, 142~143쪽; 김정형, 「역사 속의 오늘: 중화민국 탄생」, 『조선일보』, 2003년 1월 1일, A26면; 박홍규, 『자유인 루쉰: 위대한 지식인의 초상』, 우물이있는집, 2002, 145~146쪽.
62) 신용하, 『일제강점기 한국민족사(상)』, 서울대학교출판부, 2002, 84~89쪽.
63) 신용하, 『일제강점기 한국민족사(상)』, 서울대학교출판부, 2002, 96~97쪽.
64) 박노자, 「나를 배반한 역사」, 인물과사상사, 2003, 38쪽; 박노자, 『나는 폭력의 세기를 고발한다: 박노자의 한국적 근대 만들기』, 인물과사상사, 2005, 328쪽; 정용화, 『문명의 정치사상: 유길준과 근대 한국』, 문학과지성사, 2004, 107쪽.
65) 송우혜, 「마지막 황태자: 제1차 세계대전 와중에 나온 혼담」, 『신동아』, 1998년 11월호.
66) 조지프 나이, 양준희 옮김, 『국제분쟁의 이해: 이론과 역사』, 한울아카데미, 2000, 125쪽
67) 김용구, 『세계외교사』, 서울대학교 출판부, 2006, 591쪽.

68) 송우혜, 「마지막 황태자: 제1차 세계대전 와중에 나온 혼담」, 『신동아』, 1998년 11월호; 박홍규, 『자유인 루쉰: 위대한 지식인의 초상』, 우물이있는집, 2002, 151~152쪽.
69) 송우혜, 「마지막 황태자: 제1차 세계대전 와중에 나온 혼담」, 『신동아』, 1998년 11월호.
70) 크리스 하먼, 천경록 옮김, 『민중의 세계사』, 책갈피, 2004, 523쪽; 하워드 진, 『살아있는 미국역사』, 추수밭, 2008, 177쪽.
71) 마이클 하워드·로저 루이스, 차하순 외 옮김, 『20세기의 역사』, 가지않은길, 2000, 235쪽; 이덕주, 『식민지 조선은 어떻게 해방되었는가』, 에디터, 2003, 55쪽; 하워드 진, 『살아있는 미국역사』, 추수밭, 2008, 179쪽.

제2장
1) 박천홍, 『매혹의 질주, 근대의 횡단: 철도로 돌아본 근대의 풍경』, 산처럼, 2003, 267쪽.
2) 신주백, 「박람회: 과시·선전·계몽·소비의 체험공간」, 『역사비평』, 통권 67호(2004년 여름), 362~363쪽.
3) 신동원, 「세균설과 식민지 근대성 비판」, 『역사비평』, 통권 58호(2002년 봄), 343쪽.
4) 정태헌, 『한국의 식민지적 근대 성찰: 근대주의 비판과 평화공존의 역사학 모색』, 선인, 2007, 50~51쪽.
5) 윤홍기, 「제5장 경복궁과 구 조선총독부 건물 경관을 둘러싼 상징물 전쟁」, 한국문화역사지리학회, 『우리 국토에 새겨진 문화와 역사』, 논형, 2003, 141쪽.
6) 홍순민, 「다시 "광화문이여 광화문이여": 조선황실의 운명과 일제의 궁궐 파괴」, 『역사비평』, 계간 36호(1997년 봄), 286쪽; 신명직, 「식민지 근대도시의 일상과 만문만화」, 박지향 외 엮음, 『해방전후사의 재인식 1』, 책세상, 2006, 240쪽.
7) 신영훈·이상해·김도경, 『우리 건축 100년』, 현암사, 2001, 131쪽.
8) 김영진, 「일제가 망쳐놓은 '조선왕조 정문 - 수난과 왜곡의 역사, 아! 광화문」, 『조선일보』, 2005년 2월 28일자.
9) 권보드래, 『1910년대, 풍문의 시대를 읽다: 『매일신보』를 통해 본 한국 근대의 사회·문화 키워드』, 동국대학교 출판부, 2008, 259, 266쪽
10) 이경민, 『기생은 어떻게 만들어졌는가』, 아카이브북스, 2005, 146~148쪽.
11) 정운현, 『서울시내 일제유산답사기』, 한울, 1995, 42쪽.
12) 김세환, 『끝나지 않는 식민지 학문 100년』, 박이정, 2004, 145쪽.
13) 김영진, 「일제가 망쳐놓은 '조선왕조 정문 - 수난과 왜곡의 역사, 아! 광화문」, 『조선일보』, 2005년 2월 28일자.
14) 손정목, 『일제강점기 도시사회상연구』, 일지사, 1996, 202쪽; 김영진, 「일제가 망쳐놓은 '조선왕조 정문' - 수난과 왜곡의 역사, 아! 광화문」, 『조선일보』, 2005년 2월 28일자.
15) 조정래, 『아리랑 5: 조정래 대하소설』, 해냄, 2001, 229쪽.
16) 조정래, 『아리랑 5: 조정래 대하소설』, 해냄, 2001, 229~232쪽.

17) 신영훈·이상해·김도경, 『우리 건축 100년』, 현암사, 2001, 120쪽.
18) 백지혜, 『스위트 홈의 기원』, 살림, 2005, 29~30쪽.
19) 백지혜, 『스위트 홈의 기원』, 살림, 2005, 23쪽.
20) 백지혜, 『스위트 홈의 기원』, 살림, 2005, 31쪽.
21) 백지혜, 『스위트 홈의 기원』, 살림, 2005, 19~20쪽.
22) 이경민, 「기생은 어떻게 만들어졌는가」, 아카이브북스, 2005, 150~154쪽.
23) 서윤영, 『세상을 닮은 집, 세상을 담은 집』, 서해문집, 2005, 140쪽.
24) 노형석, 「모던보이, 남대문로를 거닐다」, 『한겨레 21』, 제677호(2007년 9월 13일).
25) 박환, 『대륙으로 간 혁명가들: 만주와 시베리아의 무장독립운동가들』, 국학자료원, 2003, 65~66쪽.
26) 윤사순·이광래, 『우리 사상 100년』, 현암사, 2001, 65~70쪽; 김정인, 「식민지 민족종교의 두 얼굴」, 한국역사연구회, 『우리는 지난 100년 동안 어떻게 살았을까 1』, 역사비평사, 1998, 209쪽; 임중빈, 『단재 신채호 일대기』, 범우사, 2003, 185~186쪽; 한영우, 『한국민족주의역사학』, 일조각, 1994, 56쪽; 이이화, 『한국사 이야기 19: 오백년 왕국의 종말』, 한길사, 2003, 291쪽; 김광일, 「민족분열 통탄한 나철의 '영혼' 되살렸다」, 『조선일보』, 2004년 2월 28일자.
27) 박환, 『대륙으로 간 혁명가들: 만주와 시베리아의 무장독립운동가들』, 국학자료원, 2003, 71~72쪽.
28) 한영우, 『역사학의 역사』, 지식산업사, 2002, 240~241쪽; 한영우, 『한국민족주의역사학』, 일조각, 1994, 98쪽.
29) 정재욱, 「독립운동의 대부 나철과 대종교, MBC 다큐멘터리 〈이제는 말할 수 있다〉서 재조명」, 『경향신문』, 2004년 2월 28일, M4면.
30) 김광일, 「민족분열 통탄한 나철의 '영혼' 되살렸다」, 『조선일보』, 2004년 2월 28일자.
31) 조영남, 「그대 나철이여, 굽어 살피소서: 읽기에 앞서」, 이병천, 『신시의 꿈 1: 이병천 장편소설』, 한문화, 2004, 9쪽.
32) 조동일, 『한국문학통사 4: 중세에서 근대로의 이행기문학 제2기, 1860~1918년』, 지식산업사, 2005, 28쪽.
33) 노치준, 「제8장 근대사회로의 변화와 종교」, 신용하·박명규·김필동 엮음, 『한국 사회사의 이해』, 문학과지성사, 1995, 517쪽.
34) 김정동, 「마지막 황제 순종의 일본 방문길(상)」, 『중앙일보』, 2003년 3월 17일자.
35) 송우혜, 「마지막 황태자: 검광(劍光) 속에서 길 떠난 임금」, 『신동아』, 1998년 10월호.
36) 송우혜, 「마지막 황태자: 검광(劍光) 속에서 길 떠난 임금」, 『신동아』, 1998년 10월호.
37) 송우혜, 「마지막 황태자: 검광(劍光) 속에서 길 떠난 임금」, 『신동아』, 1998년 10월호.
38) 송우혜, 「마지막 황태자: 제1차 세계대전 와중에 나온 혼담」, 『신동아』, 1998년 11월호.
39) 정진석, 「親日 …… 고종, 박정희, 여운형」, 『국민일보』, 2008년 5월 5일자.
40) 김학준, 『러시아사』, 대한교과서주식회사, 1991, 177~178쪽.

41) 크리스 하먼, 천경록 옮김, 『민중의 세계사』, 책갈피, 2004, 529~530쪽.
42) 제프리 호스킹, 김영석 옮김, 『소련사』, 홍성사, 1988, 52쪽.
43) 마이클 H. 헌트, 권용립·이현휘 옮김, 『이데올로기와 미국외교』, 산지니, 2007, 239~241쪽.
44) 제프리 호스킹, 김영석 옮김, 『소련사』, 홍성사, 1988, 52쪽.
45) 제프리 호스킹, 김영석 옮김, 『소련사』, 홍성사, 1988, 52쪽; 김학준, 『러시아사』, 대한교과서주식회사, 1991, 148쪽.
46) 김학준, 『러시아사』, 대한교과서주식회사, 1991, 185쪽.
47) 마이클 H. 헌트, 권용립·이현휘 옮김, 『이데올로기와 미국외교』, 산지니, 2007, 239~241쪽.
48) 최정호, 『우리가 살아온 20세기 1』, 미래M&B, 1999, 29~30쪽.
49) 김학준, 『러시아사』, 대한교과서주식회사, 1991, 208쪽.
50) 마이클 H. 헌트, 권용립·이현휘 옮김, 『이데올로기와 미국외교』, 산지니, 2007, 239~241쪽.
51) 하워드 진, 『살아있는 미국역사』, 추수밭, 2008, 186쪽; 마이클 H. 헌트, 권용립·이현휘 옮김, 『이데올로기와 미국외교』, 산지니, 2007, 245~246쪽.
52) 김학준, 『러시아사』, 대한교과서주식회사, 1991, 216~217쪽.
53) 임경석, 『한국 사회주의의 기원』, 역사비평사, 2003, 44쪽.
54) 신용하, 『일제강점기 한국민족사(중)』, 서울대학교출판부, 2002, 327쪽; 류길재, 「현대사 다시 쓴다: 한국 공산주의운동」, 『한국일보』, 1999년 3월 1일, 9면.
55) 임경석, 『한국 사회주의의 기원』, 역사비평사, 2003, 71쪽.
56) 황민호, 『일제하 식민지 지배권력과 언론의 경향』, 경인문화사, 2005, 64쪽.
57) 김미경, 「해방 50년, 삶의 발자취를 찾아서 (30) 여행」, 『한겨레』, 1995년 4월 23일, 10면.
58) 이순복, 「철원에서 내금강까지 레저열차가 있었어요」, 문제안 외, 『8·15의 기억: 해방공간의 풍경, 40인의 역사체험』, 한길사, 2005, 238~245쪽.
59) 김태수, 『꽃가치 피어 매혹케 하리라: 신문광고로 본 근대의 풍경』, 황소자리, 2005, 182쪽.
60) 신명직, 「식민지 근대도시의 일상과 만문만화」, 박지향 외 엮음, 『해방 전후사의 재인식 1』, 책세상, 2006, 242쪽.
61) 임종국, 민족문제연구소 엮음, 『한국인의 생활과 풍속(상)』, 아세아문화사, 1995, 83~84쪽.
62) 송우혜, 「마지막 황태자: 일본 이본궁가의 화려한 혼사 준비」, 『신동아』, 1999년 1월호.
63) 이덕주, 『식민지 조선은 어떻게 해방되었는가』, 에디터, 2003, 100~101쪽.
64) 송우혜, 「마지막 황태자: 일본 이본궁가의 화려한 혼사 준비」, 『신동아』, 1999년 1월호; 이덕주, 『식민지 조선은 어떻게 해방되었는가』, 에디터, 2003, 101쪽.
65) 배경식, 「보릿고개를 넘어서」, 한국역사연구회, 『우리는 지난 100년 동안 어떻게 살았을까 3』, 한국역사연구회, 1999, 223~224쪽.
66) 권보드래, 『1910년대, 풍문의 시대를 읽다 : 『매일신보』를 통해 본 한국 근대의 사회·문화 키워드』, 동국대학교출판부, 2008, 311~312쪽
67) 이영훈, 『대한민국 이야기: '해방전후사의 재인식' 강의』, 기파랑, 2007, 69~71쪽.
68) 이영훈, 『대한민국 이야기: '해방전후사의 재인식' 강의』, 기파랑, 2007, 71~77쪽.

69) 박근태, 「1918년 원조 석호필 박사 조선 독감논문 1호를 쓰다」, 『동아일보』, 2007년 11월 23일자.
70) 신동원, 「미국과 일본 보건의료의 조선 진출: 제중원과 우두법」, 『역사비평』, 통권 56호(2001년 가을), 342쪽.
71) 박근태, 「1918년 원조 석호필 박사 조선 독감논문 1호를 쓰다」, 『동아일보』, 2007년 11월 23일자.

제3장
1) 최준, 『한국신문사』, 일조각, 1987, 193~194쪽; 김민환, 『한국언론사』, 사회비평사, 1996, 202쪽.
2) 김정열, 「대한매일신보에서 서울신문까지(겨레의 맥박으로 89년:17 · 끝)」, 『서울신문』, 1993년 5월 5일, 6면.
3) 황민호, 『일제하 식민지 지배권력과 언론의 경향』, 경인문화사, 2005, 16~26쪽; 수요역사연구회 편, 『일제의 식민지 지배정책과 매일신보 1910년대』, 두리미디어, 2005, 91~102쪽.
4) 나윤도, 「대한매일신보에서 서울신문까지(겨레의 맥박으로 89년:12)」, 『서울신문』, 1993년 3월 16일, 6면.
5) 정일성, 『일본 군국주의의 괴벨스 도쿠토미 소호』, 지식산업사, 2005, 49~52쪽.
6) 황민호, 『일제하 식민지 지배권력과 언론의 경향』, 경인문화사, 2005, 18쪽.
7) 권보드래, 『한국 근대소설의 기원』, 소명출판, 2000, 219~221쪽.
8) 최인진, 『한국사진사 1631~1945』, 눈빛, 1999, 290쪽.
9) 최인진, 『한국사진사 1631~1945』, 눈빛, 1999, 291쪽에서 재인용.
10) 최인진, 『한국사진사 1631~1945』, 눈빛, 1999, 294쪽.
11) 조맹기, 『한국언론인물사상사』, 나남출판, 2006, 146쪽; 허수, 「베스트셀러와 금서의 변주곡」, 한국역사연구회, 『우리는 지난 100년 동안 어떻게 살았을까 1』, 역사비평사, 1998, 136쪽.
12) 김병익, 『한국문단사 1908~1970』, 문학과지성사, 2001, 35쪽.
13) 한승옥, 『이광수: 비극적 세계인식과 초월의지』, 건국대학교출판부, 1995, 96쪽.
14) 김병익, 『한국문단사 1908~1970』, 문학과지성사, 2001, 36쪽.
15) 이임자, 『한국 출판과 베스트셀러 1883~1996』, 경인문화사, 1998, 233~235쪽.
16) 김병익, 『한국문단사 1908~1970』, 문학과지성사, 2001, 37~38쪽.
17) 박찬승, 『한국근대 정치사상사연구: 민족주의 우파의 실력양성운동론』, 역사비평사, 1992, 161~162쪽.
18) 한원영, 『한국현대신문연재소설연구 하(下)』, 국학자료원, 1999, 1024쪽.
19) 나윤도, 「대한매일신보에서 서울신문까지(겨레의 맥박으로 89년:13)」, 『서울신문』, 1993년 3월 30일, 6면.
20) 권보드래, 「1910년대, 풍문의 시대를 읽다 : 『매일신보』를 통해 본 한국 근대의 사회 · 문화

키워드』, 동국대학교출판부, 2008, 267쪽
21) 조남현, 「한국 근대소설 형성 과정과 작가의 초상」, 유종호 외, 『현대 한국문학 100년: 20세기 한국문학 어떻게 볼 것인가』, 민음사, 1999, 61~62쪽.
22) 정진석, 『한국언론사』, 나남, 1990, 266쪽.
23) 정진석, 『한국현대언론사론』, 전예원, 1985, 112, 129쪽.
24) 최봉영, 『한국문화의 성격』, 사계절, 1997, 290~291쪽.
25) 최봉영, 『한국문화의 성격』, 사계절, 1997, 292쪽.
26) 최기영, 『대한제국시기 신문연구』, 일조각, 1996, 188쪽.
27) 박주선, 「장지연 선생 친일행적 논란」, 『기자협회보』, 2003년 7월 2일, 5면.
28) 심희정, 「'시일야방성대곡' 장지연 경남일보 주필 때 '일왕 찬양' 한시 게재」, 『경향신문』, 2005년 3월 5일, 1면.
29) 조운찬, 「"노골적 친일 충격 반드시 규명해야": 기념비 건립 등 차질 불가피」, 『경향신문』, 2005년 3월 5일, 3면.
30) 정진석, 「'시일야방성대곡' 100주년」, 『경향신문』, 2005년 4월 9일, 23면.
31) 강준구, 「이번엔 '조선총독 환영시' 공개: 법정으로 비화된 장지연의 친일 논란」, 『국민일보』, 2005년 5월 30일, 8면.
32) 이순혁, 「위암 장지연 친일시 공개: 민족문제연구소, 자료 내놔」, 『한겨레』, 2005년 6월 2일, 10면.
33) 이순혁, 「위암 장지연 친일시 공개: 민족문제연구소, 자료 내놔」, 『한겨레』, 2005년 6월 2일, 10면.
34) 성기철, 「장지연을 위한 변명」, 『국민일보』, 2005년 6월 17일, 22면.
35) 신동흔, 「"장지연 친일(親日) 평가는 역사 뒤집기 증거 없는 자료 …… 언론사 큰 맥락서 판단해야": 언론학회서 정대수 씨 발표」, 『조선일보』, 2005년 10월 10일, A20면.
36) 김윤종, 「"장지연 선생 작은 흠 잡아 역사왜곡": '시일야방성대곡' 발표 100주년」, 『동아일보』, 2005년 11월 22일, A31면.
37) 이왕구, 「"국사는 자존의 뿌리 …… 대중화에 온힘"」, 『한국일보』, 2008년 3월 19일자.
38) 정진석, 「親日 …… 고종, 박정희, 여운형」, 『국민일보』, 2008년 5월 5일자.
39) 정종화, 『자료로 본 한국영화사 1: 1905~1954』, 열화당, 1997, 14쪽.
40) 안종화, 『한국영화측면비사』, 현대미학사, 1998, 26쪽.
41) 조희문, 「단성사 100년의 스크린 연가」, 『월간중앙』, 2001년 3월호, 393쪽.
42) 안종화, 『한국영화측면비사』, 현대미학사, 1998, 30쪽.
43) 박은경, 「단성사! 기생들의 무대에서 서편제 신화까지」, 『신동아』, 2001년 5월호; 유민영, 『한국 근대극장 변천사』, 태학사, 1998, 160~165쪽.
44) 전승훈, 「한국 극영화 첫선: 1923년〈월하의 맹서〉시사회」, 『동아일보』, 2007년 4월 9일, A31면.
45) 유선영, 「초기 영화의 문화적 수용과 관객성: 근대적 시각문화의 변조와 재배치」, 윤해동 외

엮음, 『근대를 다시 읽는다 2』, 역사비평사, 2006, 141~142쪽.
46) 김려실, 『투사하는 제국 투영하는 식민지: 1901~1945년의 한국영화사를 되짚다』, 삼인, 2006, 65쪽.
47) 김려실, 『투사하는 제국 투영하는 식민지: 1901~1945년의 한국영화사를 되짚다』, 삼인, 2006, 65쪽.
48) 정종화, 『자료로 본 한국영화사 1: 1905~1954』, 열화당, 1997, 16쪽.
49) 정종화, 『자료로 본 한국영화사 1: 1905~1954』, 열화당, 1997, 16쪽; 김미현 책임 편집, 『한국영화사: 개화기(開化期)에서 개화기(開花期)까지』, 커뮤니케이션북스, 2006, 28~29쪽.
50) 안종화, 『한국영화측면비사』, 현대미학사, 1998, 41쪽.
51) 안종화, 『한국영화측면비사』, 현대미학사, 1998, 48~49쪽.
52) 김태수, 『꼿가치 피어 매혹케 하라: 신문광고로 본 근대의 풍경』, 황소자리, 2005, 166~168쪽.
53) 박천홍, 『매혹의 질주, 근대의 횡단: 철도로 돌아본 근대의 풍경』, 산처럼, 2003, 41쪽.
54) 박천홍, 『매혹의 질주, 근대의 횡단: 철도로 돌아본 근대의 풍경』, 산처럼, 2003, 47쪽.
55) 박천홍, 『매혹의 질주, 근대의 횡단: 철도로 돌아본 근대의 풍경』, 산처럼, 2003, 85쪽.
56) 신용하, 『일제강점기 한국민족사(중)』, 서울대학교출판부, 2002, 108쪽.
57) 전주문화재단, 『일제의 전주 침탈과 식민시대 구술실록(1907~1945): 전주 근대생활 조명, 100년(1907~2006) 제1권』, 전주문화재단, 2007, 31~32쪽.
58) 조정래, 『아리랑 4: 조정래 대하소설』, 해냄, 2001, 294쪽.
59) 박천홍, 『매혹의 질주, 근대의 횡단: 철도로 돌아본 근대의 풍경』, 산처럼, 2003, 43~44쪽.
60) 이준식, 「제5장 농촌사회의 변화와 농민운동」, 신용하·박명규·김필동 엮음, 『한국 사회사의 이해』, 문학과지성사, 1995, 402쪽.
61) 정재정, 『일제침략과 한국철도(1892~1945)』, 서울대학교출판부, 1999, 27쪽.
62) 송건호, 『한국 민족주의의 탐구』, 한길사, 1977, 301~302쪽.
63) 박진희, 「철도로 보는 근대의 풍경」, 국사편찬위원회 편, 『근현대과학기술과 삶의 변화』, 두산동아, 2005, 48~49쪽.
64) 박천홍, 『매혹의 질주, 근대의 횡단: 철도로 돌아본 근대의 풍경』, 산처럼, 2003, 144~145쪽.
65) 김정환, 『역사의 희망과 희망의 역사: 근·현대 편』, 푸른숲, 1998, 38~39쪽.
66) 한복진, 『우리 생활 100년·음식』, 현암사, 2001, 328쪽.
67) 민족문제연구소 엮음, 『한국인의 생활과 풍속(상): 임종국 선집 3』, 아세아문화사, 1995, 120쪽.
68) 김태수, 『꼿가치 피어 매혹케 하리라: 신문광고로 본 근대의 풍경』, 황소자리, 2005, 180쪽.
69) 김태수, 『꼿가치 피어 매혹케 하리라: 신문광고로 본 근대의 풍경』, 황소자리, 2005, 175쪽.
70) 민족문제연구소 엮음, 『한국인의 생활과 풍속(상): 임종국 선집 3』, 아세아문화사, 1995, 123쪽.
71) 김태수, 『꼿가치 피어 매혹케 하리라: 신문광고로 본 근대의 풍경』, 황소자리, 2005, 182쪽.
72) 김태수, 『꼿가치 피어 매혹케 하리라: 신문광고로 본 근대의 풍경』, 황소자리, 2005, 183쪽.
73) 이상언, 「만취 영업한 馬夫엔 구류과태료 부과: 경찰청 '교통 변천사' 발간」, 『중앙일보』, 2004년 1월 5일자.

74) 전영선, 「우리나라 최초의 자동차조난사고는」, 『동아일보』, 1997년 12월 10일, 15면.
75) 손정목, 『일제강점기 도시사회상연구』, 일지사, 1996, 331~333쪽.
76) 송건호, 『송건호 전집 3』, 한길사, 2002, 95~96쪽.
77) 박천홍, 『매혹의 질주, 근대의 횡단: 철도로 돌아본 근대의 풍경』, 산처럼, 2003, 103쪽.

제4장

1) 송남헌 외, 우사연구회 엮음, 『몸으로 쓴 통일독립운동사: 우사 김규식 생애와 사상 3』, 한울, 2000, 24쪽.
2) 임지현, 「윌슨은 식민지 민중에 의해 '해방의 전도사'로 둔갑했다」, 『조선일보』, 2008년 4월 19일자.
3) 마이클 헌트, 권용립·이현휘 옮김, 『이데올로기와 미국외교』, 산지니, 2007, 281~282쪽.
4) 앨런 브링클리, 황혜성 외 공역, 『미국인의 역사 3』, 비봉출판사, 1998, 18쪽.
5) 송남헌 외, 우사연구회 엮음, 『몸으로 쓴 통일독립운동사: 우사 김규식 생애와 사상 3』, 한울, 2000, 25~28쪽.
6) 송우혜, 「마지막 황태자: 초혼도 발상도 못한 1919년 1월 21일」, 『신동아』, 1999년 2월호.
7) 송우혜, 「마지막 황태자: 일본 이본궁가의 화려한 혼사 준비」, 『신동아』, 1999년 1월호.
8) 송우혜, 「마지막 황태자: 일본 이본궁가의 화려한 혼사 준비」, 『신동아』, 1999년 1월호.
9) 김진봉, 『3·1운동사연구』, 국학자료원, 2000, 189쪽.
10) 송우혜, 「마지막 황태자: 일본 이본궁가의 화려한 혼사 준비」, 『신동아』, 1999년 1월호.
11) 송우혜, 「마지막 황태자: 초혼도 발상도 못한 1919년 1월 21일」, 『신동아』, 1999년 2월호.
12) 송우혜, 「마지막 황태자: 초혼도 발상도 못한 1919년 1월 21일」, 『신동아』, 1999년 2월호.
13) 송우혜, 「마지막 황태자: 초혼도 발상도 못한 1919년 1월 21일」, 『신동아』, 1999년 2월호.
14) 송우혜, 「마지막 황태자: 초혼도 발상도 못한 1919년 1월 21일」, 『신동아』, 1999년 2월호.
15) 김수진, 「新한국교회사 (1) 2·8독립선언서 발표와 도쿄유학생」, 『국민일보』, 2001년 2월 20일, 15면.
16) 김수진, 「新한국교회사 (2) 3·1운동과 기독교」, 『국민일보』, 2001년 2월 22일, 15면.
17) 강덕상, 김광열 옮김, 『여운형 평전 1: 중국·일본에서 펼친 독립운동』, 역사비평사, 2007, 145쪽.
18) 신용하, 『일제강점기 한국민족사(상)』, 서울대학교출판부, 2002, 179~180쪽.
19) 정운현, 「정직한 역사 되찾기: 친일의 군상(24회)」, 『서울신문』, 1999년 2월 8일, 13면.
20) 한승동, 「3·1운동 뒤에 '몽양' 있었다」, 『한겨레』, 2008년 5월 2일자.
21) 강덕상, 김광열 옮김, 『여운형 평전 1: 중국·일본에서 펼친 독립운동』, 역사비평사, 2007, 162쪽.
22) 한승동, 「3·1운동 뒤에 '몽양' 있었다」, 『한겨레』, 2008년 5월 2일자.
23) 김수진, 「新한국교회사 (2) 3·1운동과 기독교」, 『국민일보』, 2001년 2월 22일, 15면.

24) 김수진, 「新한국교회사 (2) 3·1운동과 기독교」, 『국민일보』, 2001년 2월 22일, 15면.
25) 신복룡, 「신복룡교수의 한국사 새로 보기 (18) 3·1운동」, 『동아일보』, 2001년 8월 4일, 14면; 정운현, 「정직한 역사 되찾기: 친일의 군상 (22) 독립선언서 기초 崔南善」, 『서울신문』, 1999년 1월 25일, 6면.
26) 신용하, 『일제강점기 한국민족사(상)』, 서울대학교출판부, 2002, 196~197쪽.
27) 김진봉, 『3·1운동사연구』, 국학자료원, 2000, 196쪽.
28) 신복룡, 「신복룡교수의 한국사 새로 보기 (18) 3·1운동」, 『동아일보』, 2001년 8월 4일, 14면.
29) 신복룡, 「신복룡교수의 한국사 새로 보기 (18) 3·1운동」, 『동아일보』, 2001년 8월 4일, 14면.
30) 신복룡, 「신복룡교수의 한국사 새로 보기 (18) 3·1운동」, 『동아일보』, 2001년 8월 4일, 14면.
31) 김수진, 「新한국교회사 (2) 3·1운동과 기독교」, 『국민일보』, 2001년 2월 22일, 15면.
32) 윤완준, 「안주하지 마라 …… 독립선언서는 지금도 외친다: '21세기에 더 유용한' 선언서의 가르침」, 『동아일보』, 2008년 3월 1일자.
33) 신복룡, 「신복룡교수의 한국사 새로 보기 (18) 3·1운동」, 『동아일보』, 2001년 8월 4일, 14면.
34) 신복룡, 「신복룡교수의 한국사 새로 보기 (18) 3·1운동」, 『동아일보』, 2001년 8월 4일, 14면.
35) 「美 노블선교사가 목격한 '日帝만행': 일기 주요부분 발췌록」, 『국민일보』, 2001년 2월 24일, 3면.
36) 신복룡, 『한국정치사』, 박영사, 1997, 339~340쪽.
37) 신복룡, 「신복룡교수의 한국사 새로 보기 (18) 3·1운동」, 『동아일보』, 2001년 8월 4일, 14면.
38) 「美 노블선교사가 목격한 '日帝만행': 일기 주요부분 발췌록」, 『국민일보』, 2001년 2월 24일, 3면.
39) 이덕일, 「허허, 어찌 야단스럽게 고문하느냐」, 『한겨레 21』, 2007년 3월 20일, 94~96면.
40) 김진봉, 『3·1운동사연구』, 국학자료원, 2000, 193쪽.
41) 신용하, 『일제강점기 한국민족사(상)』, 서울대학교출판부, 2002, 189쪽.
42) 윤선자, 『일제의 종교정책과 천주교회』, 경인문화사, 2001, 98쪽.
43) 윤선자, 『일제의 종교정책과 천주교회』, 경인문화사, 2001, 124~125쪽.
44) 윤선자, 『일제의 종교정책과 천주교회』, 경인문화사, 2001, 126~127쪽.
45) 윤선자, 『일제의 종교정책과 천주교회』, 경인문화사, 2001, 133~134쪽.
46) 임종국, 반민족연구소 엮음, 『실록 친일파』, 돌베개, 1996, 140쪽.
47) 이승하, 「이해 못할 '친일과 이해론'」, 『문화일보』, 2004년 2월 7일, 6면.
48) 신복룡, 「신복룡교수의 한국사 새로 보기 (18) 3·1운동」, 『동아일보』, 2001년 8월 4일, 14면.
49) 신복룡, 「신복룡교수의 한국사 새로 보기 (18) 3·1운동」, 『동아일보』, 2001년 8월 4일, 14면.
50) 이지원, 「'민족대표' 33인의 비폭력 주장, 어떻게 볼 것인가」, 『역사비평』, 계간16호(1992년 봄), 286쪽.
51) 김성보, 「3·1운동에서 33인은 '민족대표' 인가」, 역사문제연구소 편, 『바로잡아야 할 우리 역사 37장면 1』, 역사비평사, 1993, 42쪽; 김성보, 「3·1운동에서 33인은 '민족대표'가 아니다」, 『역사비평』, 계간 7호(1989년 겨울), 162~169쪽.

52) 최영호, 「북한에서의 3·1운동 평가」, 서암 조항래교수화갑기념논총간행위원회, 『한국사학논총』, 아세아문화사, 1992, 579~597쪽.
53) 김진봉, 『3·1운동사연구』, 국학자료원, 2000, 195쪽.
54) 김진봉, 『3·1운동사연구』, 국학자료원, 2000, 195~196쪽.
55) 윤덕한, 『이완용평전: 애국과 매국의 두 얼굴』, 중심, 1999, 331~332쪽.
56) 그레고리 헨더슨, 박행웅·이종삼 옮김, 『소용돌이의 한국정치』, 한울아카데미, 2000, 151쪽.
57) 김삼웅, 『사료로 보는 20세기 한국사』, 가람기획, 1997, 70쪽.
58) 김진봉, 『3·1운동사연구』, 국학자료원, 2000, 199쪽.
59) 김용직, 「남과 북에서 외면당한 불운의 공산당원: 1926년 6·10 만세운동 주도 권오설의 옥중 편지 발굴」, 『월간조선』, 2001년 7월, 576~589쪽.
60) 신용하, 『한국근대사와 사회변동』, 문학과지성사, 1980, 235쪽.
61) 님 웨일스·김산, 송영인 옮김, 『아리랑: 조선인혁명가 김산의 불꽃 같은 삶』, 동녘, 2005, 56~57쪽.
62) 선성원, 『우리가 정말 알아야 할 우리 대중가요』, 현암사, 2008, 21~24쪽.
63) 송건호, 『한국현대사의 빛과 그늘: 송건호 전집 5』, 한길사, 2002, 251쪽.
64) 「美 노블선교사가 목격한 '日帝만행': 일기 주요부분 발췌록」, 『국민일보』, 2001년 2월 24일, 3면.
65) 김진봉, 『3·1운동사연구』, 국학자료원, 2000, 197쪽.
66) 김연균, 「3·1만세운동 뿌리, 천안 매봉교회」, 『국민일보』, 2007년 2월 27일, 25면.
67) 김연균, 「3·1만세운동 뿌리, 천안 매봉교회」, 『국민일보』, 2007년 2월 27일, 25면; 손재언, 「유관순 1심서 "징역 5년형"」, 『한국일보』, 2007년 2월 26일, 10면.
68) 신용하, 『일제강점기 한국민족사(상)』, 서울대학교출판부, 2002, 247~248쪽.
69) 최은희, 『여성을 넘어 아낙의 너울을 벗고: 한국 최초의 여기자 추계 최은희의 개화여성열전』, 문이재, 2003, 235~236쪽.
70) 김창덕, 「"민족기개 날로 쇠퇴 안타깝다" 유관순열사 두 동창의 3·1절 감회」, 『세계일보』, 2004년 3월 1일, 1면.
71) 이현택·선승혜, 「"'유관순 패션' 만세!": 평생 남는 졸업앨범 사진발을 위하여」, 『중앙일보』, 2008년 5월 28일, 20면.
72) 김태수, 『꽃가치 피어 매혹케 하라: 신문광고로 본 근대의 풍경』, 황소자리, 2005, 23쪽.
73) 박은봉, 「독립만세 선도한 '애국 기생'」, 『한겨레21』, 1998년 1월 8일자.
74) 고성호, 「기생들도 금반지 팔아 "조선독립만세" 외쳤다: 3·1운동 당시 판결문 공개」, 『한국일보』, 2008년 2월 29일자.
75) 박은봉, 「독립만세 선도한 '애국 기생'」, 『한겨레21』, 1998년 1월 8일자.
76) 김수진, 「新한국교회사 (5) 제암교회사건과 3·1운동」, 『국민일보』, 2001년 3월 1일, 15면; 이광표, 「책갈피 속의 오늘: 1919년 일제 제암리 학살」, 『동아일보』, 2008년 4월 16일자.
77) 김수진, 「新한국교회사 (5) 제암교회사건과 3·1운동」, 『국민일보』, 2001년 3월 1일, 15면.

78) 김수진, 「新한국교회사 (5) 제암교회사건과 3·1운동」, 『국민일보』, 2001년 3월 1일, 15면.
79) 신용하, 『일제강점기 한국민족사(상)』, 서울대학교출판부, 2002, 219~220쪽; 이광표, 「[책갈피 속의 오늘] 1919년 일제 제암리 학살」, 『동아일보』, 2008년 4월 16일자.
80) 김수진, 「新한국교회사 (5) 제암교회사건과 3·1운동」, 『국민일보』, 2001년 3월 1일, 15면; 배영대, 「제암리 학살사건과 석호필」, 『중앙일보』, 2007년 4월 13일, 23면; 김미영, 「3·1운동 민족대표는 33인 아닌 34인?」, 『한겨레』, 2006년 2월 28일, 27면.
81) 김병철, 「美 선교사 노블여사 '日帝 주민학살 더 있었다'」, 『국민일보』, 2001년 2월 24일, 1면.
82) 「美 노블선교사가 목격한 '日帝만행': 일기 주요부분 발췌록」, 『국민일보』, 2001년 2월 24일, 3면.
83) 이선민, 「美 여선교사 '제암리 학살' 등 담은 일기 공개」, 『조선일보』, 2001년 2월 26일자.
84) 김수진, 「新한국교회사 (5) 제암교회사건과 3·1운동」, 『국민일보』, 2001년 3월 1일, 15면.
85) 정권현, 「"제암리 학살 자인 땐 제국 불이익 …… 주민이 저항해 살육한 걸로 했다": 일본군 사령관 일기 발견 …… 당시 조직적 은폐 드러나」, 『조선일보』, 2007년 3월 1일, A1면.
86) 박상준, 「일제 '제암리 학살' 황당한 무죄: "피고 아리타 중위는 명령을 오해 …… 범행의도 없어"」, 『한국일보』, 2008년 3월 1일자.
87) 김미영, 「3·1운동 민족대표는 33인 아닌 34인?」, 『한겨레』, 2006년 2월 28일, 27면.
88) 홍주희, 「3·1운동 '34번째 민족대표' 뜻 기린다: 독립운동 지원, 장학사업 펼친 스코필드 박사」, 『중앙일보』, 2008년 4월 12일자.
89) 최준, 『한국신문사논고』, 일조각, 1995, 315쪽; 신용하, 『일제강점기 한국민족사(중)』, 서울대학교출판부, 2002, 111쪽.
90) 황민호, 『일제하 식민지 지배권력과 언론의 경향』, 경인문화사, 2005, 55~56쪽.
91) 정운현, 「정직한 역사 되찾기: 親日의 군상 (7-2) 尹致暎家의 빛과 그림자」, 『서울신문』, 1998년 9월 21일, 9면.
92) 양현혜, 『윤치호와 김교신: 근대조선에 있어서 민족적 아이덴티티와 기독교』, 한울, 1994, 제2쇄 1996, 84쪽.
93) 이이화, 「영원히 씻을 수 없는 매국노의 오명: 이완용과 송병준」, 역사문제연구소 편, 『인물로 보는 친일파 역사』, 역사비평사, 1993, 85쪽.
94) 황민호, 『일제하 식민지 지배권력과 언론의 경향』, 경인문화사, 2005, 56쪽.
95) 최준, 『한국신문사논고』, 일조각, 1995, 314~315쪽.
96) 최준, 『한국신문사논고』, 일조각, 1995, 313쪽.
97) 최민지·김민주, 『일제하 민족언론사론』, 일월서각, 1978, 33~34쪽.
98) 임근수, 『언론과 역사: 희관 임근수 박사 논총』, 정음사, 1984, 249쪽.
99) 김민환, 『한국언론사』, 사회비평사, 1996, 209~211쪽.
100) 최준, 『한국신문사』, 일조각, 1987, 206쪽; 이기백, 『한국사신론』, 일조각, 1977, 438쪽; 한시준, 「제7장 중국 관내 독립운동과 신문·잡지」, 위암장지연선생기념사업회, 『한국근대언론과 민족운동』, 커뮤니케이션북스, 2001, 260쪽.

101) 이태훈, 「임정 기관지 '독립' 창간호 첫 공개」, 『조선일보』, 2005년 8월 10일, A8면.
102) 한시준, 「제7장 중국 관내 독립운동과 신문·잡지」, 위암장지연선생기념사업회, 『한국근대언론과 민족운동』, 커뮤니케이션북스, 2001, 266~267쪽; 최준, 『한국신문사』, 일조각, 1987, 206~207쪽.
103) 박환, 「제9장 러시아 지역의 한인언론」, 위암장지연선생기념사업회, 『한국근대언론과 민족운동』, 커뮤니케이션북스, 2001, 313~316, 326~381쪽.
104) 반병률, 『성재 이동휘 일대기』, 범우사, 1998, 105쪽.

제5장

1) 신용하, 『일제강점기 한국민족사(상)』, 서울대학교출판부, 2002, 317~318쪽.
2) 신용하, 『일제강점기 한국민족사(상)』, 서울대학교출판부, 2002, 328쪽.
3) 김희곤, 『중국관내 한국독립운동단체연구』, 지식산업사, 1995, 31~38쪽; 박태균, 『조봉암 연구』, 창작과비평사, 1995, 88쪽.
4) 추헌수, 『한민족의 독립운동과 임시정부의 위상』, 연세대학교 출판부, 1995, 249쪽; 성원경, 『노신: 생애와 작품세계』, 건국대학교출판부, 1995, 86~87쪽; 강덕상, 김광열 옮김, 『여운형 평전 1: 중국·일본에서 펼친 독립운동』, 역사비평사, 2007, 251~252쪽; 한·중·일3국공동 역사편찬위원회, 『미래를 여는 역사: 한·중·일이 함께 만든 동아시아 3국의 근현대사』, 한겨레출판, 2005, 100~101쪽.
5) 신용하, 『일제강점기 한국민족사(상)』, 서울대학교출판부, 2002, 333쪽.
6) 반병률, 「실록 대한민국림시정부 제1부 (4) 초기 臨政을 이끈 사람들」, 『조선일보』, 2005년 1월 26일자.
7) 이이화, 「'역사는 홀로 울지 않는다' (21) 임시정부의 법통성과 오늘의 무산」, 『경향신문』, 2004년 10월 14일, 22면.
8) 서중석, 『신흥무관학교와 망명자들』, 역사비평사, 2001, 320쪽.
9) 박환, 『대륙으로 간 혁명가들: 만주와 시베리아의 무장독립운동가들』, 국학자료원, 2003, 22~24쪽.
10) 서중석, 『신흥무관학교와 망명자들』, 역사비평사, 2001, 326~327쪽.
11) 한시준, 「실록 대한민국림시정부 제1부 (2) "의친왕을 망명시켜라"」, 『조선일보』, 2005년 1월 12일자; 이현주, 『한국 사회주의세력의 형성: 1919~1923』, 일조각, 2003, 81쪽.
12) 한시준, 「실록 대한민국림시정부 제1부 (2) "의친왕을 망명시켜라"」, 『조선일보』, 2005년 1월 12일자.
13) 교과서포럼, 『대안교과서 한국 근·현대사』, 기파랑, 2008, 117쪽; 이현주, 『한국 사회주의 세력의 형성: 1919~1923』, 일조각, 2003, 111쪽; 하일식, 『연표와 사진으로 보는 한국사』, 일빛, 1998, 268~269쪽.
14) 한시준, 「잘못 알고 있는 臨政 수립일」, 『조선일보』, 2005년 4월 5일자.

15) 한시준, 「잘못 알고 있는 臨政 수립일」, 『조선일보』, 2005년 4월 5일자.
16) 이현희, 「4월 11일은 임정 제헌일이다」, 『조선일보』, 2005년 4월 11일자.
17) 권재현, 「국사편찬위 "臨政 창립일 4월 13일 아닌 11일"」, 『동아일보』, 2006년 2월 23일, 23면.
18) 김광재, 「임시정부 진짜 생일은 언제」, 『중앙일보』, 2007년 4월 10일, 20면.
19) 한시준, 「대한민국 건국은 1919년」, 『경향신문』, 2008년 4월 22일자.
20) 한시준, 「대한민국 역사가 위태롭다」, 『경향신문』, 2008년 5월 14일자.
21) 박영원, 「'건국 60년'보다 '대한민국 정부 수립 60주년'이 옳다」, 2008년 7월 9일, A25면
22) 유석재, 「독자에게 답합니다」, 『조선일보』, 2008년 7월 9일, A25면
23) 이만열, 「기미 독립운동과 '건국 60년'」, 『한겨레』, 2008년 7월 10일, 31면
24) 안수찬, 「보수세력 주도로 이승만 영웅화 '일방통행': '건국 60주년론' 문제 있다」, 『한겨레』, 2008년 7월 17일, 25면.
25) 김을한, 『한국신문사화』, 탐구당, 1975, 63~64쪽.
26) 정운현, 「의열 독립투쟁 (2) 강우규 의사」, 『서울신문』, 1999년 8월 20일, 6면.
27) 김민환, 『한국언론사』, 사회비평사, 1996, 211쪽.
28) 윤덕한, 『이완용평전: 애국과 매국의 두 얼굴』, 중심, 1999, 336쪽에서 재인용.
29) 이범경, 『한국방송사』, 범우사, 1994, 108쪽.
30) 김을한, 『한국신문야화』, 탐구당, 1975, 65~66쪽; 최준, 『한국신문사』, 일조각, 1987, 202쪽.
31) 이선민, 「1919년 일제 '문화정치'」, 『조선일보』, 1993년 9월 5일, 7면.
32) 신용하, 『일제강점기 한국민족사(중)』, 서울대학교출판부, 2002, 11~22쪽.
33) 김운태, 『일본제국주의의 한국통치』, 박영사, 1998, 267~268쪽.
34) 김민철, 「총독관저에 드나든 조선인들」, 한국역사연구회, 『우리는 지난 100년 동안 어떻게 살았을까 3』, 역사비평사, 1999, 68~69쪽.
35) 임종국, 『밤의 일제 침략사』, 한빛문화사, 2004, 227~231쪽.
36) 홍성철, 『유곽의 역사』, 페이퍼로드, 2007, 77~78쪽.
37) 홍성철, 『유곽의 역사』, 페이퍼로드, 2007, 82쪽.
38) 신용하, 『일제강점기 한국민족사(중)』, 서울대학교출판부, 2002, 4~6쪽.
39) 한국기독교역사연구소, 『한국기독교의 역사 II』, 기독교문사, 1990, 43쪽.
40) 김상태 편역, 『윤치호 일기 1916~1943: 한 지식인의 내면세계를 통해 본 식민지시기』, 역사비평사, 2001, 146~147쪽; 김을한, 『한국신문사화』, 탐구당, 1975, 65~66쪽.
41) 김을한, 『한국신문사화』, 탐구당, 1975, 115~116쪽.
42) 김을한, 『한국신문사화』, 탐구당, 1975, 115~116쪽.
43) 『동아일보사사』, 제1권, 75쪽; 김동민, 「일제하 신문기업에 관한 고찰: 동아·조선일보의 민족지 신화」, 김왕석·임동욱 외, 『한국언론의 정치경제학』, 아침, 1990, 38~139쪽서 재인용.
44) 동아일보사, 『민족과 더불어 80년: 동아일보 1920~2000』, 동아일보사, 2000, 109~110쪽.
45) 김중순, 유석춘 역, 『문화민족주의자 김성수』, 일조각, 1998, 128~129쪽.
46) 최준, 『한국신문사논고』, 일조각, 1995, 333~334쪽; 최민지·김민주, 『일제하 민족언론사

론』, 일월서각, 1978, 44쪽.
47) 김중순, 유석춘 역, 『문화민족주의자 김성수』, 일조각, 1998, 73~77, 97~98쪽.
48) 김중순, 유석춘 역, 『문화민족주의자 김성수』, 일조각, 1998, 101~102쪽.
49) 정진석, 『역사와 언론인』, 커뮤니케이션북스, 2001, 230쪽.
50) 정진석, 『역사와 언론인』, 커뮤니케이션북스, 2001, 230~231쪽.
51) 최민지·김민주, 『일제하 민족언론사론』, 일월서각, 1978, 48쪽.
52) 최민지·김민주, 『일제하 민족언론사론』, 일월서각, 1978, 47, 51쪽.
53) 동아일보사, 『민족과 더불어 80년: 동아일보 1920~2000』, 동아일보사, 2000, 106쪽.
54) 위기봉, 『다시 쓰는 동아일보사: 인촌 김성수와 동아일보, 그 오욕과 배반의 역사를 찾아서』, 녹진, 1991, 306~307쪽.
55) 고석규, 「문화, 그 말의 출처는」, 한국역사연구회, 『우리는 지난 100년 동안 어떻게 살았을까 1』, 역사비평사, 1998, 65쪽.
56) 김중순, 유석춘 역, 『문화민족주의자 김성수』, 일조각, 1998, 3~4쪽.
57) 김현주, 「민족과 국가 그리고 '문화': 1920년대 초반 개벽지의 '정신·민족성 개조론' 연구」, 상허학회, 『1920년대 동인지 문학과 근대성 연구: 상허학보 2집』, 깊은샘, 2000, 217쪽.
58) 동아일보사, 『민족과 더불어 80년: 동아일보 1920~2000』, 동아일보사, 2000, 104쪽.
59) 정진석, 『역사와 언론인』, 커뮤니케이션북스, 2001, 233쪽.
60) 김을한, 『한국신문사화』, 탐구당, 1975, 66~67, 71쪽.
61) 박중현, 「'日帝, 고종 승하일 조작' 동아일보 창간기사서 폭로」, 『동아일보』, 1999년 1월 21일자.
62) 최준, 『한국신문사』, 일조각, 1987, 209쪽.
63) 김중순, 유석춘 역, 『문화민족주의자 김성수』, 일조각, 1998, 128쪽.
64) 정진석, 『인물 한국언론사: 한국언론을 움직인 사람들』, 나남, 1995, 194~195쪽.
65) 최준, 『한국신문사』, 일조각, 1987, 205쪽.
66) 조선일보사 사료연구실, 『조선일보 사람들: 일제시대편』, 랜덤하우스중앙, 2004, 33~54쪽.
67) 주동황·김해식·박용규, 『한국언론사의 이해』, 전국언론노동조합연맹, 1997, 38쪽.
68) 최준, 『한국신문사』, 일조각, 1987, 277~278쪽.
69) 동아일보사, 『민족과 더불어 80년: 동아일보 1920~2000』, 동아일보사, 2000, 109쪽.
70) 임종국, 반민족연구소 엮음, 『실록 친일파』, 돌베개, 1996, 92, 98쪽.
71) 신용하, 『일제강점기 한국민족사(중)』, 서울대학교출판부, 2002, 21쪽.
72) 동아일보사, 『민족과 더불어 80년: 동아일보 1920~2000』, 동아일보사, 2000, 165~166쪽.
73) 김상태 편역, 『윤치호 일기 1916~1943: 한 지식인의 내면세계를 통해 본 식민지시기』, 역사비평사, 2001, 174쪽.
74) 김상태 편역, 『윤치호 일기 1916~1943: 한 지식인의 내면세계를 통해 본 식민지시기』, 역사비평사, 2001, 175쪽.
75) 선우휘, 「동아일보 사장에게 드린다」, 『조선일보』, 1985년 4월 14일, 3면.

76) 「언론권력 제2부 추악한 과거 (1) 『조선일보』의 친일 곡필」, 『한겨레』, 2001년 3월 28일, 1면.
77) 조선일보사, 「우리의 입장: 동아일보의 본보(本報) 비방에 붙여」, 『조선일보』, 1985년 4월 19일, 3면.
78) 김덕한, 「80년사 이야기: 1920년 창간호 내놔 3·1 독립정신' 각인」, 『조선일보 사보』, 2000년 3월 31일, 3면.
79) 이연, 「일제하의 한국 언론의 민족 투쟁사: 조선일보를 중심으로」, 방일영문화재단, 『한국언론학술논총 2001』, 커뮤니케이션북스, 2001, 395쪽.
80) 나윤도, 「대한매일신보에서 서울신문까지(겨레의 맥박으로 89년:12)」, 『서울신문』, 1993년 3월 16일, 6면.
81) 정진석, 「"변민 끝에 음독 …… 남편 사랑하는 기생이 죽은 후: 언론사학자 정진석 교수가 추적한 최초 여기자 이각경의 생애」, 『월간조선』, 2002년 12월, 444~453쪽.
82) 나윤도, 「대한매일신보에서 서울신문까지(겨레의 맥박으로 89년:12)」, 『서울신문』, 1993년 3월 16일, 6면.
83) 정진석, 『인물 한국언론사: 한국언론을 움직인 사람들』, 나남, 1995, 273~274쪽; 여운연, 「여성운동 선구자 첫 여기자 이각경」, 『시사저널』, 1991년 4월 11일, 62~64면.
84) 정진석, 『인물 한국언론사: 한국언론을 움직인 사람들』, 나남, 1995, 279쪽.
85) 이현진, 「각광받는 여성의 직업은?」, 이배용 외, 『우리나라 여성들은 어떻게 살았을까 2: 개화기부터 해방기까지』, 청년사, 1999, 22쪽.
86) 조선일보사 사료연구실, 『조선일보 사람들: 일제시대편』, 랜덤하우스중앙, 2004, 246~247쪽.
87) 신영숙, 「배짱과 수완의 커리어우먼: 기자 최은희」, 이배용 외, 『우리나라 여성들은 어떻게 살았을까 2: 개화기부터 해방기까지』, 청년사, 1999, 204~211쪽; 박석분·박은봉, 「최은희: 한국 최초의 민간신문 여기자」, 『여성인물사: 한국편』, 새날, 1994, 196~204쪽.
88) 김윤덕, 「대선배 최은희를 따라 …… 여기자들이 뛴다」, 『조선일보』, 2007년 3월 13일, A16면.

제6장
1) 김동인, 「창조·폐허시대」, 강진호 엮음, 『한국문단 이면사』, 깊은샘, 1999, 20쪽.
2) 이중한 외, 『우리 출판 100년』, 현암사, 2001, 76쪽.
3) 홍기삼, 「민족어와 민족문학」, 유종호 외, 『현대 한국문학 100년: 20세기 한국문학 어떻게 볼 것인가』, 민음사, 1999, 227쪽.
4) 장석주, 『20세기 한국문학의 탐험 1 1900~1934』, 시공사, 2000, 234쪽; 이혜령, 「1920년대 동인지 문학의 성격과 여성인식의 관련성」, 상허학회, 『1920년대 동인지 문학과 근대성 연구: 상허학보 2집』, 깊은샘, 2000, 136쪽.
5) 김병익, 「세계시평: 3·1절, 이 아침에…… : 김병익 문학평론가」, 『세계일보』, 1992년 3월 1일, 9면.

6) 윤병로, 『한국근・현대문학사』, 명문당, 1991, 104쪽.
7) 김윤식・김재홍・정호웅・서경석, 『우리 문학 100년』, 현암사, 2001, 45~46쪽.
8) 박현수, 「1920년대 초기 문학의 재인식: 기존 논의 검토」, 상허학회, 『1920년대 동인지 문학과 근대성 연구: 상허학보 2집』, 깊은샘, 2000, 17쪽.
9) 김동인, 「창조・폐허시대」, 강진호 엮음, 『한국문단 이면사』, 깊은샘, 1999, 34~35쪽.
10) 윤병로, 『한국근・현대문학사』, 명문당, 1991, 104~105쪽.
11) 신용하, 『일제강점기 한국민족사(중)』, 서울대학교출판부, 2002, 152~153쪽.
12) 강인숙, 『김동인: 작가의 생애와 문학』, 건국대학교출판부, 1994, 75쪽.
13) 정철훈, 「국내 최초 문예지 『신청년』 발굴」, 『국민일보』, 2002년 12월 6일, 19면.
14) 송평인, 「일제시대 문예잡지 『신청년』 3호 발견」, 『동아일보』, 2002년 12월 6일, 15면.
15) 염인호, 『김원봉연구: 의열단, 민족혁명당 40년사』, 창작과비평사, 1992, 27쪽; 신용하, 『일제강점기 한국민족사(중)』, 서울대학교출판부, 2002, 576쪽.
16) 김영범・정운현, 「의열 독립투쟁 (13) 곽재기 의사」, 『서울신문』, 1999년 11월 26일, 6면.
17) 김영범・정운현, 「의열 독립투쟁 (13) 곽재기 의사」, 『서울신문』, 1999년 11월 26일, 6면.
18) 박찬승, 『한국근대 정치사상사연구: 민주주의 우파의 실력양성운동론』, 역사비평사, 1992, 170~172쪽.
19) 조범래・정운현, 「의열 독립투쟁 (17) 박재혁 의사」, 『서울신문』, 1999년 12월 24일, 6면.
20) 서중석, 「'韓國史속의 만주' (10) 일제하 만주이주와 독립운동」, 『경향신문』, 2004년 3월 11일, 12면.
21) 신용하, 『일제강점기 한국민족사(상)』, 서울대학교출판부, 2002, 404~405쪽.
22) 신용하, 『일제강점기 한국민족사(상)』, 서울대학교출판부, 2002, 412~413쪽.
23) 신용하, 『일제강점기 한국민족사(상)』, 서울대학교출판부, 2002, 416쪽; 서중석, 「'韓國史 속의 만주' (10) 일제하 만주이주와 독립운동」, 『경향신문』, 2004년 3월 11일, 12면.
24) 조성관, 「안중근 동생 안정근, 청산리전투서 맹활약」, 『주간조선』, 2004년 8월 27일자.
25) 신용하, 『일제강점기 한국민족사(상)』, 서울대학교출판부, 2002, 437~438쪽; 전영우, 「청산리대첩 기념탑 제막 현지 르포」, 『서울신문』, 2001년 9월 3일, 23면.
26) 신용하, 『일제강점기 한국민족사(중)』, 서울대학교출판부, 2002, 147쪽.
27) 신용하, 『일제강점기 한국민족사(상)』, 서울대학교출판부, 2002, 442쪽; 서중석, 「'韓國史 속의 만주' (10) 일제하 만주이주와 독립운동」, 『경향신문』, 2004년 3월 11일, 12면; 한시준, 『대한제국군에서 한국광복군까지: 황학수의 독립운동』, 역사공간, 2006, 75쪽.
28) 신용하, 『일제강점기 한국민족사(상)』, 서울대학교출판부, 2002, 443~444쪽.
29) 김종훈, 「'만주판 제암리사건' 공개, 日軍 만주서도 한인 집단학살」, 『경향신문』, 2000년 8월 9일, 17면.
30) 한홍구, 『대한민국사: 단군에서 김두한까지』, 한겨레신문사, 2003, 133쪽.
31) 송우혜, 「간도 무장독립투쟁과 조선총독부의 언론정책」, 『역사비평』, 계간 2호(1988년 가을), 157쪽.

32) 송우혜, 「간도 무장독립투쟁과 조선총독부의 언론정책」, 『역사비평』, 계간 2호(1988년 가을), 184쪽.
33) 손정목, 『한국지방제도·자치사연구 (상): 갑오경장~일제강점기』, 일지사, 1992, 183쪽.
34) 허영란, 「일제시기 상업의 근대성과 식민지성」, 『역사비평』, 계간25호(1994년 여름), 216쪽.
35) 손정목, 『한국지방제도·자치사연구 (상): 갑오경장~일제강점기』, 일지사, 1992, 192~196쪽.
36) 손정목, 『한국지방제도·자치사연구 (상): 갑오경장~일제강점기』, 일지사, 1992, 204~210쪽; 구대열, 『한국 국제관계사 연구 1: 일제시기 한반도의 국제관계』, 역사비평사, 1995, 321쪽.
37) 구대열, 『한국 국제관계사 연구 1: 일제시기 한반도의 국제관계』, 역사비평사, 1995, 321쪽.
38) 손정목, 『한국지방제도·자치사연구 (상): 갑오경장~일제강점기』, 일지사, 1992, 210~212쪽.
39) 지수걸, 「만석꾼의 형성과 몰락」, 한국역사연구회, 『우리는 지난 100년 동안 어떻게 살았을까 2』, 역사비평사, 1998, 93~94쪽.
40) 김상태 편역, 『윤치호 일기 1916~1943: 한 지식인의 내면세계를 통해 본 식민지시기』, 역사비평사, 2001, 168~169쪽.
41) 김상태 편역, 『윤치호 일기 1916~1943: 한 지식인의 내면세계를 통해 본 식민지시기』, 역사비평사, 2001, 223쪽.
42) 김상태 편역, 『윤치호 일기 1916~1943: 한 지식인의 내면세계를 통해 본 식민지시기』, 역사비평사, 2001, 594쪽.
43) 김준석, 「백두산 보도 東亞가 처음 …… 1921년 등정기 실어」, 『동아일보』, 2000년 9월 22일, 25면.
44) 최인진, 『한국사진사 1631~1945』, 눈빛, 1999, 300쪽.
45) 박환, 『대륙으로 간 혁명가들: 만주와 시베리아의 무장독립운동가들』, 국학자료원, 2003, 67쪽.
46) 오영섭, 「한국의 역사가: 최남선」, 『한국사 시민강좌 제37집』, 일조각, 2005, 212쪽; 김준석, 「백두산 보도 東亞가 처음 …… 1921년 등정기 실어」, 『동아일보』, 2000년 9월 22일, 25면.
47) 이영훈, 「왜 다시 해방 전후사인가」, 박지향 외 엮음, 『해방 전후사의 재인식 1』, 책세상, 2006, 25~63쪽.
48) 민태원 외, 이지누 엮고 씀, 『백두산을 찾아서: 잃어버린 풍경 2 (1920~1940)』, 호미, 2005; 이선민, 「[창간특집] 명기사 명사설 (5) 조선학 관련」, 『조선일보』, 2001년 3월 14일자.
49) 이영훈, 「왜 다시 해방 전후사인가」, 박지향 외 엮음, 『해방 전후사의 재인식 1』, 책세상, 2006, 25~63쪽.
50) 이영훈, 「왜 다시 해방 전후사인가」, 박지향 외 엮음, 『해방 전후사의 재인식 1』, 책세상, 2006, 25~63쪽.
51) 이기백, 『한국사학의 재구성』, 일조각, 1991, 156쪽.
52) 이규태, 『한국인의 생활문화 1: 멋과 풍류의 생활철학』, 신원문화사, 2000, 30쪽.
53) 장석주, 『20세기 한국문학의 탐험 1 (1900~1934)』, 시공사, 2000, 263쪽.

제7장

1) 반병률,「실록 대한민국림시정부 제1부 (4) 초기 臨政을 이끈 사람들」,『조선일보』, 2005년 1월 26일자.
2) 강덕상, 김광열 옮김,『여운형 평전 1: 중국·일본에서 펼친 독립운동』, 역사비평사, 2007, 342~343쪽.
3) 강덕상, 김광열 옮김,『여운형 평전 1: 중국·일본에서 펼친 독립운동』, 역사비평사, 2007, 350~352쪽.
4) 강덕상, 김광열 옮김,『여운형 평전 1: 중국·일본에서 펼친 독립운동』, 역사비평사, 2007, 434~435쪽.
5) 강덕상, 김광열 옮김,『여운형 평전 1: 중국·일본에서 펼친 독립운동』, 역사비평사, 2007, 457~458쪽.
6) 반병률,「실록 대한민국림시정부 제1부 (4) 초기 臨政을 이끈 사람들」,『조선일보』, 2005년 1월 26일자.
7) 반병률,「실록 대한민국림시정부 제1부 (4) 초기 臨政을 이끈 사람들」,『조선일보』, 2005년 1월 26일자.
8) 이명화,『도산 안창호의 독립운동과 통일노선』, 경인문화사, 2002, 55~56쪽.
9) 반병률,「실록 대한민국림시정부 제1부 (4) 초기 臨政을 이끈 사람들」,『조선일보』, 2005년 1월 26일자.
10) 한시준,「제7장 중국 관내 독립운동과 신문·잡지」, 위암장지연선생기념사업회,『한국근대언론과 민족운동』, 커뮤니케이션북스, 2001, 269~270쪽.
11) 반병률,「실록 대한민국림시정부 제1부 (4) 초기 臨政을 이끈 사람들」,『조선일보』, 2005년 1월 26일자; 이현주,「실록 대한민국임시정부 (5) 창조·개조 공방과 국민대표회의」,『조선일보』, 2005년 2월 2일자.
12) 반병률,「실록 대한민국림시정부 제1부 (4) 초기 臨政을 이끈 사람들」,『조선일보』, 2005년 1월 26일자; 이현주,「실록 대한민국임시정부 (5) 창조·개조 공방과 국민대표회의」,『조선일보』, 2005년 2월 2일자.
13) 반병률,『성재 이동휘 일대기』, 범우사, 1998, 328~329쪽.
14) 이현주,「실록 대한민국임시정부 (5) 창조·개조 공방과 국민대표회의」,『조선일보』, 2005년 2월 2일자; 류길재,「현대사 다시 쓴다: 한국 공산주의운동」,『한국일보』, 1999년 3월 1일, 9면.
15) 신용하,『일제강점기 한국민족사(중)』, 서울대학교출판부, 2002, 510쪽.
16) 신용하,『일제강점기 한국민족사(중)』, 서울대학교출판부, 2002, 340쪽.
17) 반병률,「제2장 사회주의운동」, 한국근현대사학회 엮음,『한국독립운동사강의』, 한울아카데미, 1998, 320쪽; 류길재,「현대사 다시 쓴다: 한국 공산주의운동」,『한국일보』, 1999년 3월 1일, 9면; 신용하,『일제강점기 한국민족사(전2권)』, 서울대학교출판부, 2002, 510~515쪽.
18) 임경석,『한국 사회주의의 기원』, 역사비평사, 2003, 408쪽; 신용하,『일제강점기 한국민족

사(전2권)』, 서울대학교출판부, 2002, 522쪽.
19) 임경석, 『한국 사회주의의 기원』, 역사비평사, 2003, 406쪽.
20) 임경석, 『한국 사회주의의 기원』, 역사비평사, 2003, 408~409쪽.
21) 임경석, 『한국 사회주의의 기원』, 역사비평사, 2003, 420, 423쪽.
22) 임경석, 『한국 사회주의의 기원』, 역사비평사, 2003, 424~427쪽.
23) 신용하, 『일제강점기 한국민족사(중)』, 서울대학교출판부, 2002, 522쪽.
24) 권희영, 『한인 사회주의운동 연구』, 국학자료원, 1999, 218~219쪽.
25) 임경석, 『한국 사회주의의 기원』, 역사비평사, 2003, 454~461쪽.
26) 임경석, 『한국 사회주의의 기원』, 역사비평사, 2003, 431~432, 446~447쪽.
27) 임경석, 『한국 사회주의의 기원』, 역사비평사, 2003, 452~453쪽.
28) 님 웨일즈·김산, 송영인 옮김, 『아리랑: 조선인혁명가 김산의 불꽃같은 삶』, 동녘, 2005, 190~191쪽.
29) 노경채, 『한국독립당연구』, 신서원, 1996, 24~25쪽.
30) 김광호, 「"레닌 독립운동자금 지원 상해 임정에 160만 루블 전달"」, 『경향신문』, 1999년 4월 16일, 19면.
31) 김광호, 「"레닌 독립운동자금 지원 상해 임정에 160만 루블 전달"」, 『경향신문』, 1999년 4월 16일, 19면.
32) 반병률, 『성재 이동휘 일대기』, 범우사, 1998, 180쪽.
33) 박노자, 「'정당한 폭력'은 정당한가」, 『한겨레 21』, 2007년 4월 17일, 96~97면.
34) 김구, 도진순 주해, 『백범일지: 백범 김구 자서전』, 돌베개, 2002, 311~313쪽.
35) 반병률, 『성재 이동휘 일대기』, 범우사, 1998, 362~363쪽.
36) 권희영, 『한인 사회주의운동 연구』, 국학자료원, 1999, 251쪽.
37) 황민호, 『일제하 식민지 지배권력과 언론의 경향』, 경인문화사, 2005, 64쪽; 노경채, 『한국독립당연구』, 신서원, 1996, 25~26쪽.
38) 노경채, 『한국독립당연구』, 신서원, 1996, 26~27쪽.
39) 이현주, 「실록 대한민국임시정부 (5) 창조·개조 공방과 국민대표회의」, 『조선일보』, 2005년 2월 2일자.
40) 이이화, 「'역사는 홀로 울지않는다' (21) 임시정부의 법통성과 오늘의 무산」, 『경향신문』, 2004년 10월 14일, 22면; 이현주, 「실록 대한민국임시정부 (5) 창조·개조 공방과 국민대표회의」, 『조선일보』, 2005년 2월 2일자.
41) 이현주, 「실록 대한민국임시정부 (5) 창조·개조 공방과 국민대표회의」, 『조선일보』, 2005년 2월 2일자.
42) 노경채, 『한국독립당연구』, 신서원, 1996, 28쪽.
43) 이현주, 「실록 대한민국임시정부 (5) 창조·개조 공방과 국민대표회의」, 『조선일보』, 2005년 2월 2일자.
44) 이이화, 「'역사는 홀로 울지 않는다' (21) 임시정부의 법통성과 오늘의 무산」, 『경향신문』,

2004년 10월 14일, 22면.
45) 이현주, 「실록 대한민국임시정부 (5) 창조·개조 공방과 국민대표회의」, 『조선일보』, 2005년 2월 2일자.
46) 정진석, 『언론과 한국현대사』, 커뮤니케이션북스, 2001, 310쪽.
47) 김윤식, 『이광수와 그의 시대 2』, 솔, 1999, 17쪽.
48) 김윤식, 『이광수와 그의 시대 2』, 솔, 1999, 19~27쪽.
49) 정운현, 「정직한 역사 되찾기: 친일의 군상 (27) 崔麟」, 『서울신문』, 1999년 3월 15일, 13면.
50) 김민철, 「총독관저에 드나든 조선인들」, 한국역사연구회, 『우리는 지난 100년 동안 어떻게 살았을까 3』, 역사비평사, 1999, 80~82쪽.
51) 부형권, 「책갈피 속의 오늘: 1921년 서울청년회 발족」, 『동아일보』, 2006년 1월 27일, 28면.
52) 류시현, 「'문화정치' 하 국내 민족해방운동의 진전」, 강만길 외, 『통일지향 우리민족해방운동사』, 역사비평사, 2000, 90쪽; 하일식, 『연표와 사진으로 보는 한국사』, 일빛, 1998, 277~278쪽.
53) 박종린, 「'김윤식 사회장' 파동」, 『역사비평』 편집위원회, 『논쟁으로 본 한국사회 100년』, 역사비평사, 2000, 56쪽.
54) 정옥자, 『우리가 정말 알아야 할 우리 선비』, 현암사, 2002, 369쪽.
55) 정옥자, 『우리가 정말 알아야 할 우리 선비』, 현암사, 2002, 368쪽.
56) 임경석, 『한국 사회주의의 기원』, 역사비평사, 2003, 555~559쪽.
57) 한승옥, 『이광수: 비극적 세계인식과 초월의지』, 건국대학교출판부, 1995, 45~46쪽.
58) 이광수, 「민족개조론」, 『이광수 전집 10』, 삼중당, 1971, 116~147쪽.
59) 김현주, 「이광수의 문화적 파시즘: 1920년대 전반기 이광수의 정치학과 문화론, 그리고 '엣세이'의 관련성을 중심으로」, 김철·신형기 외, 『문학 속의 파시즘』, 삼인, 2001, 112쪽.
60) 조맹기, 『한국언론인물사상사』, 나남출판, 2006, 155~156쪽.
61) 서중석, 『한국현대민족운동연구: 해방후 민족국가 건설운동과 통일전선』, 역사비평사, 1991, 68~69쪽.
62) 장영우, 「『무정』 연구」, 상허학회, 『1920년대 동인지 문학과 근대성 연구: 상허학보 2집』, 깊은샘, 2000, 362~363쪽.
63) 송건호, 『한국현대사의 빛과 그늘: 송건호 전집 5』, 한길사, 2002, 33~34쪽.
64) 김민철, 「총독관저에 드나든 조선인들」, 한국역사연구회, 『우리는 지난 100년 동안 어떻게 살았을까 3』, 역사비평사, 1999, 80~82쪽.
65) 조맹기, 『한국언론인물사상사』, 나남출판, 2006, 156쪽.
66) 정수복, 『한국인의 문화적 문법: 당연한 세계 낯설게 보기』, 생각의나무, 2007, 88쪽.
67) 조맹기, 『한국언론인물사상사』, 나남출판, 2006, 77~80쪽.
68) 김상태 편역, 『윤치호 일기 1916~1943: 한 지식인의 내면세계를 통해 본 식민지시기』, 역사비평사, 2001, 173쪽.
69) 조규태, 『천도교의 문화운동론과 문화운동』, 국학자료원, 2006, 89~92쪽.

70) 김현주, 「민족과 국가 그리고 '문화': 1920년대 초반 『개벽』지의 '정신·민족성 개조론' 연구」, 상허학회, 『1920년대 동인지 문학과 근대성 연구: 상허학보 2집』, 깊은샘, 2000, 222~224쪽.
71) 김윤식·김현, 『한국문학사』, 민음사, 1996, 192쪽.
72) 김윤식, 『이광수와 그의 시대 2』, 솔, 1999, 53~54쪽.
73) 이중오, 『이광수를 위한 변명』, 중앙M&B, 2000, 203~204쪽.
74) 이중오, 『이광수를 위한 변명』, 중앙M&B, 2000, 207~209쪽.
75) 김윤식, 『이광수와 그의 시대 2』, 솔, 1999, 159쪽.
76) 권희영, 『한인 사회주의운동 연구』, 국학자료원, 1999, 89쪽.
77) 임종국, 반민족문제연구소 엮음, 『친일, 그 과거와 현재』, 아세아문화사, 1994, 141쪽.
78) 신용하, 『일제강점기 한국민족사(중)』, 서울대학교출판부, 2002, 23쪽.
79) 이명화, 『도산 안창호의 독립운동과 통일노선』, 경인문화사, 2002, 28쪽.
80) 박찬승, 『한국근대 정치사상사연구: 민족주의 우파의 실력양성운동론』, 역사비평사, 1992, 294쪽.

제8장

1) 안창남 외, 이지누 엮고 씀, 『서울에서 한라까지: 잃어버린 풍경 1 (1920~1940)』, 호미, 2005, 26쪽.
2) 김영근, 「일제하 식민지적 근대성의 한 특징: 경성에서의 도시 경험을 중심으로」, 한국사회사학회, 『사회와 역사 제57집』, 문학과지성사, 2000, 28~29쪽.
3) 조정래, 『아리랑: 조정래 대하소설 7』, 해냄, 2001, 204~205쪽.
4) 최준, 『한국신문사』, 일조각, 1987, 219쪽; 김근배, 『한국 근대 과학기술인력의 출현』, 문학과지성사, 2005, 250쪽.
5) 김상태 편역, 『윤치호 일기 1916~1943: 한 지식인의 내면세계를 통해 본 식민지시기』, 역사비평사, 2001, 239쪽.
6) 유선영, 「한국 대중문화의 근대적 구성과정에 대한 연구: 조선 후기에서 일제시대까지를 중심으로」, 고려대학교 대학원 신문방송학과 박사학위 논문, 1992년 12월, 298쪽.
7) 안창남 외, 이지누 엮고 씀, 『서울에서 한라까지: 잃어버린 풍경 1 (1920~1940)』, 호미, 2005, 27쪽.
8) 고경일, 「이 주일의 인물-박경원」, 『경향신문』, 2004년 7월 31일자.
9) 이규태, 「개화기의 자전거(하): 철종 때 지렛대원리 자전거 개발 1890년대 이후 자전거 보급 급증」, 자전거생활 http://www.bicyclelife.net; 최인진, 『한국사진사 1631~1945』, 눈빛, 1999, 294쪽.
10) 삼천리자전거 홈페이지 http://www.samchuly.co.kr.
11) 김영근, 「일제하 식민지적 근대성의 한 특징: 경성에서의 도시 경험을 중심으로」, 한국사회

사학회, 『사회와 역사 제57집』, 문학과지성사, 2000, 29쪽; 윤흥식, 「기아산업 삼천리호자전거(기업살린 히트상품:16)」, 『국민일보』, 1993년 2월 1일, 9면.
12) 「횡설수설」, 『동아일보』, 1997년 4월 21일, 1면.
13) 이홍우, 「현대사의 순간 (13) 마라톤과 자전거경기」, 『조선일보』, 1972년 5월 12일, 4면; 삼천리자전거 홈페이지 .
14) 김중순, 유석춘 역, 『문화민족주의자 김성수』, 일조각, 1998, 139쪽.
15) 김중순, 유석춘 역, 『문화민족주의자 김성수』, 일조각, 1998, 140쪽.
16) 이승렬, 『제국과 상인: 서울·개성·인천 지역 자본가들과 한국 부르주아의 기원, 1896~1945』, 역사비평사, 2007, 327쪽.
17) 함재봉, 「민중운동의 비혁신성: 쇄국주의와 국수주의 문제」, 『한국사 시민강좌 제33집』, 일조각, 2003, 108쪽.
18) 이승렬, 『제국과 상인: 서울·개성·인천 지역 자본가들과 한국 부르주아의 기원, 1896~1945』, 역사비평사, 2007, 333~334쪽.
19) 김영근, 「일제하 식민지적 근대성의 한 특징: 경성에서의 도시 경험을 중심으로」, 한국사회사학회, 『사회와 역사 제57집』, 문학과지성사, 2000, 35쪽.
20) 임옥희, 「복장의 정치학과 식민지 여성의 소비공간」, 태혜숙 외, 『한국의 식민지 근대와 여성공간』, 여이연, 2004, 266~267쪽.
21) 신용하, 『일제강점기 한국민족사(중)』, 서울대학교출판부, 2002, 223쪽.
22) 이승렬, 『제국과 상인: 서울·개성·인천 지역 자본가들과 한국 부르주아의 기원, 1896~1945』, 역사비평사, 2007, 335~336쪽.
23) 이옥순, 『식민지 조선의 희망과 절망, 인도』, 푸른역사, 2006, 47~48쪽.
24) 이옥순, 『식민지 조선의 희망과 절망, 인도』, 푸른역사, 2006, 37쪽.
25) 한국기독교역사연구소, 『한국기독교의 역사 II』, 기독교문사, 1990, 233~234쪽.
26) 서중석, 『한국현대민족운동연구: 해방후 민족국가 건설운동과 통일전선』, 역사비평사, 1991, 140쪽.
27) 김태수, 『꼿가치 피어 매혹케 하라: 신문광고로 본 근대의 풍경』, 황소자리, 2005, 271쪽.
28) 서중석, 『한국현대민족운동연구: 해방후 민족국가 건설운동과 통일전선』, 역사비평사, 1991, 140쪽.
29) 이기훈, 「독서의 근대, 근대의 독서: 1920년대의 책읽기」, 역사문제연구소, 『역사문제연구 7』, 역사비평사, 2001, 33쪽.
30) 이중연, 『'책'의 운명: 조선~일제강점기 금서의 사회·사상사』, 혜안, 2001, 435~436쪽.
31) 천정환, 「천정환의 문화오디세이10: 유행과 신드롬, 광기의 사회학」, 『신동아』, 2004년 11월, 520~529쪽.
32) 손세일, 「[연재] 손세일의 비교 전기-한국 민족주의의 두 유형: 이승만과 김구」, 『월간조선』, 2001년 8월호.
33) 정동주, 「정동주 역사문화 에세이: 달빛의 역사 문화의 새벽 (28) 인간이 평등할 수 있을

까? - 백정해방운동(上)」, 『서울신문』, 2004년 4월 5일, 17면.
34) 정동주, 「정동주 역사문화 에세이: 달빛의 역사 문화의 새벽 (29) 인간이 평등할 수 있을까? - 백정해방운동(下)」, 『서울신문』, 2004년 4월 10일, 22면.
35) 김중섭, 『형평운동』, 지식산업사, 2001, 42쪽.
36) 김중섭, 『형평운동』, 지식산업사, 2001, 18~23쪽.
37) 김중섭, 『형평운동』, 지식산업사, 2001, 68쪽.
38) 김중섭, 『형평운동』, 지식산업사, 2001, 68~69쪽.
39) 김중섭, 『형평운동』, 지식산업사, 2001, 70~72쪽.
40) 정동주, 「정동주 역사문화 에세이: 달빛의 역사 문화의 새벽 (29) 인간이 평등할 수 있을까? - 백정해방운동(下)」, 『서울신문』, 2004년 4월 10일, 22면; 김중섭, 『형평운동』, 지식산업사, 2001, 76쪽.
41) 김중섭, 『형평운동』, 지식산업사, 2001, 101~106쪽.
42) 신용하, 『일제강점기 한국민족사(중)』, 서울대학교출판부, 2002, 301쪽.
43) 신용하, 『일제강점기 한국민족사(중)』, 서울대학교출판부, 2002, 302~304쪽.
44) 이영훈, 『대한민국 이야기: '해방전후사의 재인식' 강의』, 기파랑, 2007, 87쪽.
45) 박은봉, 「독립만세 선도한 '애국기생'」, 『한겨레21』, 1998년 1월 8일자.
46) 정동주, 「정동주 역사문화 에세이: 달빛의 역사 문화의 새벽 (29) 인간이 평등할 수 있을까? - 백정해방운동(下)」, 『서울신문』, 2004년 4월 10일, 22면.
47) 정동주, 「정동주 역사문화 에세이: 달빛의 역사 문화의 새벽 (29) 인간이 평등할 수 있을까? - 백정해방운동(下)」, 『서울신문』, 2004년 4월 10일, 22면.
48) 이기우, 「책갈피 속의 오늘: 1923년 방정환 '어린이' 창간」, 『동아일보』, 2004년 3월 1일, 21면; 한용걸, 「소파 방정환: 어린이 인격부여 …… '칠서' 통해 실천」, 『세계일보』, 1992년 5월 5일, 11면.
49) 이기훈, 「1920년대 '어린이'의 형성과 동화」, 역사문제연구소, 『역사문제연구 8』, 역사비평사, 2002, 13쪽.
50) 김혜경, 『식민지하 근대가족의 형성과 젠더』, 창비, 2006, 204쪽.
51) 최덕교 편저, 『한국잡지백년 2』, 현암사, 2004, 232~233쪽.
52) 이기우, 「책갈피 속의 오늘: 1923년 방정환 '어린이' 창간」, 『동아일보』, 2004년 3월 1일, 21면.
53) 이강숙·김춘미·민경찬, 『우리 양악 100년』, 현암사, 2001, 119쪽; 박찬호, 안동림 옮김, 『한국가요사 1895~1945』, 현암사, 1992, 140~142쪽.
54) 김혜경, 『식민지하 근대가족의 형성과 젠더』, 창비, 2006, 189, 201쪽.
55) 이기훈, 「1920년대 '어린이'의 형성과 동화」, 역사문제연구소, 『역사문제연구 8』, 역사비평사, 2002, 15~16쪽.
56) 김혜경, 『식민지하 근대가족의 형성과 젠더』, 창비, 2006, 188쪽; 최덕교 편저, 『한국잡지백년 2』, 현암사, 2004, 237쪽.

57) 이상기, 「1923년 어린이날 선포식 재구성」, 『한겨레』, 1999년 5월 5일, 13면.
58) 한용걸, 「소파 방정환: 어린이 인격부여 …… 「칠서」 통해 실천」, 『세계일보』, 1992년 5월 5일, 11면.
59) 김혜경, 『식민지하 근대가족의 형성과 젠더』, 창비, 2006, 188~189쪽; 「사설: 어린이헌장의 정신-57회 어린이날에 붙여」, 『조선일보』, 1979년 5월 5일, 2면.
60) 「사설: 어린이날과 어린이 '해방'」, 『한겨레』, 2005년 5월 5일, 19면.
61) 윤석중, 「하루만의 어린이날」, 『경향신문』, 1990년 5월 4일, 5면.
62) 김정형, 「역사속의 오늘: 방정환 잡지 '어린이' 창간」, 『조선일보』, 2003년 3월 1일자.
63) 승인배, 「시대를 앞선 지식인 小波의 '쓴소리'」, 『조선일보』, 2002년 7월 22일자; 한용걸, 「소파 방정환: 어린이 인격부여 …… 「칠서」 통해 실천」, 『세계일보』, 1992년 5월 5일, 11면.
64) 손세일, 「[연재] 손세일의 비교 전기-한국 민족주의의 두 유형: 이승만과 김구」, 『월간조선』, 2001년 10월호; 김혜경, 『식민지하 근대가족의 형성과 젠더』, 창비, 2006, 118쪽.
65) 김혜경, 『식민지하 근대가족의 형성과 젠더』, 창비, 2006, 199, 331쪽.
66) 조운찬, 「"어린이날은 천도교소년회가 제정", 한신대 한영혜 교수 "1922년 5월1일 첫 선포"」, 『경향신문』, 2004년 5월 4일, S6면; 송민섭, 「어린이날은 원래 5월 1일 이었다, 한영혜 한신대교수 주장」, 『세계일보』, 2004년 5월 5일, 6면.
67) 신용하, 『일제강점기 한국민족사(중)』, 서울대학교출판부, 2002, 319~320쪽; 김혜경, 『식민지하 근대가족의 형성과 젠더』, 창비, 2006, 118쪽.
68) 김혜경, 『식민지하 근대가족의 형성과 젠더』, 창비, 2006, 189쪽; 신용하, 『일제강점기 한국민족사(중)』, 서울대학교출판부, 2002, 324쪽.
69) 김혜경, 『식민지하 근대가족의 형성과 젠더』, 창비, 2006, 190쪽; 조형근, 「'어린이기'의 탄생과 근대적 가족 모델의 등장」, 서울사회과학연구소, 『근대성의 경계를 찾아서: 기원의 전복, 역사의 비판』, 새길, 1997, 160쪽.
70) 조운찬, 「"어린이날은 천도교소년회가 제정",한신대 한영혜교수 "1922년 5월1일 첫 선포"」, 『경향신문』, 2004년 5월 4일, S6면.
71) 윤석중, 「하루만의 어린이날」, 『경향신문』, 1990년 5월 4일, 5면.
72) 조형근, 「'어린이기'의 탄생과 근대적 가족 모델의 등장」, 서울사회과학연구소, 『근대성의 경계를 찾아서: 기원의 전복, 역사의 비판』, 새길, 1997, 160쪽; 김혜경, 『식민지하 근대가족의 형성과 젠더』, 창비, 2006, 140~141쪽.
73) 김혜경, 『식민지하 근대가족의 형성과 젠더』, 창비, 2006, 143쪽.
74) 김혜경, 『식민지하 근대가족의 형성과 젠더』, 창비, 2006, 215쪽; 김보영, 「'아이'에서 '어린이'로」, 한국역사연구회, 『우리는 지난 100년 동안 어떻게 살았을까 2』, 역사비평사, 1998, 184쪽.
75) 김혜경, 『식민지하 근대가족의 형성과 젠더』, 창비, 2006, 118, 218쪽.
76) 신용하, 『일제강점기 한국민족사(중)』, 서울대학교출판부, 2002, 321쪽.
77) 김혜경, 『식민지하 근대가족의 형성과 젠더』, 창비, 2006, 183쪽.

78) 유성운, 「일제강점기 조선은 '욕망의 식민지': 고려대 '식민지 근대를 가다' 학술대회」, 『동아일보』, 2006년 11월 14일, A23면.
79) 필립 아리에스, 문지영 옮김, 『아동의 탄생』, 새물결, 2003.
80) 이기훈, 「1920년대 '어린이'의 형성과 동화」, 역사문제연구소, 『역사문제연구 8』, 역사비평사, 2002, 19쪽.
81) 조형근, 「'어린이기'의 탄생과 근대적 가족 모델의 등장」, 서울사회과학연구소, 『근대성의 경계를 찾아서: 기원의 전복, 역사의 비판』, 새길, 1997, 162쪽.
82) 백종국, 「온고지신의 탐방: 첫 동요집 출간 60돌 윤석중 씨」, 『서울신문』, 1992년 1월 28일, 11면.